# 고종과 이토 히로부미

# 고종과 이토 히로부미

-망국의 길목에서, 1904~1907-

한상일

기파랑

# 차례

## 5장

# 고종과 통감지배

# 6장

## 고종 폐위

## 프롤로그

### 1.

1909년 7월 9일 한성에는 아침부터 비가 내렸다.

태황제 고종은 이날 이토 히로부미와의 이별을 위하여 덕수궁 함녕전에서 오찬을 베풀었다. 이토는 지난 3년 반 동안 일본제국의 대한제국 초대 통감으로 보호 통치를 주도하면서 한국 병탄의 초석을 마련한 인물이었다.

500년 이어온 조선은 1904년 대한제국 식민지화의 서막이라 할 수 있는 한일의정서를 시작으로 한일협약, 1905년의 을사조약, 그리고 1907년 정미조약을 거치면서 망국의 길을 걸었고, 그 한가운데 고종과 이토 히로부미가 있었다. 고종은 망국의 군주로서, 이토는 한국 병탄의 연출자로서.

고종은 1907년 황제의 자리에서 물러날 때까지 누구보다도 자주 만난 이토와는 애증이 겹친 깊은 인연을 맺고 있었다. 이토는 1909년 6월 통감 직을 사임하고 추밀원 의장에 임명되면서, 통감부의 사무를 후임 통감인 소네 아라스케(曾禰荒助)에게 인계하기 위하여 한국을 찾았다. 그의 생애 마지막 한국방문이었다.

고종이 베푼 송별연에는 소네 통감을 비롯한 통감부의 고위 관리와 이완용 내각의 대신들이 초대됐다. 이 자리에서 고종은 인(人), 신

(新), 춘(春)의 세 운자(韻字)를 내려 시를 지어 볼 것을 권유했다. 이토가 먼저 첫 구절을 쓰자, 이어서 궁내대신 비서 모리 다이라이(森大來)와 소네 아라스케 통감이 이었고, 그리고 이완용이 매듭지었다. 사행시는 다음과 같다.(小田省吾述, 『德壽宮史』, p.74)

> 드디어 단비가 내려 만인을 적시니(甘雨初來霑萬人)
> 함녕전 위 이슬빛이 새로워라(咸寧殿上露華新)
> 일본과 조선이 어찌 다르다 말하리오(扶桑槿域何論態)
> 두 땅이 한 집안을 이루니 천하가 봄이로다(兩地一家天下春)

부상(扶桑)은 중국에서 부르는 일본의 또 다른 명칭이고, 근역(槿域)은 무궁화 나무가 많은 조선을 뜻한다. 모리 다이라이는 모리 가이난(槐男)으로 더 잘 알려진 한시인(漢詩人)이다. 그는 오랫동안 이토의 한시 선생이기도 했다. 이토의 여행길에 자주 동행했던 모리는 하얼빈에서 안중근의 총탄을 받았다.

병탄이 이루어지기 전인데 소네는 일본과 조선이 다르지 않다고 읊었고, 이완용은 조선과 일본이 한 집안을 이루었다고 했다. 다시 이를 깨끗이 베껴 써서 태황제에게 보이자 "의외로 그의 화색이 좋았다"라는 기록을 남겼다.

일본이 병탄 후 덕수궁에 세웠던 이토, 모리, 소네, 이완용의 합작 시비

병탄 후 이왕가(李王家)의 업무를 담당하던 일본 궁내성 소속 기구인 이왕직(李王職)은 1935년 이 시를 돌판에 새겨 함녕전 뒤뜰에 세웠다.(이왕직은 1910년 망국과 함께 대한제국 황실이 이왕가로 격하됨에 따라 기존의 황실 업무를 담당하던 궁내부를 계승하여 설치되었다. 조선총독부가 아닌 일본의 궁내성에 소속된 기구였다.)

## 2.

일본의 한반도 지배 야망은 뿌리 깊은 역사를 지니고 있다. 지배의 명분은 대륙으로 진출하기 위해서다. 도요토미 히데요시(豊臣秀吉)가 명나라를 치기 위해 길을 빌려달라[征明假道]는 것이 1592년 조선 침략의 구실이었다. 도쿠가와 막부 말기의 조선 지배론 또한 일본이 대륙으로 진출하기 위해서였다. 한반도는 일본이 대륙으로 진출하기 위한 '징검다리'였다.

대륙 진출을 위한 한반도 지배론은 새로 들어선 메이지 정부에서도 마찬가지였다. 1877년 세이난전쟁(西南戰爭)으로 수면 아래로 잦아든 정한론의 실체는 1888년 야마가타 아리토모(山縣有朋)의 '주권선-이익선'이라는 보다 정교한 논리로 발전돼 제2차 세계대전에 이르기까지 일본 대륙정책의 기저로 자리 잡았다.

일본 열도라는 주권선을 안전하게 유지하기 위해서는 이익선, 즉 주권선과 맞닿아 있는 지역의 안전이 필요하다는 논리다. 달리 설명하여 일본이 국가의 독립을 안정적으로 유지하려 한다면 일본 본토로 한정된 주권선만 수호하는 것으로는 충분치 않고, 반드시 이익선을 방어하여 항상 유리한 위치에 서지 않으면 안 된다는 것이고, 그 이익선의 초점이 바로 한반도였다.

이익선의 첫 단계인 한반도를 장악하기 위하여 메이지 일본은 힘과 외교력을 총동원했다. 청일전쟁과 러일전쟁, 가쓰라-태프트 비밀교섭, 영일동맹, 러시아와 비밀협상 등의 과정을 거쳐 1910년 일본은 오랜 염원인 한반도를 일본 영토로 복속시키는 병탄을 이루어냈다. 한국 병탄 후 일본의 이익선은 만주로, 만주에서 다시 중국본토로 확대됐고, 이는 태평양전쟁으로 이어졌다.

러일전쟁으로 막을 연 20세기의 초반 10년은 동아시아 국제질서는 물론 한국이나 일본 두 나라의 근현대사에 심대한 영향을 미쳤다. 일본은 러일전쟁에서 승리하면서 명실상부하게 아시아의 패권 국가로 올라섰고 열강의 대열에 끼어들었다. 그리고 오랜 숙원사업인 한반도 지배를 위한 단계적 조치를 치밀하게 취했고, 1910년에는 병탄을 완수할 수 있었다.

일본과 달리 국내외 상황변화에 적절히 대처하지 못한 조선은 점차 망국의 늪으로 빠져들었다. 시대적 변화와 개혁을 이끌어야 할 정치는 제 기능을 다 하지 못하고 오히려 부패하고 무능했다. 약육강식의 논리가 지배했던 국제사회에서 힘을 바탕으로 한 자주독립을 지향하기보다는 외세에 의존하여 독립을 지키려는 안일함에 빠져 있었다. 그 끝은 주권 상실과 500년 이어 온 조선의 폐멸이었다.

모든 것이 이처럼 매우 급하게 변하는 시기에 한반도라는 역사적 공간에서 고종과 이토 히로부미가 대치했다. 고종은 대한제국의 절대적 군주로서, 이토는 한국을 병탄하기 위한 침략자로서.

## 3.

이 책은 1904년에서 1907년 사이에 있었던 이토 히로부미의 고종 알현 또는 내알현(內謁見: 獨對) 기록을 바탕으로 격동하는 시대의 한일 관계 변화 과정을 추적했다. 1904년 한일의정서 체결에서 1907년 고종 폐위와 순종 즉위로 이어지는 4년간은 한국근현대사에서 가장 격렬하게 요동쳤던 시간이었고, 그 중심에 고종과 이토 히로부미가 있었다. 두 사람의 담판 기록에서 어떻게 일본은 한국 병탄 정책을 추진했고, 한국은 망국으로 빠져들었나를 찾아보려고 한다.

제1장과 제2장에서는 러일전쟁에 이르기까지의 한국과 일본의 모습을 간단히 살펴보았다. 제3장에서는 1904년 이토가 메이지 천황의 특파대사로 고종을 예방하여 한국 병탄의 서막이라 할 수 있는 한일 의정서를 정착시키는 과정에서 고종과 이토의 역할을 추적했다. 이어서 전쟁 중 일본이 한국 병탄의 청사진을 그려가면서 한국의 재정권과 외교권을 장악하는 한일협약에 이르는 과정에서 고종이 취한 정략을 찾아보았다.

제4장은 일본이 러일전쟁에서 승리를 이어가면서 한국 병탄의 청사진을 어떻게 구체적으로 실현하여 을사조약을 이루어냈나를 따라가 보았다. 그 과정에서 고종과 이토 그리고 대한제국과 일본 정부의 계획과 역할을 볼 수 있다.

제5장에서는 통감으로 부임한 이토의 보호통치 과정에서 고종의

황권을 해체하려는 이토와 이에 저항하는 고종의 정략을 분석했고, 제6장에서는 고종의 폐위를 몰고 온 헤이그 밀사 사건을 둘러싸고 전개된 고종과 이토의 대치와 갈등을 추적했다. 그리고 끝으로 이 책을 쓰면서 느꼈던 자료의 한계와 문제점에 관한 소감을 남겼다.

역사는 알 수 없는 질문에 대한 해답을 지니고 있고, 설명할 수 없는 원리와 변화의 의미를 깨우쳐주는 지혜를 담고 있다. 실패한 역사에서도 해답을 찾을 수 있고 깨우침을 학습할 수 있다. 그래서 역사는 소중하다.

# 일러두기

1. 조선의 국호는 1897년 10월 12일 대한제국으로 변경됐으나 그 후에도 조선, 대한제국, 한국이 병기됐다. 이 책에서는 1897년 이전에는 조선, 그 후는 대한제국 또는 한국으로 표기하는 것을 원칙으로 했으나 병기하기도 했다. 다만 인용문에서는 원문대로 표기했다.

2. 인용문은 본래의 뜻을 훼손하지 않는 범위에서 현대어로 바꾸었다.

3. 조선과 대한제국의 수도는 한성으로 표기하는 것을 원칙으로 했다. 1910년 이후 경성으로 바뀌었으나 그 전에도 한성과 경성이 혼용됐다.

4. 일본 인명 및 지명은 일본식으로 표기했으나 중국 인명이나 지명은 우리 한자음으로 표기했다. 다만 홍콩이나 하얼빈처럼 익숙한 경우는 관용에 따라 중국어 표기법을 따랐다.

1장

고종의 조선

## 고종 시대의 개막

고종은 1863년 왕위에 올랐다. 이성계가 조선왕조를 건국한 지 471년을 맞이하는 때였다. 신라처럼 천년 지속한 왕조도 있지만, 동아시아에서 300년 이상 지속한 왕조를 찾아보기 쉽지 않다. 중국에서는 송(宋)나라를 제외하고서 당(唐), 명(明), 청(淸) 모든 왕조가 300년을 넘기지 못했다. 일본의 도쿠가와(德川) 막부 또한 270년을 넘지 못하고 무너졌다. 몰락의 원인은 외침보다는, 태평양전쟁을 예견한 고전적 명저 『무지의 만용(The Valor of Ignorance)』의 저자 호머 리(Homer Lea)가 갈파한 것과 같이, 오랜 세월이 지나면서 쌓인 권력의 부패와 무능, 그리고 시대의 흐름을 깨닫지 못하는 '기생충들(parasites)'이 국가권력의 주도권을 장악하기 때문이다. 470년 지난 조선의 상황도 예외가 아니었다.

조선은 건국 후 15세기 말 성종 시대에 이르기까지 정치적 안정 속에서 문화적 중흥과 대외확장을 이룩할 수 있었다. 그러나 16세기에 들어서면서부터 반복된 네 차례의 사화(士禍), 두 차례의 왜란(倭亂), 17세기의 두 차례 호란(胡亂)을 치르면서 국가의 기강과 재정이 무너져 내렸고 왕권은 허약해졌다. 그러다 18세기 영조와 정조기를 맞아 중흥정치의 시대를 이어갈 수 있었다. 정치, 군사, 경제, 문화 등 각 분야에서 개혁을 추진하면서 사회제도가 어느 정도 정비되는 안정기를 맞는 듯했다.

하지만 19세기 들어서면서부터 시작된 세도정치는 또다시 정치의 부패와 무기력을 몰고 왔다. 60여 년 동안 계속된 안동김씨와 풍양 조씨의 세도정치는 군주를 허수아비로 만들었다. 권력의 행사와 배분, 또는 엘리트 충원과 같은 국가 운영의 기본적 기능이 사유화되면서 권력의 정당성과 공정성이 무너져 내렸다. 부패와 부정이 사회 전반에 만연됐고, 매관매직이 공공연하게 행해졌고, 민심은 흉흉했다. 더하여 약육강식을 원리로 한 서세동점의 물결이 거세게 밀려오고 있었다.

나라의 기운이 이처럼 쇠해지고 국제정세가 요동치는 시기에 고종 시대가 그 막을 열었다. 조선왕조 제25대인 철종이 1863년 후사 없이 사망하자 대왕대비 조씨(趙氏)의 명에 따라 흥선군(興宣君) 이하응(李昰應)의 둘째 아들 명복(命福)이 12세의 어린 나이에 왕위에 올랐다. 그가 고종이다.

고종이 왕위에 있었던 44년은 한 사람의 인간으로나 군왕으로 험

난한 세월이었다. 10년의 수렴청정의 시대를 마감하고 1873년 친정이 시작된 후 개인 고종은 아내 민비와 더불어 아버지 대원군과 적대관계를 이루었고, 아내가 왕궁 안에서 외국인에 의해서 살해됐고, 아들을 일본에 인질로 보내야만 하는 비운의 삶이었다. 그리고 군왕으로서는 임오년과 갑신년에 두 차례 정변을 치러야만 했고, 조선반도가 두 차례 전쟁의 중심지가 됐고, 외국 공관으로 '파천'했고, 그리고 '제국'으로의 발돋움을 시도했으나 허사였다.

고종은 주권을 지켜내기 위하여 노력했으나 결국 그는 망국 역사의 중심에 서게 됐다. 그 시발점이 임오군란이었다.

## 임오군란과 그 후

1874년 대왕대비 조씨의 수렴청정과 대원군의 10년 섭정을 마감하고 고종의 친정이 시작됐다. 고종은 쇄국정책을 주도한 아버지 대원군과는 달리, 일찍부터 서양과 동아시아의 변화에 대하여 관심이 많았다. 이는 병인년과 신미년의 두 차례 양요(洋擾)를 경험했고, 또한 서양 사정과 문호개방에 관심을 기울였던 박규수의 영향도 컸던 것 같다. 고종이 친정을 시작하면서 박규수, 오경석, 유대치, 이동인 등의 영향을 받은 김옥균, 홍영식, 박영교, 박영효, 서광범, 서재필, 유길준, 윤치호 등과 같은 젊은 인물들을 중용하여 초기 개화정책을 이끌었던 것을 봐도 알 수 있다.

비록 수동적 입장에서 시작된 것이기는 하지만 조선은 1876년 일

대한제국 시절의 고종

본과 수호조약을 체결함으로써 개방의 문을 열었다. 그 후 고종은 외국 사정을 파악하기 위하여 1876년과 1880년 두 차례 일본에 수신사를 파견했다. 대외관계의 변화에 적절히 대응하고 근대적 문물제도를 수용하면서 개화정책을 추진하기 위한 기구로 1880년 통리기무아문(統理機務衙門)도 설치했다. 또한, 1880년 일본에 수신사로 파견되었던 김홍집이 들고 온 황준헌의 『조선책략』에도 깊은 관심을 보였다. 조선이 독립보전을 유지하기 위해서는 "중국과 친교(親中國), 일본과 결속(結日本), 미국과 연대(聯美國)"해야 한다는 논리는 미국과의 수교문제를 진지하게 검토하게 했다.

고종은 특히 일본의 변화에 관심이 많았고, 또한 비교적 잘 알고 있었던 것 같다. 1880년 8월 28일 수신사의 임무를 끝내고 귀국한 김홍집에게 고종은 "몇 해 전에 사쓰마(薩摩) 사람이 우리나라를 침범하려고 하는 것을 그 대신[岩倉具視]이 막아서 뜻을 이루지 못했다고 하는데, 이 일이 사실인가?"라고 물은 것으로 보아 정한론과 세이난전쟁을 알고 있었던 것 같다. 또한, 메이지 정부가 실시한 폐번치현(廢藩置縣), 징병제, 세금 제도, 군사력과 신식 무기, 외국어 학교, 사회 질서와 기강, 조선에 대한 일본인의 태도 등에 관한 질문은 그가 일본에 대한 폭넓은 지식이 있었음을 알 수 있다. 그리고 고종이 "요컨대 우리 또한 부강해질 방도를 시행해야 할 뿐이다."라고 결론지은 것은 그의 관심과 목표가 어디에 있었는지 잘 보여주고 있다.(『고종실록』)

1881년에는 일본에 조사시찰단(朝士視察團)을 파견했다. '신사유람단'으로도 알려진 조사시찰단은 약 60여 명으로 구성됐고 박정양, 민종묵, 홍영식, 어윤중 등 30∼40대의 청장년급 중견 인물들이 중심을 이루었다. 이들은 일본에 2개월 반 정도 머물면서 정부의 여러 부처와 육군, 세관, 무기 공장, 산업 시설, 도서관, 박물관 등을 견학했다. 또한, 같은 시기에 김윤식을 영선사로 임명하여 69명으로 구성된 학생과 기술자를 청나라로 파견하여 양무운동(洋務運動)의 현상을 파악하고 선진 무기 군사기술을 배우도록 했다. 그리고 1883년에는 미국의 조선 주재 공사 파견에 대한 답례의 형식으로 민영익, 홍영식, 서광범 등을 미국에 파견하여 그 나라의 발전된 문물을 직접 보고 수용할 길을 찾았다.

고종이 친정에 임하면서 취한 이러한 일련의 조치는 진취적이었다. 조선이 대외관계의 변화에 적절히 대응하고 부강해지기 위해서는 문호를 개방하고 서양의 과학적 근대 문물과 제도를 수용해야 한다는 정확한 상황 판단에 근거한 것임을 알 수 있다. 1882년 8월 5일 고종은 "이미 (조선과 서양 사이에) 강약의 형세가 뚜렷한데 만일에 저들의 기계[器]를 받아들이지 않는다면 무슨 수로 저들의 침략을 막고 저들이 넘보는 것을 막을 수 있겠는가?"라면서 서양문물을 적극적 수용할 것을 강조했다. 특히 생활에 필요한 "농기구·의약·병기·배·수레 같은 것을 제조하는" 과학의 중요성에 관심을 보였다. 그러면서 그는 대원군 시대에 한성과 각지에 세운 척화비를 모두 뽑아 버리라고 명했다.(『고종실록』) 이어서 조선은 미국, 영국, 독일, 러시아, 이탈리아, 프랑스 등과 조약을 체결하면서 국제무대에 등장했다.

고종의 대외정책이 국제정세에 맞추어 이처럼 개방적인 것에 비하여 국내정책은 오히려 과거로 되돌아가는 퇴행적 모습을 보였다. 대원군이 섭정 10년 동안 안으로는 경복궁 중수에 따른 과중한 노역과 국가재정의 파탄, 당백전(當百錢) 주조와 유통으로 인한 경제 질서의 혼란과 민생의 피폐, 밖으로는 쇄국정책과 같은 실책을 범한 것은 사실이다.

하지만 대원군은 60여 년 동안 계속된 세도정치의 종식, 붕당문벌(朋黨門閥) 폐해의 근원인 서원 철폐, 당파를 초월한 능력에 따른 인재 등용, 비변사(備邊司) 폐지와 의정부(議政府) 권한 강화, 삼군부(三軍府) 설치, 세금 제도 개혁 등 각 영역에서 강력한 개혁을 단행했다. 한불조약을 주도했던 코고르당(F.G. Cogordan)이 대원군을 "비범한 의지력의 소유자"라고 높이 평가한 것과 같이 그는 강력한 리더십을 발휘하여 과단성 있게 개혁정책을 이끌었다. 그 결과 오랫동안 왜곡됐던 국가권력의 정당성이 회복됐고 왕권 강화가 이루어졌다.

고종의 친정 10년이 지나는 동안 권력은 대원군을 밀어내는 데 기여한 여흥 민씨와 풍양 조씨가 독점하면서 부패했다. 그동안 사라졌던 세도정치가 다시 시작됐다. 『매천야록』의 저자 황현에 의하면,

"임금이 친정을 시작했는데, 안에서는 왕후가 주관하고 밖에서는 민승호가 명을 받들어 시행했다... 시간이 가면서 전횡이 날로 심해져서 임금이 도리어 제어됐다." 실질적으로는 민씨 정권이나 다름없었다. 권문세족의 횡포가 일상화됐다. 왕권은 다시 허약해졌고, 권력은 부패했고, 백성의 삶은 고달팠고 불만이 누적됐다.

흉흉한 민심은 임오군란으로 나타났다. 고종 친정 9년을 맞이하는 1882년 6월에 발생한 임오군란의 동기와 진행은 비교적 간단하다. 외형적으로는 '구식' 군인이 '신식' 군대와의 차별대우와 밀린 급료에 불만을 품고 일으킨 군인들의 폭동이었다. 물론 그 바닥에는 고종의 개화정책에 대한 반대와 대원군 추종세력의 불만 없었던 것은 아니다. 그러나 보다 본질적 원인은 개항 이후의 정치적, 경제적, 사회 심리적 동요와 민씨 일족의 세도정치, 그리고 정치의 부패와 무능함에 대한 군인과 민중의 저항이었다. 폭도화한 군인과 백성들이 '국모(國母)'인 민비를 시해하기 위하여 궁궐을 뒤지고 다녔다는 사실은 민비를 중심으로 한 외척의 세도정치에 대한 국민적 불만이 어느 정도였는지 잘 설명해 주고 있다.

군란 중 영의정 이최응, 선혜청 당상 민겸호, 경기감사 김보현이 살해됐다. 원성의 대상이었던 왕후 민비는 궁녀로 변장하여 간신히 궁궐을 벗어나 생명을 부지할 수 있었다. 일본 공사관이 습격당하고 교관 호리모토 레이조(堀本禮造) 공병 소위를 비롯해 일본인 열세 명이 살해됐다. 대원군이 다시 등장하여 사태를 수습하는 듯했으나, 민씨 측 요청에 따라 청나라 군대가 개입해서 대원군을 천진(天津)으로 납치해 가면서 정변은 끝났다. 그리고 박은식이 탄식한 것과 같이 민씨 집안은 "기울었던 달이 차오르듯 다시 세력을 만회했다." 민비와 척족이 다시 권력의 중심으로 등장한 것이다.

고종 친정 10년의 중간평가적 성격을 지닌 임오군란은 간단히 끝난 듯했지만, 그 후유증은 앞으로 전개될 고종 치세에 긴 먹구름을 드리웠다. 임오군란은 외세를 불러들여 자주독립에 역행하는 시발점이 됐고, 이어서 나타난 갑신정변은 그동안 일구어 온 개화의 정신과 세력을 멸절시켰다. 동학 농민봉기, 을미사변, 아관파천을 거치면서 정치와 권력은 더욱 부패했고 약육강식의 국제정세에 둔감했다.

모든 것이 변하고 소용돌이치는 동아시아 정세 변화의 성격을 정확하게 이해하지 못하고, 권력의 정당성 확립과 국력 배양에 실패한 고종의 조선은 깊은 망국의 늪으로 빠져들었다.


## 외세개입과 파벌형성

임오군란이 고종의 치세에 미친 즉각적이고도 심각한 영향은 외세의 개입이었다. 군인과 이에 합세한 민중의 폭동을 스스로 통제할 수 없다고 판단한 고종은 전권을 대원군에게 맡겨 수습의 길을 모색했다. 다시 정권을 장악한 대원군은 반란을 진정시키고 군제를 개편하는 등 군란의 뒷수습에 나섰으나, 민씨 일파의 뜻은 달랐다. 그들은 사태를 진압하고 대원군을 몰아내기 위하여 청나라에 체류 중이던 김윤식을 통해 군대 파견을 요청했다. 청국은 즉각 군대를 파병하여 대원군을 납치하여 천진으로 압송하고, 군란의 주모자들을 체포하여 처형했다.

임오군란은 약 한 달 만에 끝났다. 군란이 진정되자 고종은 "매우 다행스럽게도 상국(上國:淸)에서 군대를 파견해 우리를 원조해 줌으로써 난을 일으킨 군사 10여 명을 잡아 사형에 처했으니 천벌은 이미 가해졌고 대의가 이제 밝혀졌다."고 반가워했다.(『승정원일기』, 1882.7.18) 하지만 이는 본격적인 외세 개입과 이어진 분란의 시발점이었다.

사태가 진정된 후에도 청나라는 군대를 철수하지 않았을 뿐만 아니라 오히려 내정 간섭을 강화했다. 청나라는 원세개(袁世凱)가 지휘하는 군대를 상주시키고 군사 고문을 보내 조선 군대를 감시·통제했다. 또한 마건상(馬建常)과 독일인 묄렌도르프(P.G.Möllendorf)를 내정 및 재정 고문으로 파견해 내정과 외교에 깊이 간섭했다. 그리고 8월에는 조선에 대한 청의 종주권을 명시한 <조청상민수륙무역장정(朝淸商民水陸貿易章程)>을 체결했다. 청나라는 조선에 대한 그동안의 '형식적 종속' 관계를 '실질적 속방'으로 만들었다.

청국의 조선 지배력이 강화될수록 일본 또한 세력 확대를 위하여 군사력과 외교력을 동원했다. 일본은 거류민 보호를 내세워 하나부사 요시모토(花房義質) 공사를 지휘관으로 군함 4척과 육군 1개 대대를 파견했다. 그리고 군란 당시 발생한 일본인 교관 살해, 공사관 소실, 일본인 재산 손실 등 대한 55만 원의 손해배상을 요구했다. 조선은 청국과의 조약체결 직후인 8월 말 배상금과 일본군의 한성 주둔 용인 등을 골자로 하는 제물포조약과 일본인의 상업행위를 더욱 폭넓

조선을 둘러싼 열강의 각축. 조선을 실질적으로 지배하고 있는 청나라가 조선을 둘러싼 열강의 동향을 주시하고 있다. 〈團團珍聞〉 1885.2.7.

게 보장하는 <조일수호조규속약(朝日修好條規續約)>을 체결했다.

이로부터 조선은 청일전쟁이 끝날 때까지 청나라와 일본 두 나라의 각축장으로 변했다. 청군과 일본군이 본격적으로 주둔했고, 두 나라의 상인들 또한 상권 확대를 위해 투쟁했다. 더욱 심각한 후유증은, 군란 후 10년 동안 계속된 청일 두 나라의 갈등은 국정 운영의 방향을 놓고 고종 정권 내의 심각한 분열과 파벌이 형성됐다는 점이다. 청국에 의존하여 정권을 유지하려는 민씨 중심의 친청파와 일본의 메이지유신을 모델로 급진개혁을 꿈꾸는 개화파 사이에 갈등은 군란 2년 만에 다시 정변으로 나타났다.

군란이 수습된 후에도 고종과 민비를 중심으로 한 외척은 정권 유지를 위해 청국에 의존하려 했고, 이는 정부 내에서 친청파의 득세를 부추겼다. 갑신정변 직전인 1884년 11월 12일 다케조에 신이치로(竹

添進一郎) 공사가 이토 히로부미와 이노우에 가오루 외무대신에게 보낸 전문에 의하면, "지나당(支那黨: 친청파)은 조선에 주둔하는 청국 무관에게 아첨하기를 마치 노예와 같은 추태를 부리면서 청나라의 위세를 업고 권력을 확대하면서 불법을 자행"하고 있었다.("朝鮮黨派ノ軋轢二關シ竹添公使ヘ訓令ノ件,"『자료집성』3, p.4) 하지만 일본이 청나라 세력에 대항하기에는 턱없이 부족했다.

그동안 문호개방과 개혁이라는 궁극 목표에 의견을 같이했던 개화파 내에서도 정책실현방법에 있어서 심각한 의견 차이를 드러냈다. 온건 개화파로 알려진 김홍집, 어윤중, 김윤식 등은 부국강병을 위한 여러 개혁정책을 실현하되, 민씨 정권과 타협 아래 청국에 대한 사대 외교를 종전대로 계속 유지하면서 점진적으로 수행하자는 태도를 보였다. 이에 대해 김옥균, 박영효, 서재필, 홍영식 등을 중심으로 한 급진 개화파 세력은 청국에 대한 사대관계를 청산하는 것을 우선 과제로 삼고 일본의 메이지 유신과 같은 개혁을 해야 한다고 생각했다. 또한, 이들은 민씨 정권을 타협이 아니라 타도의 대상으로 삼았다.

임오군란 후 고종과 민비가 청국에 의존할수록 급진 개화파는 권력의 중심에서 밀려났다. 청불전쟁이 벌어지면서 청국이 조선에 주둔한 병력 일부를 철수하자 급진 개화파는 1884년 12월 4일 일본과 협조하여 정권 장악을 위한 쿠데타를 시도했다. 이른바 갑신정변이다.

성공하는 듯했던 정변은 삼일천하로 끝났다. 그동안 고종이 후원했고 또한 고종이 지지한 개방과 개화정책의 동력이었던 김옥균을 위시한 많은 개화파 인물들이 죽거나 망명길에 들어섰고, 개화운동은 더 설 자리가 없어졌다. 갑신정변의 실패는, 윤치호가 12월 7일 그의 일기에 기록하고 있는 바와 같이, "공적으로는 개화를 더는 논의할 수 없게 쓸어버렸고[蕩敗], 사적으로는 가정이 파괴되고 가족이 죽는[亡破]" 비극을 가져왔다(『윤치호일기』 1, p.208). 결국 정세의 판도는, 다시 박은식의 표현을 빌리면 "운현궁과 가까웠던 사람들은 임오군란으로 모두 배척됐고, 갑신년의 변란으로 개화당파들도 모두 제거됐다. 요직에서 정권을 장악하고 국권을 엿보는 자들은 왕실의 외척들뿐"이었다.

## 개명과 부패

앞에서 지적했듯이 고종은 친정을 시작하면서 많은 개방, 개명정책을 시행했다. 강화도조약 체결 이후 서세동점의 의미를 정확하게 파악하고 이에 대응하기 위하여 문호를 개방하고, 정부 기구를 개편하고, 서구 문물을 받아들였다. 서양에 한걸음 앞서 다가간 일본과 청국에 유학생과 수신사를 파견하여 서양의 신문물을 배우게 했다. 외국과의 수교는 물론 기기창 설치, 신문 발간, 전환국 설립, 새로운 군사제도 도입, 근대적 학교와 의료원 설립 등은 고정 친정 10년 사이에 이루어진 개명정책의 결과였다.

하지만 이러한 개명정책은 그 동력을 살려가면서 지속해서 추진되지 못했다. 왜 그랬을까? 물론 거기에는 유림세력의 반대, 대원군을 지지하는 수구세력의 저항, 국가재정의 부족, 외세 개입 등 여러 가지 이유가 있을 수 있다. 그러나 무엇보다 가장 중요한 이유는 최고 권력자의 리더십 결핍과 지배층의 부패와 무능, 이로 인한 국민적 지지를 확보할 수 없었기 때문이었다. 그리고 세월이 가면서 권력의 부패와 정치의 무능이 더욱 깊어졌다.

고종도 이를 인지하고 있었음을 알 수 있다. 임오군란 직후인 7월 20일 고종은 국정 운영의 잘못을 인정하고 혁신정치를 다짐하는 현대판 '대국민사죄성명'이라 할 수 있는 「윤언(綸言)」을 발표했다. "아! 부덕한 내가 외람되게도 백성의 윗자리에 오른 지 19년이 되었는데, 덕을 밝히지 못하여 정사는 그릇되었고 백성들이 흩어졌으며, 위로는 죄가 쌓이고 몸에는 재앙이 모여들었다. 이것은 모두 내가 불러들인 것이니 아무리 후회한들 무슨 소용이 있겠는가?"라고 시작하는 「윤언」은 지나친 세금, 뇌물의 성행, 인재 등용의 불공정, 척족의 발호 등 8항목의 실정(失政)들어 자신의 잘못을 국민에게 사죄했다. 그리고 "내 이제 마음을 깨끗이 씻고 이전의 잘못을 교훈으로 삼아 앞으로 되풀이하지 않도록 조심하겠다."라고 다짐했고, "어진 관리들을 선택하여 백성들을 다스리게 할 것이며, 실효를 거둘 수 있는 수단을 취하여 온 나라 사람들과 함께 다시 새롭게 시작(更始)"할 것을 약속했다.(『승정원일기』, 1882.7.20)

이 약속은 허언(虛言)이었다. 고종은 그 후에도 여러 차례 과거를 반성하고 앞날의 신의를 다짐하는 조서를 내렸으나 그저 말뿐이었다. 임오년의 「윤언」으로부터 22년 지난 1904년 7월 15일 중추원 의관

안종덕이 "죽음을 무릅쓰고 올린 상소"에는 "폐하가 임오년 이후 수십 년 동안 환난이 생길 때마다 밝은 조서를 내린 것이 몇천몇백 마디인지 모를 정도입니다." 그런데 어째서 사태가 더 악화되고 있냐는 것이었다. 그 이유는 고종이 약속하는 "청렴, 근면, 공정, 신의"는 "그저 말뿐이고 마음이 담겨있지 않기" 때문이었다.(『고종실록』, 1904.7.15)

임오군란 후 여흥 민씨와 풍양 조씨를 중심으로 한 부패정치는 개선이 아니라 더욱 깊어졌고, 매관매직이 성행했고, 지방 수령들의 탐오는 당연한 것처럼 여겨졌다. 1883년 말 윤치호의 일기에 의하면 성내에는 '불한당'이 설치고 있었고, 지방 곳곳에는 '명화적(明火賊)'이 들끓었다. 일기는 다음과 같이 계속되고 있다.

> 벼슬아치는 탐욕만 내고 백성들은 굶주리고, 전폐(錢幣)가 고르지 못하여 물가는 뛰어오르고 있는데, 정부는 백성을 안정시키려는 조치는 취하지 않고 한갓 뇌물만을 탐낸다. 백성들은 입에 풀칠할 곡식이 없는데도 부역에 시달리고 있고, 정부에는 사욕(私慾)만 추구하는 관리가 가득했다. 척신과 환관들이 권세를 부려 관직을 파는 길만이 열려 있고 상하가 이익만을 취하여 관민이 모두 피폐해졌다. 인민들의 도탄이 지금처럼 심할 때가 없었다.(『윤치호일기』 1, p.46)

고종이 개선을 다짐하고 약속했음에도 부패 현상은 전혀 개선되지 않았다. 오히려 시간이 가면서 더 깊어졌고 지능화됐을 뿐이었다. 부패와 부조리와 모순이 다시 10여 년 축적되어 동학 농민봉기로 나타났다.

바로 이 시기 조선을 여행한 오스트리아 작가이며 여행가인 헤세-바르텍은 조선의 모습을 다음과 같이 기록하고 있다. "지금의 상황으로 보건대, 넓은 지구상에서 조선만큼 백성이 가난하고 불행한 반면 지배층은 거짓되고 범죄적인 곳은 아마도 거의 없을 것이다."(헤세-바르텍, p.109)

조선이 대한제국으로 바뀐 뒤에도 정국의 혼란과 권력의 부패는 바뀌지 않았다. 엘리트 외무 관료 야마자 엔지로(山座円次郎)가 1900년 1월에 한성에서 가토 다카아키(加藤高明) 외상에게 보낸 비밀보고에 의하면 "음모와 비어(蜚語)가 궁정 내외에 가득하여 권세의 이동이 아침에 저녁을 예측할 수 없고", 고종의 인사는 "무녀의 점괘"가 좌우하고 있고, 정부의 고위 관리들은 "거의 모두 사리(私利)로 뭉쳐있거나 외국의 투기상(投機商)과 결탁해서 국고를 사유화"하고 있었다.("漢城政界의 動向", 『공사관기록』 16)

당시 한국의 부패상이 어땠는지 가장 잘 보여주고 있는 문서는 주한 러시아 초대 총영사를 역임한 카를 베베르(Karl I. Veber)의 보고서다. 13년 동안(1885~1897) 러시아 총영사로 활동하면서 고종과 특별한 인연을 쌓았던 베베르는 1903년 고종의 즉위 40년 축하 행사에 참석하기 위해서 니콜라이 황제의 친서를 들고 한국을 다시 찾았다. 을미사변의 진상을 폭로하고 고종의 아관파천을 도왔던 베베르가 5년 반 만에 본 한국의 모습은 그가 떠날 때보다 더 참담했고 부패했다. 고종과 남다른 친분을 맺고 있었던 그가 본 한국은 "정치 생활뿐 아니라 사회생활에서도 뒤로 후퇴하는 매우 슬픈 광경"이고, "정부 안에서 벌어지고 혼란은 10년 전에 창궐했던 것보다 더 나쁜" 모습이었다.

베베르가 본부에 제출한 보고서에 따르면, 권력층은 "국가의 여물통에 더 가까이 있거나, 국왕의 후의를 누리거나, 아니면 권력을 가진 다른 모든 사람에 대한 똑같은 음모와 계략, 똑같은 권력 남용이 횡횡했으며, 인민에게서 마지막 남은 생명력, 마지막 남은 곡식 한 톨까지 쥐어짜려는 똑같은 모습"을 보였다. 관직은 지식이나 경력, 또는 공훈에 따라 임명하는 것이 아니라 "오로지 연고(緣故)나 헌납할 수 있는 재산을 보고 임명"했고, "상업에서 이윤이 유통되는 자본의 회전속도에 직접 좌우되는 것처럼, 관직을 파는 자들에게 이익이 되는 것은 관직을 산 자들을 그 자리에 오래 머물러 있지 못하게 하고 그 자리를 더욱 빈번하게 교체"하는 것이었다.

세금이 증가해도 국가재정은 항상 쪼들렸고, 국리민복을 위해서 쓸 자금은 없었다. 그 이유는, 베베르의 관찰에 의하면, "수입의 상당 부분은 무용하고 비생산적인 구매, 그리고 결코 가볍게 볼 수 없는 지출로서, 황제의 변덕 충족, 사치스러운 행사, 궁궐과 사원과 왕묘 건립, 내시, 점쟁이, 무당-궁내에서 상당한 영향력을 행사함-의 부양을 위한 막대한 비용이 탕진되고" 있기 때문이었다. 그 어느 하나 생산적 경제활동이 아니었다.

그가 본 한국의 정치 상황은 "현저히 악화"했고, "정부 내의 음모, 간계, 부패, 착취 등이 만연"한 상태였다. 일본은 "이 나라를 정치적,

재정적으로 완전히 예속시키기" 위하여 "조용하고 꼼꼼하면서도 체계적인 막후공작"을 추진하고 있었으나, 부패하고 무기력한 한국은 일본의 '조용한 공작'을 억제할 힘이 없었다. 결국, 왕실과 권문세족의 부패는 개명을 압도했고 나라를 멸망의 늪으로 이끌었다.(이원영, pp.178-198)

베베르 주한 러시아 공사와 그의 부인

1905년 1월 23일 고종이 비서원(祕書院) 이경현과 나눈 다음과 같은 대화는 당시 대한제국의 모습을 상상할 수 있게 한다.

**고종**: 백성 마음을 안정시키는 것이 오늘날 실로 어려운 문제이다. 민심의 흩어짐이 어찌 이런 지경까지 이르렀는가?

**이경현**: 폐하가 비록 당요(唐堯)와 우순(虞舜), 하우(夏禹)와 은탕(殷湯)의 정사를 행하였지만 오래되다 보니 폐단이 생겼습니다. 마땅히 한 번 규율을 일신하여야 할 뿐입니다.

**고종**: 그런데 왜 이렇게 가난하고 재정 원천이 고갈되는 것인가?

**이경현**: 재정의 원천은 나라의 큰 문제인데 이처럼 고갈되는 것은 모두 유사(有司)의 죄입니다. 숙종(肅宗) 때 논과 밭에서 거두는 세

금(전결, 田結)이 120만 결(結)이나 되었는데 지금은 60만 결밖에 되지 않으니 이것은 모두 탐욕스럽고 교활한 관리들이 속였기 때문입니다.

**고종**: 기강이 또한 왜 이렇게까지 심히 문란해졌는가?

**이경현**: 폐하가 재위(在位)하신 지 40년 동안 오직 인자한 정사만을 베풀었기 때문에 아랫사람들이 꺼릴 것이 없고, 백성들이 정신을 차려야 할 일도 없어 점차 이 지경에 이른 것입니다. 비유하건대 인자한 어머니가 한갓 자식을 사랑하기만 하면서 한 번도 깨우쳐주지 않으면 어머니의 사랑을 믿고서 가풍을 쉽게 거스르는 것과 같습니다."(『고종실록』)

## 대한제국의 실패

대한제국은 1897년 10월 태어났다. 고종은 1896년 2월 경복궁에서 정동에 있는 러시아 공관으로 피신하는 아관파천을 단행했다. 약 1년 동안 계속된 고종의 아관파천은 국가의 위상과 국민의 자긍심에 손상을 주었으나, 아이러니하게도 한반도에서 일본과 러시아 사이에 어느 정도 세력균형을 유지할 수 있게 만들었다. 러시아는 비록 고종을 장악하고 있었지만, 만주에 세력 부식을 목표로 하고 있었기 때문에 한반도에서는 일본과의 갈등보다는 세력균형을 희망하고 있었다. 이는 고무라-웨버 각서 이후 러일협상에서 그대로 나타났다.

한반도에 나타난 힘의 변화는 일본의 영향력에서 벗어나 왕권 강화를 의도하고 있던 고종에게 운신 폭을 넓혀주었고, 대한제국은 이러한 상황 속에서 탄생했다. 8월 16일에는 연호를 광무(光武)로 바꿔 부국강병의 기치를 내세웠고, 10월 3일에는 황제 칭호 건의를 수락하였다. 10월 12일에는 원구단(圜丘壇)에서 고유제를 올리고 황제즉위식을 거행하고 국호를 대한제국으로 선포했다. 이는 캐나다 출신 언론인 맥켄지가 뒷날(1920) 그의 책 *Korea's Fight for Freedom*에서 강조하고 있는 것과 같이, 고종이 "나라와 자신을 구할 수 있는 마지막 기회(a final chance to save himself and his country)"였다. 하지만 결과는 실망스러웠다.

대한제국의 출범은 자주독립을 향한 국민적 각성과도 맞물려있었다. 1873년 대원군이 물러나고 고종과 민비가 전면에 등장한 이후 조선은 국내외의 격랑과 혼란의 소용돌이 속으로 빠져들었다. 집권세력 내에 주도권을 장악하기 위한 심한 갈등도 분출했다. 그 연장선상에서 임오군란과 청국의 주도권 장악, 갑신정변과 개화파의 몰락, 청일전쟁과 일본의 한반도 지배권 강화, 삼국간섭과 일본의 위축, 민비시해와 고종의 파천 등과 같이 국가의 명운을 좌우할 수 있는 사건들이 숨 가쁘게 이어졌고, 그때마다 한반도에서 강대국의 판도도 변했다.

이러한 사건과 역경을 거치면서 백성들 속에서는 민족공동체로서의 국가와 이에 대한 주권의식이 강화됐다. 특히 국모인 민비시해와 국왕이 궁궐을 버리고 외국 공관으로 피신하는 사태, 그리고 러시아의 내정 간섭과 이권착취는 국민의 애국심을 고취했다. 황제즉위와 대한제국 선포는 이러한 애국심을 결집하는 계기가 됐다. 1897년 10월 14일의 <독립신문> 논설은 "조선 신민들은 이제부터 더 열심히 나라의 위엄과 권리와 영광과 명예를 더 아끼고 더 돋우어 세계에 제일등국 대접을 받을 수 있는 도리"를 다하고, "구습과 온갖 잡된 마음을 다 버리고 문명 진보하고 애국·애민(愛民) 하는 의리를 밝히는 백성"이 될 것을 주장했다.

'백성의 애국심'은 만민공동회로 표출됐다. 1898년 3월 10일 독립협회가 주도한 만민공동회의에 1만 명이 넘는 한성시민이 참석하여 러시아를 비롯한 모든 외국의 침략 정책 배제와 자주독립 기초 강화를 외쳤다. 만민공동회는 모임을 거듭할수록 백성의 애국심 열기는 강화됐고, 이에 개혁파 관료들과 각종 사회단체와 일반 시민·학생이 참석하면서 관민공동회로 발전했다.

1898년 10월 28일부터 11월 2일까지 6일간 이어진 관민공동회는 망국적 상황을 타개하기 위해 민(民)과 관(官)이 연합한 아주 예외적인 기회였다. 여기에는 관민공동회를 이끌어온 독립협회를 위시해 국민협회 등 시민단체와 한성시민·학생 등이 참여했고, 정부 측에서는 박정양(朴定陽)과 현임 대신들, 그리고 민영환 등 전임 대신들이 참석했다.

둘째 날인 29일에는 이국편민(利國便民)에 관한 의견을 모아 고종 황제에게 건의문을 올렸다. 헌의6조(獻議六條)로 알려진 6개 항의 건의문은 자주외교와 국정개혁의 대원칙을 포함했다. 고종은 이를 수정 없이 재가했다. 그리고 한 걸음 더 나가 중추원을 의회로 개편하기 위해 중추원 의원 50명의 절반을 독립협회에서 뽑고, 나머지 절반은 관선으로 한다고 제정·공포했다. 입헌군주제 국가를 향한 문이 열렸다.

하지만 이처럼 관민이 뜻을 합하고 임금까지 약속한 '새로운 나라'에 대한 기대는 허무하게 무너졌다. 조병식, 민종묵, 이기동 등 수구파가 독립협회의 의회개설 운동을 공화정을 수립하려는 쿠데타적 계획이라고 모략하자, 고종은 기다렸다는 듯이 이를 수용했다. 11월 4일 고종은 "이른바 협회(協會)라고 이름한 것은 모두 혁파하라"고 명했고, 11월 5일 독립협회 간부 17명을 체포하고 독립협회의 해산을 명령했다. 결국 헌의6조는 실현되지 못한 채 폐기됐고, 조선이 재기할 수 있는 마지막 기회도 안개처럼 사라졌다.

그 후 독립협회와 시민은 만민공동회의를 결성하고 정부 조치에 항의 시위했으나 그 생명은 오래가지 못했다. 12월 25일 고종은 군대를 투입해서 독립협회와 만민공동회의를 강제적으로 해산했다. 뒷날 대통령이 된 이승만은 당시 독립협회 탄압에 맞서 시위를 주도했고 1899년 1월에는 고종폐위 음모에 가담했다는 혐의로 한성감옥에 투옥됐다. 그는 1904년 8월까지 5년 7개월 동안 감옥 생활을 했다.

고종은 광무개혁으로 알려진 각종의 개혁정책 프로그램을 제시하고 그 실천을 주도했다. 핵심은 부국강병과 근대적 상공업 진흥정책을 바탕으로 자주적인 독립국가를 건설해 나간다는 것이다. 국방력을 강화하기 위하여 중앙과 지방의 군대 증강 프로그램을 제시 했고, 애국심을 고취하기 위하여 국가(國歌)와 군기(軍旗)를 제정했다. 그리고 블라디보스토크와 간도 지방으로 이주한 교민을 보호하고, 그곳을 영토로 편입하기 위하여 블라디보스토크 통상사무관과 북변도관리(北邊島管理)를 설치했다.

또한 정부의 조세수입을 늘리고 근대적 토지소유권을 확립하기 위하여 양지아문(量地衙門)을 설치하고 1899~1903년 사이에 두 차례에 걸쳐 토지조사와 지계(地契) 발급사업을 시행했다. 이로써 근대적 토지소유권이 확립되고, 국가재정이 개선될 수 있는 토대가 마련되었다. 그뿐만 아니라 실업교육의 강화, 통신 교통시설의 개선, 철도회사의 설립, 위생시설 강화, 단발령 재실시, 서양 복식제도 도입, 미터법을 사용하는 근대적 측량법 채용 등과 같이 각 영역에서 개혁정책을 추진했다.

하지만 고종은 처음부터 황권 제한을 포함한 근본적 혁파는 생각하지 않았다. 당시 시시각각으로 변하는 한국 정세를 치밀하게 들여다 보고 있었던 히오키 에키(日置益) 임시대리공사의 보고에 의하면 고종은 "독립협회의 세력이 날로 강대해짐을 걱정하여 이를 없앨 책략으로 황국협회를 조직"했고, 또한 독립파의 내정개혁에 관한 시위운동에 대해 "내심 미워하고 싫어했으나 여론의 추세에 끌려 대신을 경질하고 헌의6조를 잠시 수용"했을 뿐이었다. 이를 파기할 명분이 생기자 그는 쉽게 버렸다.("獨立協會示威運動에 관한 件", 『공사관기록』 12) 황권 강화에 모든 초점을 맞추고 있는 고종의 개혁 노선은 근본적 변화를 요구하는 민중의 개혁 노선과는 괴리가 생길 수밖에 없었다.

대한제국의 헌법이라고 할 수 있는 1899년의 대한국국제(大韓國國制)가 보여주고 있듯이 자주독립국임을 강조하는 제1조를 제외한 나머지 7개 조는 모두 황제의 입법, 사법, 행정, 군권 등 모든 권한을 절대적으로 강화하고 있다. 또한, 제2조가 전제정치를 천명하고 있으므로 고종의 환궁을 주도하고 국민계몽에 앞장섰던 독립협회나 만민공동회와는 함께 갈 수 없었다.

앞에서 지적했듯이 대한제국은 양전 사업 등 정부의 조세수입을 늘리는 제도적 조치를 취한 것은 사실이지만 고종은 국가의 재정확대보다 황실재정에 더욱 주력했다. 종래 탁지부 또는 농상공부에서 관리하던 광산, 홍삼, 역둔토, 철도 수리사업 등의 수입을 황제 직속의 궁내부 내장원으로 이관하여 황실이 직접 관리했다. 그동안 폐기되었던 각종 잡세를 다시 부과함으로써 민중의 생활을 어렵게 만들었다. 또한 황실은 외국인과 직접 철도부설권이나 광산채굴권 등 이권 계약을 함으로써 황실의 재산을 늘리고 정부의 위상을 더욱 약화시켰다. 이는 결국 국가재정을 위축시키는 결과를 가져왔고 민중의 불만을 키웠다.

대한제국은 자주독립을 선포하고 각종 개혁조치를 취했으나 이는 국가와 국민보다는 황실을 위한 것이었다. 이를 주도한 핵심세력 또한 국가의 혁신을 구상하고 추진하는 새로운 세력이 아니라 황권 강화에만 몰두한 궁내부의 측근과 아관파천을 주도했던 세력이었다. 그리고 무엇보다 고종 자신이 개혁정책을 이끌 의지도 능력도 없었다. 또한 그의 무원칙한 국가재정의 사적운영은 대한제국의 재정을 심각한 위기로 몰고 갔다. 다시 맥켄지의 평가에 의하면, "민비가 살해당한 날 밤과 이어진 그다음 날들의 경험에서 끝내 헤어나지 못한 그는 유약했고, 변덕스럽고, 의심이 많았다.(weak, uncertain and suspicious)." 고종은 난세를 뚫고 나갈 수 있는 그런 군주는 아니었다. 대한제국은 1910년 8월 29일까지 계속됐으나, 1904년 한일의정서 조인과 함께 사실상 그 명맥을 다한 것이나 다름없다.

## 시대정신과 인재의 상실

하나의 민족공동체를 이끌어 가는 것은 시대정신과 그 시대정신을 역사의 현장에서 대중과 함께 구체화할 수 있는 정치집단의 리더십이다. 정치 리더십이 없는 시대정신은 공허하고, 시대정신이 없는 리더십은 무모할 뿐이다. 시대정신을 깨닫지 못한 정치 리더십의 무능과 부패가 한 민족의 운명을 쇠락의 길로 안내한다는 것은 역사의 법칙이다.

잘 알려진 바와 같이 메이지 일본의 시대정신은 '부강개명'으로 압축된다. 군사적으로 강하고, 경제적으로 융성하고, 문명화된 나라를 만든다는 것이다. 정치 지도자들은 국민적 지지를 끌어내면서 이 시대정신을 구현해 나갔고, 그래서 유신으로부터 반세기도 안 돼서 강대국으로 부상할 수 있었다.

굴곡은 있지만, 청나라 역시 1860년대 증국번(曾國藩)과 이홍장(李鴻章)이 중심된 '양무운동', 강유위(康有爲)와 양계초(梁啓超)가 이끈 1880년대의 '변법자강(變法自疆)운동', 그리고 1890년대 이후에는 손문(孫文)과 황흥(黃興)을 중심으로 분출된 '멸청흥한(滅淸興漢)'이라는 시대정신이 있었다. 그리고 이 시대정신을 바탕으로 신해(辛亥)혁명을 완수하고 중화민국을 건립했다.

고종의 조선은 어떠했나? 국민적 공감대를 이루어내고, 그래서 변화의 동력으로 작용할 수 있는 시대정신이 있었나? 시대정신을 구체화할 수 있는 정치집단이 있었나? 권력의 최고 정점에 있었던 고종이 시대정신에 대한 확신과 이를 실현하기 위한 지도력을 발휘했나? 이러한 물음에 대한 대답은 부정적일 수밖에 없다.

앞에서 지적한 바와 같이 고종 친정 후 개화를 통한 자강이 시대정신으로 대두했고, 고종 또한 능동적으로 이를 지지했던 것도 사실이다. 그러나 이는 서양과 국제정세의 변화에 눈을 뜬 일부 지배계층에 국한했을 뿐이고, 국민적 공감대를 확보하지도 지속하지도 못했다.

임오군란 이후에는 고종도 개화에 대한 시대정신이 흔들렸고, 갑신정변 이후에는 더 이상 관심 밖이었다. 개화와 개혁의 의지는 이미 사라졌다. 민비시해, 청일전쟁, 아관파천 등을 겪으면서 자신의 안위가 가장 중요한 과제였다. 정국이 혼란했던 1898년 2월 24일 가토(加藤增雄) 공사가 니시(西德二郎) 외무대신에게 "필친전(必親展)"이라고 명시한 '기밀' 보고서에 의하면 "왕비 사건(을미사변을 뜻함) 이후 폐하께서는 신경이 극도로 과민해져서 매사에 일신의 안위만을 염려하여 자칫하면 국가를 희생시키더라도 우선 일신의 안태(安泰)"와 "황실의 안녕"만을 염두에 두고 있었다. 가토는 고종에게 일본 정부의 신분 보장서를 전달할 정도였다.("加藤公使時代極祕書", 『공사관기록』11)

1899년 8월 3일 파블로프 러시아 대리공사가 본부에 보고한 고종의 리더십 부재와 불안한 한국 정세도 크게 다르지 않았다. 파블로프에 의하면 "자주적 통치력을 상실한 고종 황제는 자기 측근에게조차 권위가 없으며, 대한제국의 안정과 고종 황제의 정책을 지탱해 주었던 외국의 협력(러시아의 지원)도 잃어버렸다." 이런 상황에서 "우유부단한 고종 황제는" 독립협회, 황국협회, 만민공동회나, 또는 친러파, 친일파, 친미파로 구성된 대신들을 의지하려고 했다. 하지만, 파블로프의 판단에 의하면 고종은 결국 "노골적으로 올가미를 놓아 극히 증오스럽지만 그래도 가장 바람직한 일본공사관원들을 후견인으로 맞이할 것"으로 보았다.(박종효 편역, pp.18-19)

더하여 고종 집권 내내 계속된 권력의 부패, 여흥 민씨와 풍양 조씨의 발호, 지배층의 분열 등은 개화가 담고 있는 시대정신을 구체화하기에는 너무 미약했다. 권력의 신뢰성 상실은 시대정신을 공허하게 만들었고 민중으로부터 유리됐다.

고종 말기에 강화된 자강과 독립이라는 시대정신은 고종의 정치 리더십이나 지배계층에 의한 것이 아니라, 민중 속에서 싹트고 강화된 국민적 시대정신이었다. 물론 을미사변 이후 일본에 대한 고종의 끈질긴 저항과 밀사 외교 등은 그가 의도했던 아니했던 국민적 저항과 시대정신을 강화했음을 부인할 수 없다. 하지만 그것이 국민의 힘을 하나로 묶어낼 수 있는 정치적 리더십으로 이어지지 못했고, 그 중요한 이유는 지도층의 분열과 인재의 결핍이었다.

임오군란과 갑신정변 이후 청일전쟁에 이르기까지 10여 년 동안 격화된 세도정치와 노선 분열 속에서 고종이 잃어버린 가장 커다란

손실은 많은 인재(人材)의 '낭비'였다. 고종이 친정을 시작할 때만 해도 주위에는 서세동점의 현상을 인식하고, 개혁의 길을 모색하는 개화파 인재가 많았다. 개화파의 선각자라 할 수 있는 비조(鼻祖) 박규수를 비롯해 유대치, 오경석, 이동인, 김윤식, 김기수, 박정양, 그리고 다음 세대라 할 수 있는 김옥균, 김홍집, 박영효, 어윤중, 유길준, 홍영식, 서광범 등과 같은 개방적이고 개혁적인 많은 인재가 활동했다. 물론 이들 사이에 개화의 속도나 방법에 있어서 차이가 있었지만, 문호를 개방하고 서양문물을 수용해야만 한다는 데는 일치했다. 고종 초기 이들을 적극적으로 등용하여 개화노선의 정책을 이끌었다. 하지만 임오군란 이후 이어진 정치적 격변 속에서 고종은 이들 인재를 세도정치와 정쟁 속에서 소모품으로 소진했다.

임오군란 후 대원군과 가까웠던 인물은 모두 배척됐다. 갑신정변 후에는 김옥균, 홍영식, 박영효, 서재필 등 많은 급진 개화파 인재들이 처형되거나 외국으로 망명을 떠나야만 했다. 또한, 을미사변과 아관파천을 거치면서 김홍집, 어윤중, 정병하, 김윤식, 유길준, 장박, 장의연 등 점진적 개혁론자들이 '역적'으로 몰려 죽거나 망명을 떠났다. 젊고 능력 있고 개혁적이었던 많은 인재가 세도와 파벌정치의 제물로 희생됐다.

군란과 정변, 왕비 시해와 파천 등과 같이 엄혹한 시기를 보내면서 고종은 신하들을 신뢰하지 않은듯하다. 그래서 인사가 잦았고, 빈번한 인사는 원칙이 없었고, 이를 신하의 충성과 권력 강화의 한 수단으로 생각한 듯하다. 정부의 수장이라 할 수 있는 영의정이 "임용되었다가 곧 해임"되고, 대신이나 협판은 "장기짝 옮겨 놓듯 교체"됐고, 관찰사나 군수는 "여관집에 다니듯이 오고가는 것"이 실상이었다.

고종의 용인술은 결속을 위한 통합보다 분열이었다. 신하들 능력의 장단점을 평가해 적재적소에 배치하고 화합과 통합의 방향으로 국력을 몰아가기보다는 오히려 분열시키고 서로 투쟁케 함으로써 권력과 권위를 유지하려 했다. 이용익과 조병식의 갈등 관계를 부추겼고, 이근택과 이지용의 충성 경쟁을 조장했다. 이러한 그의 용인술은 대외관계에도 그대로 적용했다. 청나라를 견제하기 위해서 일본을 끌어들이고, 일본을 제어하기 위해서 러시아를, 그리고 다시 미국에 접근하는 그런 식이었다. 고종의 이러한 정책과 책략은 도전할 권력이 없는 국내정치에서는 효과가 있었으나, 통제할 수 없는 국제정치에서는 전혀 작동하지 않았다. 이이제이(以夷制夷)나 세력균형이라는 것도 스스로를 지킬 힘이 있을 때 효력을 발휘할 수 있지 그렇지 않을 때는 오히려 신뢰성 상실의 원인이 된다.

고종 친정 10년 후부터 벌어진 군란과 정변과 민중봉기와 파천의 소용돌이 속에서 조선은 미래를 이끌 인재들을 잃었고, 개화의 동력은 소진했다. 1904년 이후 조선이 망국의 길목에 들어설 때 군주였던 고종에게는 나라와 자신을 지켜줄 힘(군사력)도 없었고, 지지해주는 강대국도 없었고, 그리고 난국을 함께 헤쳐나갈 충성스러운 신하도 없었다. 결국 남은 사람들은 시대정신을 일궈가는 세력이 아니라, 시류에 영합하고 사리에 밝은 인물들뿐이었다. 고종이 자초한 국가적 불행이 아닐 수 없었다.

2장

이토 히로부미의 일본

高宗

伊藤博文

> "일본은 세계 문명국가들의 맨 앞으로,
>
> 그리고 또 위를 향해 나갈 것이다."
>
> —이토 히로부미

이토 히로부미는 1841년 태어나 1909년 생을 마감했다. 그가 살아서 활동한 메이지 일본은 고종의 조선과 달랐다. 조선이 사양길에 접어든 노쇠한 나라였다면, 일본은 270여 년 지속한 도쿠가와 막부 체제를 마감하고 '돋는 해(旭日)'처럼 힘차게 솟아나고 있는 새로운 나라였다. 그 한가운데 이토 히로부미가 있었다.

## 유신과 새 나라 건설

19세기 중엽 도쿠가와 막부(德川幕府)가 쇠락의 길로 접어들고 결국 몰락을 불러온 것은 경제나 문화가 아니라, 시대정신을 깨닫지 못한 정치 리더십의 무능과 부패였다. 유럽의 관점에서 본다면 막부 말기의 일본이 비록 시대에 뒤진 중세 봉건국가지만, 경제적으로는 중진 국가로 평가할 수 있는 나라였다. 또 일반 백성의 교육 정도와 문화 수준은 놀라울 정도로 높았다. 하지만 오랫동안 권력에 안주했던 막부의 정치는 세계정세의 흐름을 판단하지 못했고 새로운 국가의 진로를 제시하지 못했다.

메이지에서 쇼와시대에 이르기까지 가장 영향력 있었던 저널리스트 도쿠토미 소호(德富蘇峰)에 의하면 당시 정치인들에게는 "다만 에도, 교토, 오사카, 그리고 자신의 번(藩)만 생각했지 대일본제국은 안중에 없었고, 그저 아무 생각 없이 세월만 보냈던 시대[空空寂寂]였다." 그들은 페리(Matthew C. Perry) 내항이 몰고 온 격동의 의미를 깨닫지 못했다. 270년 가까이 이어온 도쿠가와 막부가 지도력을 상실하면서 정국은 혼미 속으로 빠져들었다.

서양인의 눈에 비친 '욱일'하는 일본. 시사만화
*Japan Punch*

그런 와중에서 시대의 흐름을 간파하고 국가와 민족의 장래를 걱정하는 이른바 '지사(志士)'로 알려진 소수 정치 지도자의 연합이 막부 체제를 무너트렸다. 1868년의 메이지유신(明治維新)이다. '유신'이라 했지만, 실은 '혁명'이었다. 다만 주도세력이 혁명적이면서도 그들의 행동을 정당화하기 위해 왕정복고를 내세웠을 뿐이었다.

메이지 정부는 도쿠가와 막부가 남긴 혼란을 수습하고 밀려오는 서양의 위기를 극복하기 위해 출범하면서부터 '천지개벽의 개혁'을 단행했다. 중앙집권화를 위하여 봉건 영주가 가지고 있던 영지와 백성 관장권을 천황에게 바치고[版籍奉還], 행정제도를 개혁하고[廢藩置縣], 전국적으로 통일된 토지세 제도를 새로 제정하고[地租改正], 통일된 국민군대를 만들기 위한 징병제[皆兵制] 등을 실행했다. 다시 도쿠토미의 표현을 빌리면 "일본 역사상 공전(空前)의 개혁"이었다. 강력한 국가체제를 위해서였다.

새로 출범한 메이지 정부의 정치적 목표가 권력의 집중화였다면 경제적 목표는 상공업을 일으키는 것이었다. '강병' 없이 '부국'이 있을 수 없고, '부국' 없이 '강병'을 기대할 수 없기 때문이었다. 정부는 직접 자금조달, 기술도입, 기간산업 운영, 민간기업의 발전을 위한 제도적 보장 등과 같은 산업화 정책을 택했다. 정부가 근대적 기업을 일으켜 투자하고 운영하는 데 주역을 맡았다. 그 결과 일본에서 산업혁명기라고 할 수 있는 1880년대를 지나면서 철도, 광산, 방적, 조선, 군수산업, 도자기, 종이, 맥주 등 각 분야에서 산업화가 정착하는 모습이 뚜렷이 나타냈다. 그리고 정부가 주도한 산업을 점차 민간기업으로 이관하면서 메이지 자본주의의 씨를 뿌렸다. 메이지 시대를 지나면서 국가 재정은 20배, 수출입 무역은 50배로 늘어났다.

새로운 정치체제도 만들어졌다. "널리 회의를 열어 나라의 정치를 공론(公論)에 맡긴다"는 유신 공약에 따라 1874년 정당이 조직됐고, 1885년 내각제 정부가 출범했고, 1889년 제국 헌법으로 알려진 메이지 헌법이 반포됐고, 그리고 1890년 귀족원과 제1회 총선거를 시행하여 양원제 의회 체제를 확립했다.

　새 나라 건설의 열기가 차고 넘쳤다. '부국강병', '문명개화', '식산흥업' 등과 같은 슬로건이 당시의 열기가 가득했던 시대정신을 대변한다. 물론 격동기였던 이 시대에 부패와 권력의 남용이 횡횡했고, 국권론과 민권론의 정책 갈등이 치열했고, 인권과 개인의 존엄이 훼손됐고, 관권과 금권과 폭력이 난무했다. 하지만 이 모든 부조리와 비리가 부국강병이라는 용광로에서 하나로 변했다. 개인주의적 자유주의를 열렬히 추종했던 후쿠자와 유키치(福澤諭吉)가 자신의 일생 목표는 "나라가 부강해지는 것"이고, "정부의 형태나 실체 모두가 아무리 전제적이라 해도 나라를 강하게 만들 만큼 강력하다고 하면 나는 만족할 것이다"라고 할 정도로 부국강병이라는 시대정신은 모든 가치를 압도했다.

　메이지 신정부는 시대정신에 공감하는 사람은 누구나 환영했다. 출신 배경이나 유신을 지지했거나 반대했거나 따지지 않았다. 일본 해군을 근대화한 가쓰 가이슈(勝海舟)와 일본 산업에 아버지라는 시부사와 에이이치(攝澤榮一)는 막부의 신하였고, 메이지 외교의 전통을 세운 무쓰 무네미쓰(陸奧宗光)는 한때 반정부운동에 가담하여 감옥 생활을 했고, 초기 주러시아, 베이징 특명전권공사와 정부의 중요 직을 역임한 에노모토 다케아키(榎本武揚)는 막부 군대를 이끌고 홋카이도(北海道)의 하코다테(函館)까지 후퇴하면서 메이지 정부에 맞섰던 인물이다. 그들 모두 부국강병에 공감했고 능력을 갖춘 인물이었다. 메이지 정부는 유신에 반대하고 저항했던 인물이라도 부국강병이라는 국가목표를 위해 일할 수 있는 사람이라면 누구나 능력을 발휘할 수 있도록 길을 열어주었다.

그 결과 일본은 유신으로부터 반세기도 안 되는 짧은 기간 안에 체제를 안정했고 부강한 국가로 정착했다. 청나라, 러시아와의 두 차례 전쟁에서 승리하면서 아시아의 패권 국가로 발돋움했고, 서양과의 불평등조약을 바로잡으면서 열강의 대열에 들어섰다. 이러한 변화와 발전은 국민 대다수가 공감하는 부국강병이라는 시대정신과 이 시대정신을 구체적으로 구현할 수 있는 정치 지도자들이 있었기 때문에 가능했다.


## 메이지 일본과 '조선 문제'

1910년 조선 '병탄'으로 완성된 조선 문제 해결은 메이지 정부의 가장 중요한 핵심과제였고 정책 목표였다. 그 시발점이 1873년의 정한론(征韓論)이다. 한국을 정벌하기 위하여 군대를 파견할 것인가? 하는 문제가 막 출범한 메이지 정부가 맞닥트린 첫 번째 국정과제였다.

유신 중추세력 사이에 벌어진 정한 논쟁이 군대를 파견하지 않는 것으로 결정되면서 도쿠가와 막부를 무너뜨리기 위해 단결했던 유신세력이 분열했다. 1874년부터 시작된 유신 동지들의 무력항쟁이 곳곳에서 일어나면서 종국에는 세이난전쟁(西南戰爭)이라는 내란으로 발전했다. 1877년 유신의 영웅인 사이고 다카모리(西鄕隆盛)가 이끄는 정한파 군대가 전쟁에서 패배하면서 조선 정벌문제는 일단 표면에서 사라졌다.

조선반도를 지배해야 한다는 정한론이 '정책'으로 등장한 것은 메이지 정권이 출범하면서였지만, 그 발상은 도쿠가와 시대로 거슬러 올라간다. 도쿠가와 시대의 대표적 지식인의 한 사람인 하야시 시헤이(林子平)는 1786년 그의 저술인 『해국병담(海國兵談)』에서 조선반도는 일본의 국방과 밀접한 관계가 있을 뿐만 아니라, 일본이 대륙으로 진출하기 위해서는 꼭 필요한 지역이라는 것을 지적하면서 조선 연구의 긴급성을 강조했다. 이처럼 시작된 조선 지배인식의 논리는 막부 말기의 사토 노부히로(佐藤信淵), 요시다 쇼인(吉田松陰), 하시모토 사나이(橋本佐內), 히라노 구니오미(平野國臣) 등과 같은 지식인들에 의하여 이어지면서 '조선공략론'으로 발전했다.

이들의 일관된 논리는 서세동점이라는 당시의 국제추세 속에서 일본이 독립을 보전하기 위해서는 결국 그 세력을 대륙으로 진출하는 길밖에 없고, 조선반도는 일본의 대륙 진출을 위해 절대로 필요한 '징검다리'라는 것이었다. 따라서 조선 정벌은 일본이 안정되고 대륙으로 진출하기 위해서 수행해야 할 제일의 과제였다. 이러한 정한론은 막말의 지식인과 지배계층 사이에 상당히 보편화돼 있었으나, 국내적 통합과 체제개혁에 실패했던 당시의 상황에서 정책으로까지 발전시킬 수는 없었다.

메이지 체제가 들어서면서 달라졌다. 더욱이 조선이 새로 들어선 메이지 정부의 외교 관계 요구를 거부하면서 정한론은 하나의 논리가 아니라 구체적 실천과제로 등장했다. 메이지 초기 외교를 담당했던 야나기와라 사키미츠(柳原前光)가 이와쿠라 도모미(岩倉具視)에게 1870년 제출한 정책안에 의하면 일본이 조선반도를 지배해야만 하는 중요한 이유는 "조선은 북만주로 연결되고 대륙에 접한 곳으로서 이곳을 지배하면 실로 황국보존의 기초가 되고 후일 만국경략진취의 기본"이기 때문이었다.(柳原前光, "朝鮮論稿", 『일본외교문서』 3)

세이난전쟁 후 상당 기간 조선 정벌문제는 정책의제로 논의되지 않았다. 그렇다고 해서 메이지 일본이 조선 지배정책을 완전히 폐기했음을 뜻하는 것은 아니다. 오히려 더욱 확실한 정책을 추진하기 위하여 당분간 '연기'했을 뿐이었다. 그러다 1895년 청일전쟁을 계기로 한반도 지배가 가장 중요한 국가목표로 등장했다.

전쟁 시작 직후인 8월 17일 내각회의에서 조선 정책의 기본 방향을 논의했다. 세이난전쟁 후 수면 밑으로 잦아들었던 정한론이 다시 수면 위로 부상한 것이다. 외무대신 무쓰 무네미쓰는 조선 정책의 근본 목표와 이를 어떻게 추진할 것인가를 결정해야 할 시기에 이르렀음을 강조하면서 선택할 수 있는 다음과 같은 네 개의 대안을 제시했다. ① 조선을 명실공히 독립국으로 공인한다. ② 조선을 명의상으로는 독립국으로 간주하지만, 일본 보호국으로 만든다. ③ 일본과 청국 두 나라가 조선영토의 안전을 담보한다. ④ 조선을 중립국으로 설정한다.

내각회의에서 최종 결론을 확정하지는 않았다. 하지만 전체적 분위기는 무쓰의 제시안 중 제2안, 즉 여러 가지 어려움이 있지만, 조선을 보호국으로 취급해야 한다는 데 의견을 같이했다. 결국 일본은 '당분간'이라는 조건을 붙였지만, 조선 보호국화를 정책 목표로 설정한 것이다. 전쟁 기간 또는 전쟁 후 일본이 내정개혁이라는 이름으로 일관되게 추진한 조선 정책의 본질은 바로 이 조선 보호국화에 있었다.

## 청일전쟁과 그 후

청일전쟁에서 일본의 승리는 그동안 부국강병을 위한 메이지 정부의 모든 노력을 입증하기에 충분했다. 또한 1877년 세이난전쟁 이후 수면 밑으로 잦아들었던 정한론이 다시 전면에 부상할 수 있는 환경을 만들었다.

1876년 강화도조약 후 일본의 조선 진출 시도는 청국에 의하여 번번이 억제됐다. 그러다 1885년 천진 조약이 체결되면서 대등한 관계를 유지하는듯했지만, 시간이 흐를수록 청나라 세력이 강화됐고 긴장이 점차 고조됐다. 특히 원세개가 한성에 상주하면서 조선을 청의 확실한 '속방'으로 만들기 위해서 일본을 끊임없이 견제했다.

내연하던 긴장이 일본의 국민감정을 자극한 것은 1894년 초 상해에서 벌어진 김옥균의 암살과 사체(死體)의 조선 송환이었다. 청나라는 민비와 고종의 요구를 들어 김옥균의 사체를 조선으로 송환했고, 사체는 다시 양화진에서 능지처참의 극형을 겪어야만 했다.

일본의 여론이 들끓었다. 갑신정변 이후 일본에 망명 중이던 김옥균은 일본의 재야지도자들과 우익의 후원을 받고 있었다. 김옥균 암살 배후에 청나라가 도사리고 있다고 믿었던 이들은 청나라 응징론을 제기했고 여론이 이에 크게 동조했다. 의회도 한목소리로 강경책을 요구하고 나섰다.

청나라 응징론이 거세지고 있는 이 시기에 조선에서 벌어진 동학 농민봉기는 청일전쟁의 불씨를 지폈다. 학정에 시달리던 농민들이 전형적인 탐관오리인 고부 군수 조병갑을 응징하기 위하여 고부 관아를 습격하면서 시작된 농민봉기는 들불처럼 번져나갔다. 스스로 농민군 진압에 한계를 느낀 조선 정부는 원세개를 통해서 청나라에 출병을 요청했다. 청나라 군대가 인천과 아산에 상륙하자, 기회를 엿보고 있던 일본도 천진 조약에 따라 군대를 파병했다. 7월 25일 풍도에서 해전이 벌어지면서 한반도는 전장(戰場)으로 변했다.

전쟁이 시작하면서 전세가 확연히 드러났다. 일본은 예상외로 강했고 청나라는 허약했다. 당시 외무대신이었던 무쓰 무네미쓰가 승리의 기염을 토했듯이 일본 군대는 바다와 육지에서 연전연승하고 있었다. 9월에는 전쟁을 총지휘하는 대본영을 궁중에서 히로시마로 옮기고 천황과 이토 히로부미가 머물면서 진두지휘했다.

일본육군은 평양과 압록강 전투에서 승리하면서 요동 반도로 진격했고, 해군은 무적함대로 알려진 북양함대를 황해 해전에서 격파했다. 육지와 바다에서 승전을 거듭한 일본군은 1895년 2월 북양함대의 거점인 위해위(威海衛)를 점령했다. 그리고 강화회담에서 유리한 고지를 확보하기 위하여 팽호열도(澎湖列島)와 대만을 공략했다.

전쟁은 놀랍게도 6개월 만에 일본의 승리로 끝났다. 작은 섬나라 일본의 중화제국 제패는 세계를 놀라게 했고 일본 열도를 열광케 했다. 승리 후 전리품 또한 풍부했다. 1895년 4월 조인된 시모노세키 조약에서 일본은 조선의 완전 독립, 요동-대만-팽호열도 확보, 서양국가가 누리는 치외법권과 최혜국대우를 적용하는 통상조약, 그리고 약 2억 냥(3억 6천만 엔)의 전비 배상금을 거두어들였다.

청일전쟁에서 승리한 일본은 동아시아의 패권 국가로 등장하는 듯 했다. 하지만 유럽의 강대국가들은 아직 일본을 동급으로 인정하려 하지 않았다. 특히 부동항을 찾아 꾸준히 동진 정책을 추진해 온 러시아가 강하게 반대했다. 러시아, 프랑스, 독일이 연대하여 요동 반도의 반환을 일본에 요구했다. 이른바 삼국간섭이다.

승전국인 일본이 챙겨야 했던 전리품을 러시아가 대신 가로챘다. 러시아는 동청철도 부설권을 확보했고, 일본이 청국에 반환했던 요동 반도를 99년 동안 조차(租借)해 이를 군항으로 만들었고, 동청철도를 여순(旅順)과 대련(大連)까지 연장하는 남만주철도 부설권을 확보했다. 일본인으로서 감내하기 어려운 굴욕이었고 국민 속에서는 반러 감정이 넘쳤다.

전쟁에서 승리했음에도 전쟁의 원인이었던 조선에서 일본의 위상도 쪼그라들었다. 한국 병탄의 기초를 다지는 데 중요한 역할을 한 하야시 곤스케(林權助)가 탄식한 것과 같이 "조선의 관민(官民)은 누구나 일본을 경시하고 일본 것이라면 입도 대지 않을 정도로 무시하는 상황"이었고, 그래서 전쟁과 함께 일본이 강력히 추진해온 조선의 궁중과 의정부 개혁정책은 "아무리 유능한 이노우에 가오루 백작도 도저히 어떻게 할 수 없는 난관"에 부딪혔다.(林權助, p.198) 하지만 일본은 인내하는 이외의 다른 길이 없었다.

더하여 삼국간섭과 그 결과를 지켜보고 있던 고종과 민비가 러시아의 힘을 이용하여 일본을 몰아낸다는 이른바 인아거일(引俄拒日)의 책략을 취하자 일본은 이성적 판단과 외교적 대응 방향을 상실했다. 그 결과, 당시 러시아 총영사 카를 베베르가 지적한 것처럼 조급한 일본은 "왕후를 짐승처럼 살해"하는 '국가범죄'를 저질렀다. 그리고 사태는 고종이 러시아 공관으로 피신하는 아관파천(俄館播遷)으로 이어졌다. 민비시해는 국민적 반일 감정을 확산했고, 아관파천은 러시아가 조선의 중심세력으로 등장하게 했다.

청일전쟁의 원인이었고 대륙 진출의 가교인 한반도가, 다시 하야시의 표현을 빌리면, "러시아의 소매(袖)"로 들어가면서 일본은 손발을 움직일 수 없는 절체절명의 위기에 처했다. 그뿐만 아니라 1899년부터 중국 대륙에서는 청나라를 도와 서양세력을 몰아내자는 부청멸양(扶淸滅洋)의 기치를 내건 민중봉기인 의화단 사건이 확대됐고, 이를 기회로 러시아는 그 세력을 만주로까지 확대하고 있었다.

삼국간섭의 굴욕을 겪으면서 일본은 대륙 진출의 길목에 있는 한반도를 지배하기 위해서는 러시아와의 전쟁이 불가피하다고 판단했다. 그러나 당장 그럴 수는 없었다. 청나라와 전쟁을 치른 일본이 이어서 러시아와 맞서는 또다른 전쟁을 감당하기에는 국력이 뒷받침되지 않았다. 일본은 와신상담 10년 동안 복수의 이를 갈면서 러시아와의 전쟁을 준비했다.

그때까지 일본은 외교와 군비증강 두 가지 전략을 병행했다. 먼저 일본은 만주와 조선에서 러시아의 세력 우위라는 현실을 인정하면서 러시아의 영향력 확대를 최소한으로 억제하기 위한 외교협상을 이어갔다. 고무라-베베르 각서, 야마가타-로마노프 협정, 니시-로젠 협정 등이 그 결과였다. 이들은 모두 아관파천 이후 조선에서 러시아의 우위를 인정함과 동시에 최소한 일본의 정치세력 유지를 합의한 외교적 결과물들이었다. 동시에 일본은 러시아의 극동팽창정책을 우려하는 영국, 미국과의 외교력도 강화했다. 1902년 영일동맹을 체결했고, 친일적인 루스벨트 대통령이 이끄는 미국과의 유대강화에 정성을 기울였다.

외교적 수단을 통하여 러시아의 팽창을 억제하면서 일본은 군사력 강화에 국력을 쏟아부었다. 1905년의 일본 예산은 1895년에 비해서 470% 증가했고, 증가의 상당 부분은 군비증강에 투입됐다.

일본은 1900년 의화단 사건 당시 2만 2천 명의 군대를 중국에 파병하여 실전을 체험했다. 그리고 함께 출병한 러시아군대의 무질서와 무기력을 확인하면서 러시아와의 전쟁에서 승리를 자신할 수 있었다. 일본 정부는 1903년에 이르러 1895년 당한 수모를 만회할 수 있는 군사력을 갖추었다고 판단했다.

## 이토 히로부미와 메이지 건설

이토 히로부미는 막말의 격동과 메이지 새 국가건설의 한가운데서 활동했고, 그리고 한국 보호국화와 병탄의 길을 닦은 가장 중심적 인물이다.

이토는 조슈번(長州藩)의 쓰가리무라(束荷村)라는 빈촌의 가난한 농군의 아들로 태어났다. 어렸을 때 이름은 리스케(利助). 히로부미(博文)라는 이름은 메이지 유신 후 정부의 고위직을 맡으면서 사용하기 시작했다.

그의 부친 이름은 주조(十藏)이고 성씨는 하야시(林)로 알려져 있으나 정확한 것은 아니다. 무사가 아니면 성이 없었던 당시로서는 그리 이상한 것도 아니지만, 성씨가 무엇인지 알 수 없을 정도로 보잘것없는 가문인 것만은 확실하다. 한 정보도 안 되는 농지를 일구면서 살아야 하는 주조의 집안은 생계가 어려울 정도로 찢어지게 가난했다. 리스케가 6살 때 그의 아버지가 관미(官米)를 유용하여 고향에 살 수 없어 처자를 남겨두고 혼자 야반도주해야 할 정도였다.

사람은 누구나 살아가는 과정에서 몇 번의 전기를 맞이한다. 이토에게 첫 번째 전기는 농군에서 무사로 신분 상승한 것이었다. 그의 아버지 주조가 무사 계급의 가장 밑바닥이었던 아시가루(足輕)의 이토 집안에 양자로 입적하면서 리스케도 농군의 아들에서 무사의 아들로 사회적 지위가 바뀌었고, 이토라는 성을 가질 수 있게 되었다. 리스케가 14살 때였다.

1853년 페리의 내항 이후 이어진 정국의 혼란은 도쿠가와 막부가 맞이한 최대의 위기였다. 하지만 잃을 것 없는 이토에게 난세는 기회였다. 기회가 입신출세로 이어질 수 있었던 것은 그가 구루하라 료조(來原良藏), 요시다 쇼인(吉田松陰) 기도 다카요시(木戶孝允) 등과 같은 막말의 지도자들을 만날 수 있는 행운을 잡으면서부터였다. 이토가 붙잡은 두 번째 전기였다.

구루하라는 무사 계급의 최말단인 15세의 이토에게 무예와 무사정신을 가르쳤고, 막말 최고의 사상가였던 요시다 쇼인으로부터 시대정신을 배웠고, 유신삼걸(維新三傑)의 한 사람인 기도 다카요시를 수행하면서 유신운동에 가담할 수 있는 길이 열렸다. 구루하라, 요시다, 기도 세 사람은 이토의 앞날을 열어준 평생 은인이고 스승이었다.

젊은 시절의 이토 히로부미

신분이 미천했고 지위도 명예도 없는 최하급 무사 아시가루에 불과했던 이토의 젊은 시절은 난폭하고 거칠었다. 그는 존왕양이라는 이름으로 외국공사관에 방화 테러를 감행했고, 두 차례나 무고한 민간인과 학자를 살해했다. 하지만 영국밀항 이후 그의 생각과 활동에는 커다란 변화가 있었다.

고종이 왕위에 오른 1863년, 이토는 이노우에 가오루(井上馨) 등 조슈번의 네 명과 함께 영국밀항을 단행했다. 서양 사정을 직접 알기 위해서였다. 밀항은 그의 존왕양이 운동의 전환점이었다. 이토의 영국 체류는 반년으로 끝났으나, 그가 직접 눈으로 본 '서양 오랑캐'의 문명과 과학의 발달은 상상을 초월한 것이었다. 서양을 몰아내야 한다는 '양이(攘夷)'가 얼마나 무모하고 허황한 것인가를 깨달았다. 귀국 후 이토와 이노우에는 조슈의 정책결정자들에게 '양이' 노선을 버리고 막부를 무너뜨리고(倒幕) 개국으로 전환할 것을 촉구했다. 이후 전개된 사쓰마와 영국의 전쟁, 영국-프랑스-미국-네덜란드 4개국 연합함대의 조슈 공격, 사쓰마와 조슈의 동맹, 사쓰마와 도사의 동맹 등 복잡한 정치과정을 거치면서 1868년 1월 왕정복고가 이루어졌다. 메이지 시대가 그 막을 열었다.

유신삼걸인 사이고 다카모리, 오쿠보 도시미치, 기도 다카요시가 주도했던 유신기 이토의 역할은 미미했다. 그러나 유신 후 새 정부가 들어서면서부터 행정가, 정치가, 외교가로서의 두각을 드러냈고, 부국강병, 문명개화, 산업입국을 지향하는 국가건설 과정의 가장 핵심에서 활동했다. 특히 유신삼걸 모두가 역사의 현장에서 사라진 1878년 이후에는 이토가 국가운영의 중심인물로 자리 잡았다. 정치, 재정, 산업, 정당, 언론 등 모든 중요 정책 결정과 집행에 그의 손을 거치지 않은 것이 없었다.

이토는 메이지 헌법 초안을 직접 기초해 완성한 인물이다. 그는 메이지 헌법을 만들기 위해 유럽에 가서 1년 반 동안 공부하면서 "만세일계의 천황이 만기를 총람한다."라는 헌법 초안을 완수했다. 1945년까지 지속한 일본제국의 틀이라 할 수 있는 헌법 초안을 기안했다는 그 하나만으로도 이토의 위상이 잘 설명된다.

이토는 메이지 정부 수립과 함께 효고(兵庫)현에서 관리 생활을 시작했지만, 곧 정치와 행정의 중심지인 도쿄로 옮기면서 중요한 국가정책을 다루었다. 일본 최초의 철도인 도쿄-요코하마 철도부설 계획과 오사카-고베 철도 노선을 선정했고, 이어서 화폐제도, 재정구조, 금융운영 조사를 위한 미국 출장을 주도했다.

1871년 이토는 '이와쿠라 미션'으로 알려진 미국과 유럽 시찰단을 부단장으로 이끌었다. 2년에 걸친 이 사절단의 여정은 앞으로 진행될 메이지의 국가 진로와 정책에 심대한 영향을 미쳤다. 시찰단의 첫 기착지인 샌프란시스코에서 이토가 "오늘날 우리 정부와 인민의 가장 열렬한 희망은 선진제국이 누리는 문명의 최고점에 도달하는 데 있고", 이를 위해 일본은 "외국 통상과 함께 선진국의 육군, 해군, 과학, 교육제도, 그리고 지식을 받아들이고 있다"라고 한 그의 연설은 다만 이토만의 희망이 아니라 메이지 일본의 국가목표였다.

이토는 메이지 정부 안에서 실패를 몰랐다. 1909년 하얼빈역 앞에 쓰러질 때까지 그는 잠시도 쉬지 않고 공인으로 활동했다. 1885년 내각제도가 시작되면서 초대를 포함해 4차례 총리대신의 직을 맡았고, 4차례 추밀원 의장, 그리고 귀족원 의장, 정우회 총재, 대한제국 초대 통감을 역임했다. 그러면서 그는 천진조약, 청일전쟁과 시모노세키 조약, 러일전쟁과 포츠머스 조약, 그리고 조선 병탄을 완수하기 위한 을사조약, 정미조약, 한국군 해산 등을 주도했다.

이토가 이처럼 일본 근대사에서 중요한 역할을 담당했음에도 불구하고 그는 당대나 후대에 경세가(經世家, statesman)로 평가받지는 못하고 있다. 다만 권력을 장악하고 관리하는 데 능할 뿐 인망을 겸비한 정치가는 아니었다. 물론 그에게 부국강병에 대한 남다른 집념과 애국심이 있었다. 하지만 그의 마음 깊숙한 곳에는 미천한 출신에서 오는 열등감이 지배하고 있었고, 이는 권력에 대한 집념과 '치기(稚氣)'가 넘칠 정도의 자기현시와 공명심으로 나타났다. 이러한 그의 성품은 오카 요시타케(岡義武)가 지적하고 있는 것과 같이 "강한 자에게는 약하고, 약자에게는 강한" 행위로 표출됐다.(岡義武, p.46)


## 이토와 '조선 문제'

'조선 문제'는 메이지 지도자 모두가 가지고 있었던 가장 중요한 국정과제의 하나였다. 물론 이토 히로부미에게도 예외가 아니었지만, 그는 누구보다 조선과 '특별한' 인연을 가진 정치인이다. 그는 1885년 갑신정변 뒤처리를 위해서 청나라의 이홍장과 천진조약을 체결하여 일본이 처음으로 조선에서 청나라와 대등한 세력을 유지하고 조선에 군대를 파병할 수 있는 권한을 획득했다. 1894년의 청일전쟁 당시에는 메이지 천황과 함께 전쟁 기간 내내 대본영에 머물면서 전쟁을 지휘했고, 1895년 무쓰 무네미쓰 외상과 함께 청나라의 이홍장을 상대로 시모노세키 조약을 성사시켰다. 또한, 확실한 물증은 없으나 1895년 그가 총리재임 중 일어난 민비시해 사건에 이노우에 가오루와 더불어 막후에서 관여했을 개연성이 농후하다.

이토가 품고 있었던 '조선 문제'의 근본 해결은 명실상부한 조선의 독립이 아니라 병탄에 있었고, 시모노세키 조약 당시부터 이를 마음에 담고 있었다. 이토의 오랜 친구이면서 외교관이었던 어네스트 사토(Earnest Satow)가 외상(Robert Arthur Salisbury)에게 보낸 비밀 전문 보고서에서 이토의 마음을 읽을 수 있다. 1895년 7월 주일 영국 특명전권대사로 부임한 사토는 8월 26일 이토를 예방하여 시모노세키 조약 후 동아시아 정세에 관하여 의견을 주고받았다. 논의가 '조선 문제'에 이르자 사토는 청국으로부터 조선의 독립은 일본의 "이득(gain)"이라고 했지만, 이토의 반응은 전혀 달랐다. 조선의 독립이 승인됐으나 실제로는 "전혀 실현 불가능(quite impracticable)"하다는 것이 이토의 생각이었다. 그러면서 이토가 제시한 해결책은 "조선을 강대국이 병합하거나 보호국화(either annexed, or be placed under the protection of some Power)"하는 이외의 방안은 없다는 것이었다. 이토는 '강대국'이 일본이라고 명시적으로 표현하지는 않으나 청국과 전쟁에서 승리한 일본을 뜻하고 있었음을 알 수 있었다.(Lensen, pp.44-45)

러일전쟁 이전 조선과 이토의 인연은 간접적이고 정책적 차원의 것들이었다. 하지만 러일전쟁이 시작된 1904년부터 조선과의 인연은 직접적이었고, 조선 문제는 그의 정치 역정의 최대 과제였고 마지막 과업이기도 했다. 또 그가 사토에게 제시했던 보호국화와 병탄을 이루어 나가는 과정이었다. 이토는 조선 문제의 완전한 해결이라 할 수 있는 '병탄'을 이루기 내기 위하여 한일의정서, 을사조약, 정미조약, 한국 군대해산을 단계적으로 이루어냈다.

1904년 3월 추밀원 의장이었던 이토 히로부미는 천황의 특명으로 대한제국 황제 고종을 만나기 위해 한국을 방문했다. 그 후 1907년까지 이토는 고종을 상대로 한국 보호국화와 보호국에서 병탄으로 이어지는 과정을 주도했다. 그리고 1909년 10월 만주벌판에서 생을 마감할 때까지 그의 최대 관심은 '조선 문제' 해결에 있었다.

1904년 3월 고종을 만나기 위하여 한국을 방문할 당시 이토는 이미 국제적으로 잘 알려진 인물이었다. 미국의 시어도어 루스벨트 대통령은 물론이고 러시아의 황제 니콜라이 2세, 독일의 황제 빌헤름 2세, 비스마르크 등 유럽의 최고 지도자들과 교류했다. 또한, 청나라의 이홍장, 영국의 랜스다운, 러시아의 람스돌프, 비테 등과 직접 외교협상을 벌렸다. 1901년 창립 200주년을 맞아 예일대학은 그의 정치적 업적을 높이 평가하여 명예법학박사를 수여하기도 했다. 독일황제는 이토를 맞아 일본의 비스마르크라 격찬할 정도였다. 1904년부터 그가 전면에 나서서 고종을 상대로 병탄을 위한 작업을 시작했다.

3장

망국의 서막

20세기는 전쟁의 세기다. 세계 1, 2차대전을 위시해 아시아, 중동, 아프리카, 남미 세계 곳곳에서 전쟁이 끊이지 않았다. 그 시작이 1904년 러시아와 일본의 전쟁이었고, 전쟁의 원인은 한반도 지배권 장악에 있었다.

1895년 일본은 조선 지배권을 놓고 벌린 청국과의 전쟁에서 승리했음에도 불구하고 승리의 전리품은 러시아가 차지했다. 시모노세키 조약의 환희도 잠시였고, 이어서 벌어진 삼국간섭, 민비시해, 아관

러시아와 일본 사이에 낀 대한제국. 영국의 대표적 시사만화 잡지 *Punch*(1904.2.3)

파천을 거치면서 일본은 한반도의 주도권을 러시아에 내주는 굴욕을 감내해야만 했다. 일본은 와신상담 10년 동안 복수의 이를 갈면서 러시아와의 전쟁을 준비했다. 1904년 승리를 자신한 일본은 러시아에 전쟁을 선언했고, 한반도는 청일전쟁 후 또다시 전장(戰場)으로 변했다.

## 전쟁의 시작과 한국과 일본

전쟁을 맞이하는 한국과 일본의 모습은 크게 달랐다. 대한제국의 1904년은 24대 임금 헌종의 계비이자 한국의 유일한 황태후인 효정 황후의 국상(國喪) 소식과 함께 막을 열었다. 고종이 상복을 입는 절차에서부터 능을 정하는 문제에 이르기까지 궁중과 의정부는 국상에 매달렸다.

전쟁 소문이 분분한 가운데 사회 분위기는 불안하고 어수선하기 이를 데 없었다. <황성신문>이 전하는 소식에 의하면 새해 벽두부터 각처에서 소요가 일어났고 도적 떼가 횡횡했다. 전라북도 김제에서 시작된 농민들의 균전 혁파시위는 통제할 수 없을 정도로 전라도 일대로 확대됐다. 전라남도 목포감리 민영주의 소유인 번남장 시장에는 활빈당 20여 명이 습격했다. 200여 명의 도적이 평택 관아를 습격하는가 하면, 천안, 부여, 은진, 목천 등 각지에서 화적이 횡횡했다. 1월 25일 자 <황성신문>은 당시의 사회 모습을 다음과 같이 전하고 있다.

　요사이 각국의 보호병(保護兵)이 입성하고, 일본과 러시아의 전쟁이 임박했다는 소문이 무성하여 인심이 흔들리고 있다. 상업은 크게 위축되고 곡물값이 계속 올라 각 상점이나 살림집이 많이 모여 있는 곳에서도 거래가 끊어졌고 전당포 역시 문을 닫았다. 이처럼 매서운 추위가 이어지는 시절에 빈궁한 인민은 살아갈 길이 망연(茫然)하기만 하다. 초가집의 차가운 부엌에서는 굶주림으로 울부짖는 소리만 들려온다. 만일 이런 상태가 수십일 계속되면 난리는 고사하고 우선 자진하여 생명을 보존할 수 없다고 사람마다 머리를 맞대고 탄식하고 있다.


　이처럼 혼란한 가운데 대한제국 정부는 1월 21일 그동안 고종이 은밀히 추진해 온 '전시 중립선언'을 각국에 통고했다. 이는 러시아와 일본의 평화협상이 결렬되고 무력충돌로 이어지면 대한제국은 중립을 지킨다는 선언이었다. 러시아와 일본의 전쟁 속에서 한국의 주권을 보존하기 위한 고종의 책략이었다. 하지만 한국은 중립선언을 지켜낼 힘을 지니고 있지 못했다. 뒷받침할 힘이 없는 '선언'은 한 장의 휴지 조각에 지나지 않았다.

　불안한 한국과 달리, 일본은 러시아와의 전쟁을 위하여 일사불란하게 움직였다. 동아시아 정세를 전망하는 1904년 1월 1일 자 <고쿠민신문(國民新聞)>은 "극동에서 일본과 러시아 두 나라가 병립할 여지가 없나? 그렇다면 무엇이 필요한지도 명확하다. 일본과 러시아의 충돌은 피할 수 없다는 것인가? 그렇다면 무엇이 필요한지 또한 명확하다."라고 주장하면서 러시아와의 전쟁이 '임박'했음을 알렸다. 이처럼 동아시아의 형세가 엄중한 국면으로 접어들고 있을 때 일본이 취해야만 할 "제국의 대방침은 한국을 전적으로 아국(我國:일본)의 보호국으로 만드는 것"이고, 그리고 대방침이 이미 확립된 이상 "국론 또한 이와 일치해야 한다"는 것을 확실히 했다. 한국을 보호국으로 만들기 위해서는 러시아와의 전쟁이 필요하고, 그 전쟁에서 승리하기 위해서는 국민 여론 또한 하나로 일치해야 한다는 것이었다.

전쟁을 향한 일본 정부의 움직임은 빠르게 진행됐다. 1월 12일 어전회의에서 한반도와 만주를 분할 점령한다는 만한교환론(滿韓交換論)을 재확인했다. 러시아에 제시할 최종협상안이었다. 그리고 철도군사공용령(鐵道軍事供用令)을 공포하고, 은행에 전시공채응모(戰時公債應募)를 요청했다.

러시아와의 협상이 결렬되자 2월 4일 다시 어전회의에서 교섭 중단과 개전을 결정했다. 어전회의 직후 이토 히로부미는 미국의 루스벨트 대통령과 하버드 대학 동문이면서 개인적으로 친분이 두터운 가네코 겐타로(金子堅太郎)를 미국으로, 케임브리지 대학에서 수학한 스에마쓰 겐쬬(末松謙證)를 영국으로 파견했다. 미국과 영국 언론에 일본의 입장을 설명하여 호의적 여론을 유도하고, 전쟁비용 조달과 차관 확보를 위한 사전 공작이었다.

8일부터 군사작전이 시작됐다. 먼저 약 2,500명의 육군선발대가 대륙진출의 기점인 인천에 상륙했고, 일부는 당일 한성에 입성해서 무력을 시위했다. 같은 날 연합함대가 여순항의 러시아함대를 기습 공격했고, 9일에는 인천에 정박 중이던 러시아 군함 두 척을 격파했다.

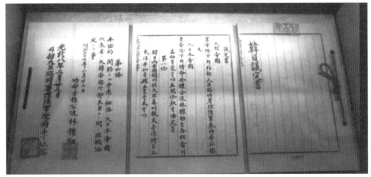

한일의정서

그리고 10일 정식으로 러시아에 선전포고하면서 전쟁을 시작했다.

전쟁은 일본에 유리하게 전개됐다. 하야시는 승전의 여세를 몰아 2월 23일 공수동맹을 전제로 한 한일의정서를 조인했다. 이는 대한제국이 망국의 길로 들어서는 서막이었다.


## 한일의정서: "망국의 시발점"

대한제국이 국제사회를 향하여 중립을 선언한 지 한 달 만에 체결된 한일의정서는, 박은식의 표현을 빌리면, "망국의 법률적 시발점"이었다. 6개 조항으로 이루어져 있는 한일의정서는 일본이 실질적으로 한국을 지배할 수 있는 몇 갈래의 법적 장치가 마련됐다. 하나는 영토점유권이다. "한국황실의 안녕과 영토 보전"이라는 단서가 붙어있지만, 일본이 한반도에서 "군략상(軍略上) 필요한 지점"을 마음대로 수용한다는 데 한국 정부가 동의했다.(제4조) 일본은 한반도 전역의 어느 곳이든 "필요하다면" 군사기지로 활용할 수 있게 되었다.

러시아와의 개전과 함께 일본은 한국을 병참기지 화하여 대규모의 군대를 상주시키고, 한국의 통신기관도 군용으로 강제 접수하고, 한반도를 군대와 군수 무기의 수송 루트로 장악할 수 있게 됐다. 이에 근거하여 1905년 8월 일본군은 용산, 평양, 의주 등에서 약 975만 평을 군용지로 수용했다.

다른 하나는 시정개선(施政改善)에 관한 규정이다. 한국 정부는 일본 정부를 "굳게 믿고" "시정개선에 관한 충고를 수용"하는 것을 의무화함으로써 두 나라의 관계를 보호자-피보호자라는 틀을 명문화했다.(1조) 이는 일본이 시정개선이라는 이름으로 한국 내정에 관여할 수 있는 근거를 제공했고, 8월에는 한국의 재정과 외교를 장악할 수 있는 한일협약으로 발전했고, 그리고 1905년에 을사조약을 거쳐 1910년 병탄으로 이어졌다.

또 다른 하나는 한국의 외교 주권을 통제한 것이다. 일본은 한국의 "독립과 영토 보전을 확실히 보증"하고(3조) 있음에도 불구하고, 한국이 독자적으로 "본 협정 취지에 어긋나는 협약을 제3국과 맺을 수 없다."(5조)라고 규정했다. 이는 사실상 일본의 사전승인 없이는 한국이 독자적으로 제3국과 조약체결을 할 수 없음을 뜻하고 있다. 독립 국가로서의 중요하고도 상징적 주권인 조약체결권을 부정한 것이다. 결국, 한일의정서는 일본의 전쟁 수행을 위한 영토점유는 물론 내정과 외교권 행사에 개입할 수 있는 근거를 마련한 것이었다. 이는 '사실상' 보호 관계를 확립한 것이라 할 수 있다.

위의 세 조항 외에 또 하나의 중요한 장치는 "미비한 세부조항"은 한국과 일본이 협의하여 정한다는 규정이다.(제6조) 해석의 범위가 넓고 융통성이 많은 '미비한 세부조항'을 어떻게 해석하고 운영하느냐에 따라 일본은 권익을 넓게 확대할 수 있게 됐다.

3월 1일 자 <황성신문>은 의정서 체결을 계기로 한국은 "이름은 독립이나 실은 보호국"이고, 또한 기한을 정하지 않은 것은 "일러전쟁 후에도 이를 영구히 지속"하려는 것이라고 비판했다. 그리고 "그렇다면 우리나라의 독립주권을 앞으로 외국인이 장악한다는 것이 아닌가"하고 분개하고 탄식하는 논설을 게재했다.


## '밀지(密旨)' 정치

한국의 주권을 규제하는 한일의정서가 어떻게 이처럼 원만하고 쉽게 이루어질 수 있었을까? 물론 개전과 함께 일본의 무력 시위와 억압이 있었다. 그렇다고 해서 전시 중립선언까지 공포했던 한국이 어째서 이처럼 급변하는 정책을 취했을까? 한일의정서가 이루어지는 과정에 일본이 지니고 있었던 전략은 무엇이었고, 한국은 이에 적절하게 대응했나? 절대적 권한을 가지고 있는 고종의 의도는 무엇이었고 난국을 헤쳐나갈 리더십을 발휘했나? 앞으로 진행될 일본과의 관계와 1905년의 을사조약, 그리고 이토 히로부미와의 협상을 이해하기 위해서 한일의정서 조인 과정을 되짚어 볼 필요가 있다.

일본 정부는 한일의정서가 조인되기까지의 과정을 상세히 알 수 있는 자료를 남겼다. 하야시 공사-고무라 외상-가쓰라 수상 사이에 주고받은 많은 전문은 물론, 어전회의와 내각에서 논의한 공문서 기록이 남아있고, 단계별 정책 결정 과정을 알 수 있는 자료가 풍부하다. 이러한 기록을 통해서 일본은 한국 보호국화를 이루어내기 위해서 얼마나 치밀하고도 전략적인 조치를 기민하게 취해 나갔나 하는 것을 알 수 있다.

하지만 한국 측 자료는 대단히 부실하다. 한일의정서 체결에 이르는 한국 정부의 정책과 입장은 무엇이고, 이를 위하여 정부 내에서 어떤 협의 과정을 거쳤는지, 또는 전략이 무엇이었는지 등을 살펴볼 수 있는 자료가 거의 존재하지 않는다. 그뿐만 아니라 조약체결의 절대적 권한을 가지고 있는 고종의 입장 또한 상당히 모호하다.

이 시기의 한국 대외정책 결정 과정과 내용이 불투명한 중요한 원인의 하나는 대부분 정책이 고종의 '밀지(密旨)' 또는 '밀명(密命)'에 의해서 이루어졌기 때문이다. 그뿐만 아니라 같은 하나의 외교 안건이 동시에 상반된 밀명에 따라 추진되었기 때문에 한 나라의 외교정책이었음에도 매우 혼란스럽고 그 과정을 파악하기가 쉽지 않다. 러일전쟁 시작 전후에 진행된 '밀약' 한일의정서 협상-전시 중립선언-'공약' 한일의정서 체결 과정이 이러한 '밀지' 국정 운영의 한 면을 잘 보여주고 있다.

흩어져 있는 자료의 조각들을 짜맞추어보면 고종은 이미 1900년부터 '한일밀약'을 생각하고 있었던 것 같다. 하야시 공사가 1900년

9월 17일 외무대신 아오키(靑木周藏)에게 보낸 비밀 전문에 의하면 고종은 한일 두 나라가 더욱더 긴밀한 제휴를 이루어 나가기 위해서는 두 나라 사이에 "하나의 비밀조약을 체결해야"하고, 이를 위해서는 "먼저 망명자 처리가 필요하다"는 생각을 가지고 있다는 것이다. 그리고 밀약의 성사를 위하여 박제순 외부대신이 "어떤 밀지를 가지고 일본에 도항할" 계획을 하고 있다고 보고했다.("日韓密約에 관한 件", 『공사관기록』14) 하지만 박제순의 일본행은 약 1년 뒤에 이루어졌다.

1901년 11월 4일 고종의 밀지를 받은 외부대신 박제순은 일본 방문길에 올랐다. 이에 앞서 하야시는 고무라 대신에게 박제순의 일본행은 '표면상' 육군대연습참관(陸軍大鍊習參觀)이 목적이지만 실은 고종의 밀지를 가지고 있다는 것, 특별한 편의와 후의를 제공하고 참관 시 직분에 상당하는 훈장 수여 등을 당부했다.

박제순이 받은 밀지의 핵심은 박영효를 위시한 망명자 처리, 국방에 관한 한일협약, 그리고 차관을 한데 묶은 한일협약을 일본과 협의하는 것이었다. 고무라 외상은 박제순이 제시한 고종의 밀지인 망명자 처리와 차관 등 "한국의 요구를 모두 받아들인다"는 것을 확실히 했다. 다만 국방에 관한 협약에서는 네 가지 일본 측 요구 사항을 제시했다. 즉 ① 일본은 한국의 영토보전에 힘쓴다. ② 일본은 한국 황실의 안전을 도모한다. ③ 한국은 영토 일부를 다른 데 할양하거나 또는 일본의 동의 없이 세입 등을 저당하여 차관을 일으키지 않는다. ④ 한국은 다른 원조를 빌리지 않는다 등이었다.

당시 일본은 협약체결에 적극적이었으나, 협약체결과 차관 계약에 관한 권한까지 위임받지 않은 박제순으로서는 협의를 더 진전시킬 수 없었다. 하지만 당시 정무국장이었던 야마자 엔지로와 두 차례 만나 협약을 깊이 있게 논의했다. 야마자는 박제순에게 차관도 한국의 희망에 응할 수 있다고 확언하면서 "일본 정부는 귀국을 위하여 반드시 알선을 게을리하지 않을 것"을 약속했다.("朴齋純來朝의 使命에 관한 回報",『공사관기록』16) 이후 한일 간에 진행된 협약의 논의는 대부분이 고종의 이 '밀지'를 바탕으로 이루어졌다.

고종은 국방에 관한 협약보다 차관 교섭에 더 관심이 많았던 것 같다. 그는 1902년 초 별도의 두 라인을 통해서 일본과의 차관 교섭을 추진했다. 1902년 3월 31일 하야시 공사의 보고에 의하면 "한국 황제의 은밀한 명령(內旨)을 받은" 탁지 대신 심상훈이 박제순, 이지용과 함께 하야시를 방문하여 차관 가능성을 협의했다. 협의가 원만하게 진행돼 4월 초에는 해관(海關) 수입을 담보로 300만 원 차관에 합의하고 계약서까지 만들었다.

하지만 거의 같은 시기에 고종의 신임을 받는 내장원경 이용익 또한 고종의 지시로 별도의 차관을 교섭하고 있었다. 그 또한 궁내부가 해관 수입을 담보로 '대체로' 2~3백만 원의 차관 교섭을 추진했다.

일본 정부를 상대로 두 진영에서 경쟁적으로 추진한 차관 협상이 점차 이용익과 정부 대신 사이의 주도권 다툼으로 번지는 양상을 보였다. 이에 하야시는 "지금은 신중한 태도"를 취할 때라고 판단하고 협상에 소극적 태도를 보였다. 그 이유는 첫째, 차관문제는 원래 한국 황제가 제안했고, 우리는 다만 해관 저당권을 장악하는 것이 목적인데 논의 중에는 결코 해관 저당권이 제3국으로 넘어가는 일은 없을 것이고, 둘째, 일본이 이를 서두를 경우는 한국은 더 많은 양보를 요구할 것이지만 이와 반대일 경우에는 일본은 수고하지 않고 목적을 관철할 수 있기 때문이었다. 하야시의 보고에 의하면 머지않아 한국이 차관 진행을 재촉할 것이고, 한국의 내부 갈등이 심해질수록 일본에 유익하다는 것이었다.("韓帝의 內旨에 관계된 우리 借款의 件", 『공사관기록』 16)

결국, 고종의 '은밀한 명령'을 받아 추진하던 두 가닥의 차관 교섭은 내부 경쟁으로 중단됐다. 이처럼 밀지에 의한 고종의 국정 운영은 대외관계는 물론이고 내정에서도 상당한 혼선을 초래했다.


## '밀약' 협상과 '밀약' 파기

일본이 잠시 중단되었던 종합적 한일밀약을 다시 적극적으로 추진하기 시작한 것은 러시아와의 전쟁이 불가피하다고 판단한 1903년부터였다. 1903년 4월 21일 수상 가쓰라 다로, 외상 고무라 주타로, 원로 이토 히로부미와 야마가타 아리토모 네 사람은 교토에 있는 야마가타의 별장 무린안(無隣菴)에서 한국 문제에 대한 러시아와의 협상 '대원칙(大原則)'을 확정했다. "한국에 대한 일본의 우월권을 러시아가 인정하도록 하고, 단 한 걸음도 이를 양보하지 않는다."라는 것이 그것이다. 이 '대원칙'은 6월 23일 어전회의에서 재확인했다.

'대원칙'이 확정되자 9월 29일 고무라 외상은 한성의 하야시 곤스케 공사에게 고종을 끌어들이고 일본이 한반도를 군사기지로 활용할 수 있도록 '비밀리'에 한일공수동맹(밀약)을 한국 정부와 체결할 것을 다음과 같이 지시했다.

> 잘 아는 바와 같이 현재 우리는 만한(滿韓) 문제에 대해 직접 러시아와 교섭 중이지만, 그 결과와 관계없이 지금 한국 황제를 우리 쪽으로 끌어들이는 것이 일본제국의 정책상 대단히 중요한 것으로 생각됩니다. 그 까닭은 러시아와의 교섭이 다행스럽게 만족스러운 결과를 보게 되더라도, 미리 한국 황제를 우리 측에 끌어두지 않으면 앞으로 한국에서 우리의 시설 이행에 대단히 불편하게 될 것입니다. 하물며 만일 교섭이 잘 이루어지지 않고 회담이 결렬되면, 한국 황제의 움직임이 전체 판국의 이해관계에 매우 큰 영향을 미치게 될 것입니다. 따라서 될 수 있으면 지금부터 위의 목적을 달성하기 위하여 어떠한 밀약을 일한(日韓) 사이에 맺어두고자 합니다. 이를 성취할 수 있는 수단과 방법을 숙고한 후 회신을 바랍니다.("日·韓 간 비밀조약체결에 관한 건", 『공사관 기록』18)

이에 하야시는 고종이 깊은 관심을 가지고 있는 일본에 체류하는 한국망명자를 조치하고, 거액의 차관을 제시하고, 한국정부 내에 친일세력을 확대하기 위하여 운동비(뇌물)를 활용하고, 그리고 사회적 위협을 가하기 위하여 한성에 병력을 증가할 것을 전제로 한국 측과 협상을 제안하는 방안을 보고했다.

1903년 말 도쿄의 고무라 외상은 다시 하야시 공사에게 시국이 더욱 절박해지고 있고, 고종을 끌어들이는 것이 몹시 필요하다고 강조하면서 모든 수단을 동원할 것을 강조해서 다시 지시했다. 그러면서 고종의 신임이 두터운 재계의 오미와 죠베에(大三輪長兵衛)를 활용할 것을 지시했다. 오사카 출신 재계의 거물인 오미와는 한때(1891) 조선 정부의 초빙을 받아 화폐제도 개혁에 깊이 관여했던 인물이다. 또한 고무라는 하야시가 제안한 대로 고종의 관심이 큰 망명자 처분을 단행할 뜻이 있음을 밝히고, 고종이 마음에 두고 있는 망명자 명단을 받아 줄 것을 지시했다. 그리고 정부 안에서 한일동맹지지 세력을 확산하기 위해 조정 대신들에게 '뇌물'을 제공하는 것도 승낙했다.

고무라가 한국과 '어떠한 밀약'을 재촉할 이 시기 한국 정부는 전쟁이 발발할 경우는 중립을 선언한다는 방침을 이미 확정한 것 같다. 11월 23일의 『고종실록』은 "각국에 선언. '장래 일본과 러시아의 개전 시 본국은 관계치 않고 중립을 지킨다.'"라고 밝히고 있다. 1904년 1월 21일까지 국외중립을 선언한 흔적은 찾아볼 수 없으나 이를 정책으로 결정했던 것으로 보인다.

하지만 고종은 일본이 관심 있는 조건을 제시하자 '밀약' 협상을 지시했던 것으로 보인다. 하야시는 11월 30일 고종에게 신뢰하는 신하에게 칙명을 내려 협상에 응해줄 것을 요청하는 밀주(密奏)를 올렸고, 그 후 이지용 외부와 하야시 공사 사이에 협상이 진행됐다. 중심 의제는 을미 망명자는 일본 국법이 허용하는 범위에서 엄중히 처벌하는 것, 자객 고영근에 대한 특혜, 한국황실의 안전과 독립 문제, 한성의 안전에 대한 필요한 조치, 차관 등에 관한 협상이 순조롭게 추진됐다.

이지용은 고종으로부터 망명자 처리 명단을 받아 하야시를 통해 고무라에게 전했다. 죄의 경중에 따라 3등급으로 구별돼있는 27명의 명단은 1등급 이준용, 박영효, 유길준 등 11명, 2등급 이규완 등 7명, 그리고 3등급 유혁로 등 9명이었다.

몇 차례의 수정을 거쳐 1월 19일 하야시 공사는 "한일 두 나라 사이의 장해를 제거하고 우의를 친밀하게 하는 교섭을 위임한다."는 고종의 위임장을 가지고 온 이지용, 민영철, 이근택에게 밀약안(密約案)을 제시했다. 5개 항의 밀약안은 1901년 박제순 외부대신과 고무라 외상 사이에 논의되었던 내용을 중심으로 이루어졌다. 즉, ① 한일 두 나라 정부는 항상 성실히 상호 의사를 소통하며 또 완급에 따라 서로가 돕는다. ② 일본은 한국 황실의 안녕과 독립의 보전을 성실히 보장한다. ③ 양국 정부는 상호 승인을 거치지 아니하고 앞으로 본 협약 취지에 어긋나는 협약을 제3국과 체결할 수 없다. ④ 미비(未備)한 세목(細目)은 외부대신과 일본 대표자가 상황에 맞게 협의하여 결정한다. ⑤ 이 협약은 비밀로 한다.

이와는 별도의 공문으로 하야시는 ① 한일 두 나라 사이에 오래도록 친교의 장애가 되는 을미 망명자에 대해서는 일본 정부가 속히 적당한 처분을 가한다. ② 한국 황실의 안녕과 관련된 범인으로서 일본 정부의 주권 아래 있는 자에 대해서는 앞으로도 일본 정부가 충분한 제재를 가한다는 것을 약속했다.("韓日密約締結案協議進行過程 報告 건", 『공사관기록』 18)

이 '밀약안'은 '공약' 한일의정서에서 볼 수 있는 것과 같은 군사동
맹적 성격은 없었다. 그리고 차관에 관한 내용이 언급되지 않았는데,
이는 아마도 앞에서 지적한 별도의 차관 협상이 진행되고 있었기 때
문이 아닐까 추측된다.

하야시가 1월 21일 고무라에게 "밀약은 머지않아 조인하게 될 것"
이라고 타전하면서 '밀약'이 체결되면 "다시 그들에게 (이지용, 이근택,
민영철) 운동비 1만 엔 지급"을 보고했다. 하지만 밀약은 파기됐다. 한
국 정부가 21일 중국 지부(芝罘)에서 기습적으로 전시 중립선언을 발
표했기 때문이었다. 고종은 이지용에게 하야시와 밀약협상을 지시하
는 한편, 동시에 이용익에게 따로 밀명을 내려 전시 중립선언을 준비
케 한 것이었다. 그동안 일본과 합의한 밀약을 사실상 백지화한 것이
었다. 성사되는 듯했던 밀약은 무산됐고 하야시는 분노했다.

하야시는 고무라에게 즉시 실력행사를 촉구했다. 하야시는 "밀약
이 좌절된 것은 매우 유감"이지만 "이번 일로 한국 황제 폐하가 얼마
나 결심이 약하고, 또 폐하의 언질과 보장이 얼마나 믿을 수 없는 것
인지를 입증"했고, 나가서 밀약이 성립되었다고 해도 "작은 사정이나
방해가 있으면 언제든지 당국자를 처벌하고 밀약 성립을 부인할 수
도 있음"을 보여주었다고 상황을 분석했다. 그러면서 이러한 상황에
서 일본이 취할 정책은 밀약 성립 여부와 관계없이 "대국적으로 확정
한 방침"을 "실력으로" 집행할 것을 강력히 주장했다.("日韓密約ノ成立頓
挫ト其先後措置二關スル件",『자료집성』 5, pp.29-30)

밀약이 틀어졌지만, 중립선언 또한 무기력했다. 한국은 스스로 중

립선언을 지켜낼 힘이 없었다. 일본은 고종의 중립선언을 완전히 무시하고 '대국적으로 확정한 방침'을 '실력으로' 집행했다. 앞에서 지적했듯이 2월 8일 육군선발대가 인천에 상륙했고, 9일에는 인천 앞바다에서 러시아 군함 2척을 격파했고, 10일에는 선전포고를 했다. 그리고 인천에 상륙한 선발대가 한성에 들어와 창덕궁에 주둔했다. 2월 12일 한국은 일본의 압력에 눌려 러시아와 단교했다. 대한제국 정부가 선언한 전시중립은 한 달을 버티지 못했다.

## '공약' 한일의정서

개전 직후 하야시 공사는 고종을 알현하고 인천항의 러시아 군함 격침과 승리하고 있는 전쟁 상황을 보고했다. 러시아의 승리를 바라고 있는 본심과 달리 고종은 일본의 전승을 축하했다. 고종은 따로 외부대신을 일본 공사관으로 보내 일본 함대의 명예로운 전승(戰勝)을 축하한다는 공식 메시지를 전했다. 그리고 정부는 고종의 칙명에 따라 13도 감찰사에 훈령을 보내 일본 군대가 통행할 때 숙사(宿舍)와 군수품 제공에 충분히 협조할 것을 지시했음을 통보했다.

개전과 일본 군대의 한성 진입이라는 강압적 분위기 속에서 전시중립선언으로 중단됐던 한일 두 나라의 교섭이 재개됐다. 2월 13일 외부대신 서리 겸 법부대신인 이지용은 하야시를 공사관으로 방문하여 폐기된 밀약 협의 재개를 요청했다. 그러나 이번에는 '밀약'이 아니라 '공약'이었다. 물론 고종의 지시에 의한 것이었다. 이지용은 지금에 와서 한일 두 나라의 제휴에 반대하는 의견이 없다고 하면서 기존의 밀약에서 합의한 내용을 그대로 진행할 것을 제의했다.

하지만 하야시의 생각은 달랐다. 그는 일본의 승리가 확실시되고 있는 상황에서 선택권이 없는 한국은 일본과 함께할 수밖에 없다고 판단했다. 그리고 '밀약'보다 훨씬 강화된 수정협의안을 제시했다. 망명자 처리 문제는 포함되지도 않았을 뿐만 아니라, 앞에서 본 것처럼 일본에 대한 한국의 종속적 지위를 명확히 하는 군사동맹이었다. 한국은 수용할 수밖에 없었고, 23일 '공약' 한일의정서가 조인됐다.

'공약' 한일의정서가 조인되기까지 중요한 결정은 고종의 밀명과 지시로 이루어졌다. 표면에 드러나지는 않았지만, 고종은 '공약' 한일의정서의 최종 문안 확정까지 지시했다. '공약' 한일의정서가 조인되기 하루 전날인 22일 오후 하야시 공사가 외무대신 고무라의 최종결정을 요청하는 다음과 같은 "지급" 전문을 보냈다.

> 지급(至急). 지금 외부대신을 면회했는데 의정서 제1조 말단(末端)의 시정개선에 관해 충고를 사용한다는 用자를 수용한다는 容자로 정정해 줄 것을 폐하(고종)께서 희망하므로 한 글자를 개정해 달라고 요청해왔음. 어느 쪽으로 해도 지장이 없다고 생각되므로 조인을 신속하게 매듭짓기 위하여 고려해 주기 바람. 한국 조정의 일은 변하기 쉬우므로 신속한 회신 바람. 내일 아침 기명하고 조인하기를 희망함.("議定書 제1조 재수정용인 件",『공사관기록』23)

물론 고무라는 "제1조의 수정은 말한 대로 해도 상관없음. 가능한 한 빨리 조인하는 데 전력하기를 바람."이라고 즉시 회신을 보냈고, 다음 날 의정서가 체결됐다.

고종이 한편으로는 외부대신 이지용에게 밀지를 주어 하야시와 밀약협상을 전개하면서, 또 다른 한편으로는 측근 이용익에게 밀명을 내려 국외중립선언을 준비하게 한 의도와 목적이 무엇이었는지는 알 수 없다. 그것이 일본의 대한정책을 교란하기 위함인지, 아니면 국외 중립선언을 성사시킬 수 있는 또 다른 복안을 가지고 있었는지 알 수 없다. 하지만 결과적으로 고종의 '밀지'와 '이중 교섭'은 안으로는 신하들 사이의 알력과 갈등을 조장하여 정국의 혼선을 초래했고, 밖으로는 외교의 신뢰성을 상실했다.

'공약' 한일의정서 조인이 알려지자 고종의 최측근인 이용익은 고종의 뜻과 다른 의정서를 조인한 이지용은 대죄인(大罪人)으로 처단할 것을 주장했고, 전시 중립선언을 실무적으로 주도했던 현상건, 이학균, 길영수 등도 이지용, 민영철, 이근택 등을 규탄했다. 이런 과정에서 이용익은 거의 납치당하는 상태로 일본으로 '만유(漫遊)'의 길을 떠나야 했고, 고종 측근과 의정부의 대신들 사이의 심각한 권력 투쟁 모습을 드러냈다.

또한, '밀약' 협상에서 '공약' 한일의정서에 이르기까지 고종이 보여준 '이중 협상'은 일본과의 관계에서 한국 외교와 고종의 신뢰성을 의심케 했다. 밀약이 무산되자 하야시는 고종의 약속과 보증이 얼마나 신뢰하기 어려운 것인가를 입증해 주었다고 하면서 한국과의 관계는 모든 것을 "실력으로" 처리해야 한다는 것을 강력하게 주장했다. 실제로 이후 일본이 전개한 한일관계의 큰 줄기는 바로 이 '실력'을 바탕으로 하고 있었고, 이어서 결정된 이토의 한국방문도 같은 맥락이다.

정부 내에서 한일의정서 반대 운동이 일어나자 하야시는 즉시 외부를 통해 고종에게 부당성을 강조하는 상주문(上奏文)을 두 차례 발송했다. 상주문은 한일의정서는 이미 두 나라 사이에 충분한 협상을 거쳤다는 점, 두 나라를 대표하는 외부대신 임시서리 이지용과 특명전권공사 하야시 곤스케가 서명날인했다는 것, 그리고 무엇보다도 두 나라 황제가 재가한 후에 조인됐다는 사실을 다시 밝히고, "그 신하가 지금에 와서 왈가왈부하는 것은 그 일 자체가 큰 불경의 짓"이라고 지적하고 관계기관에서 엄격히 조치해 달라고 요청했다.

3월 2일 하야시 공사는 궁내부의 권중석(權重奭)으로부터 한일 두 나라 사이에 체결한 의정서에 이론이 없음을 확인하는 보증서를 받았다.


## 이토의 한국방문

이토 히로부미의 한국 파견은 한일의정서가 조인되기까지 보여준 고종의 모호하고 이중적 태도와 한일의정서 조인으로 한국 내 정국이 매우 혼란한 시기에 결정됐다. 가쓰라 내각은 고종에게 한일의정서에 담긴 뜻을 다시 확인시킬 필요가 있다고 판단했다.

한국 황실을 압도할 수 있는 특사로 이토 히로부미를 선임했다. 한국 병탄의 '법률적' 첫걸음이라 할 수 있는 한일의정서는 그만큼 중요했다. 경력이나 권위, 능력 그 어느 면으로 보나 이토를 능가할 인물은 없었다.

특사파견의 대외적 명목은 일본 황실이 전쟁의 한가운데 있는 한국 황제를 위문한다는 것이었다. 그러나 실제는 한일의정서 조인으로 인한 한국 정부 내의 분란을 종식시키고, 전쟁 중 일본 국익에 역행하는 일이 없도록 고종의 다짐을 받기 위함이었다. 그리고 병탄의 초석을 놓기 위한 중대한 포석이었다.

일본 정부는 한국 정부에 3월 8일 추밀원 의장 이토 히로부미가 천황의 특사로 방문한다는 것을 통지했다. 15일 고종은 학부대신 민영환을 일본 특파대사 영접위원장으로 임명해서 준비토록 했다.

그동안 이토는 두 차례 한국 땅을 밟았으나 모두 사적(私的) 방문이었다. 한번은 1888년 가을 블라디보스토크로 가는 뱃길에 부산과 원산 항구를 거쳐 가면서 만추의 가을 풍광을 즐겼다. 정부 관리를 만난 기록은 없다.

두 번째 방문은 그로부터 10년 후인 1898년 여름이었다. 이토가 6개월의 짧은 제3차 내각을 타의에 의해서 끝내고 울적한 마음을 달래기 위해 한국을 거쳐 청나라를 돌아보는 한가로운 여행길이었다.

당시 이토는 이미 국제적으로 잘 알려진 정치인이었다. 메이지 헌법 초안을 기안했고, 세 차례 총리와 두 차례 추밀원 의장을 역임했고, 청일전쟁과 시모노세키 조약을 주도한 거물이었다. 한국의 대접이 소홀할 수 없었다.

두 번째 여행에서 이토는 처음으로 고종을 두 차례 알현했다. 한국 측에는 기록이 없으나 일본 외교문서에는 8월 22일부터 30일까지 그의 일정을 상세히 설명해주고 있다. 가토 마쓰오(加藤增雄) 공사가 외무대신을 겸하고 있던 총리 오쿠마 시게노부(大隈重信)에게 보낸 '기밀' 보고에 의하면, 사적 방문임에도 불구하고, 한국 정부는 이토를 "황족에 준하여" 대접했고, 접대 비용 "3,000원(元)을 의정부 회의를 거쳐 국고에서 지출"했다.

이토는 일본 거류민이 가장 많이 사는 인천에 22일 도착하여 그곳에 3일 동안 체류했다. 그리고 그는 수행원과 함께 25일 한성으로 올라가 오후 5시 경운궁에서 고종을 알현하여, 한 시간 넘게 "유쾌하고 부드러운" 대화를 나누었다. 고종과 이토의 첫 대면이었다. 타인에게 호감을 주는 이토의 언변은 고종에게도 좋은 인상을 심어주었다고 유추해도 틀리지 않을 것이다.

26일에는 경복궁을 예방하여 대신들과 만나고, 이어서 프랑스, 영국, 러시아, 독일 등의 외교관들과 회담했다. 28일에는 궁내 대신 이재순이 고종의 칙명을 받아 이토와 그 일행을 창덕궁 안의 연경당으로 초청하여 성대한 향연을 베풀었다. 이 향연에는 일본 외교관들과 함께 대부분의 한국 대신이 참석했다.

29일 오전에는 일본 거류민이 설립한 경성학당, 한성병원, 일본부인회를 방문하여 격려했고, 오후 1시에는 박제순 외부대신이 주최하는 오찬에 참석했다. 박제순의 환영사에 대한 답사에서 이토는 오늘의 한일관계는 정한론 당시의 관계에서 진일보하여 수레바퀴 톱니와 같고 입술과 이처럼[輔車脣齒] 긴밀한 관계에 있음을 강조했다. 오후 4시에 출국 인사차 다시 고종을 알현했고, 이어서 9시부터는 가토 공사가 주관하는 늦은 만찬 연회가 이어졌다. 한국 대신과 각계의 주요 인사, 거류민 등을 초청한 이 연회는 새벽 1시가 넘어서 끝났다. 그리고 30일 청국을 향해 인천을 떠났다.

가토 공사는 이토의 방한을 총체적으로 다음과 같이 평가 보고했다.

> 한국 조정에서는 황제 폐하를 비롯하여 각 고관, 독립협회, 황국협회와 같은 단체, 그리고 인민들에 이르기까지 열성을 다하여 후작을 대우했고 각국 사신 역시 충분한 경의를 표하였습니다. 이번 후작의 방한은 시의적절했고 일한 양국 관계를 돈독히 하는데 직간접으로 효과가 작지 않으리라고 생각합니다.… 이는 후작이 여러 가지 행동 면에서 거리낌 없고 영롱한 태도로 내외의 호의에 잘 응대하였기 때문이라고 생각합니다. 또한 (후작의 방문은) 제국의 이익과 광영을 더하게 하였으며, 그뿐만 아니라 경부철도 조약 담판 진행과 같은 제반 정략상에서 현저한 효과를 거둘 수 있다고 판단합니다.("伊藤侯爵來遊之件",『공사관기록』12)

이토는 부인 우메코(梅子)에게 보낸 편지에도, "25일 조선의 한성에 도착한 후 황제와 정부, 그리고 인민으로부터 생각지도 못했던 친절한 대우를 받아 꿈과 같은 기분"이라는 기록을 남겼다. 한국 정부의 환영과 대접이 극진했음을 알 수 있다.

## 고종과 이토의 내알현

6년 만에 다시 한국을 찾은 이토의 세 번째 한국방문은 지난날과 달리 천황의 특사로서 중대한 임무를 지닌 '공적' 행차였다. 그 후 그는 1909년까지 5년 동안 18차례 대한해협을 넘나들면서 고종을 상대로 한국 병탄의 길을 다져나갔다. 이토는 황제 고종을 누구보다 많이 그리고 자주 만난 메이지 시대의 정치인이었다.

3월 17일 한성에 도착한 이토는 한국에 9일간 체류하면서 세 차례 고종을 알현했다. 그는 18일 함녕전으로 고종을 예방하고 메이지 천황의 친서를 전달했다. <도쿄아사히신문>의 특파원이 19일 송고한 기사는 "이토 대사는 어제 오후 수행원 일동과 함께 궁중에서 특별히 준비해 보낸 가마를 타고 우리 의장병(儀仗兵)과 한국 의장병을 거느리고 대한문에서 경운궁에 들어가 함녕전에서 황제 폐하와 황태자를 알현했다"고 하면서, "한정(韓廷)은 작금 이토 대사의 접견으로 대단히 바빠서 모든 정치는 정지된 상태"라고 대대적으로 보도했다.

이토는 다시 20일 고종을 예방하고, 21일에는 궁내부대신 민병석을 통해서 고종에게 위로금으로 30만 엔을 전했다. 그리고 다음 날 현영운의 처를 통해서 엄비에게 1만 엔, 황태자와 황태자 비에게 각각 5천 엔 씩 선물로 전달했다.

24일 고종은 "특파대사와 수행원 모두에게 친애의 뜻"으로 이토 히로부미를 대훈위(大勳位)에 서훈하고 최고 훈장인 금척대수장(金尺大綬章)을 수여하고, 모든 수행원에게는 직급에 합당한 훈장을 하사했다.

이토는 귀국에 앞서 25일 다시 경운궁으로 고종을 예방하고 점심을 겸한 두 사람만의 내알현(內謁見:독대)이 이루어졌다. 한국방문의 목적인 한일의정서에 담긴 뜻을 재확인하고, 전쟁 중 한국이 취해야 할 태도를 다짐받는 자리였다.

고종이 먼저 "짐이 지금 경에게 터놓고 의견을 듣고 싶은 것이 하나 있소" 하고 입을 열었다. 그가 제기한 화두는 국정 운영에 있어서 자신과 각료 사이의 '불화(不和)'에 관한 문제였다.

"우리 각료들 가운데 대부분은 짐이 국정에 관여하지 않기를 바라고 있는 것 같소. 요컨대 내각에서 의결된 국정의 크고 작은 사항은 그것이 잘됐든 못됐든 득실과 관계없이 모두 수긍해야 한다는 것이오. 짐은 다만 그 요청에 따라 잘잘못을 모두 채용해야 하고 거부할 권능이 없다는 것이오. 만약 짐이 의견을 제시하고 그 결정의 옳고 그름을 논하면, 각료들은 곧 짐의 행위를 비난하며 군주가 취해야 할 도리가 아니라고 배척하며 불평을 호소하고 있소."

고종은 서양에서는 군주가 내각회의에 참석해 국정의 방향을 지시하고 정책 결정에 직접 참여하는 것으로 알고 있다고 하면서 "우리 각료들이 바라는 바는 이와는 정반대이니 짐은 매우 당혹스러운데 이를 어찌하면 좋겠소. 경의 의견을 듣고자 하오."하고 물었다.

이에 이토는 "조금도 곤란해 할 필요 없습니다."라고 답했다. 왜냐

하면, 모든 국정은 반드시 각의를 거쳐서 실행되고, 또한 모든 각료는 고종의 위임을 받아 신중히 심의해서 처리해야 하기 때문이라는 것이다. 물론 각의를 거친 의제라 해도 고종이 판단하기에 옳지 않다면 다시 심의에 부칠 수 있다고 설명했다. 그러나 그는 이에 앞서 권력의 위임과 행사의 원칙과 정당성이 필요하다는 것을 다음과 같이 설명했다.

"폐하께서는 먼저 각료들을 신임하고, 그들에게 대권을 위임해서 소위 정령(政令)이 한 줄기로 나가게 한다는 원칙을 세워야 할 것입니다. 그리고 모든 국정은 반드시 내각에서 논의하고 내각을 통해서 폐하께 직접 주청하고 재가를 구하게 해야 할 것입니다. 함부로 옆길을 열어 무책임한 신하들의 말을 들어 이들과 국정을 의논하는 일이 있어서는 절대로 안 될 것입니다. 이는 실로 국정 문란을 가져오고 정부 운영의 기능을 무기력하게 만드는 원인으로서 반드시 피해야 할 사안입니다."

달리 표현하면 아무런 권한과 책임이 없는 사람들과 국정을 논하고 정책을 결정한다면 결국 정부의 기능은 마비되고 국정이 문란해진다는 것이었다. '비선'과 '밀지'에 의한 고종의 국정 운영을 지적한 것이다. 그러면서 그는 군신(君臣)의 신뢰를 다음과 같이 강조했다.

"폐하께서는 솔직한 마음으로 신하의 무능과 군신의 불화를 말씀하시지만, 동시에 폐하의 신료들 또한 폐하의 덕을 시비해서 외신(外臣:이토)에게 말하는 자도 있습니다. 이처럼 군신의 알력이 지속하고 조화가 이루어지지 않는 오늘과 같은 국정이 계속된다면, 귀국의 개선은 백년하청을 기다리는 것과 같습니다. 끝내 국정 개선을 기대할 수 없음을 외신은 탄식하지 않을 수 없습니다."

계속해서 이토는 고종의 '빈번한' 각료 교체의 문제점을 지적했다. 1903년 한해에도 의정부의 총수라 할 수 있는 의정이 세 차례 교체됐다.

"시정개선과 같은 일은 하루아침에 그 효과를 거둘 수 없습니다. 반드시 얼마간의 세월이 지나야 합니다. 그런데 폐하께서 지금처럼 내각총리대신을 자주 경질한다면 신료들은 그 직책을 맡아 마음 놓고 개선의 계획이나 실행을 보좌할 길이 없습니다. 결국, 개선은 그림의 떡으로 끝나게 되고 말 것입니다. 그래서 외신이 바라는 바는, 폐하께서 신료의 경질을 가볍게 취급하지 마십사 하는 것입니다. 아울러 일단 임명한 신료는 충분히 믿고 독려하여 성과를 책임지도록 해야 할 것입니다."

고종이 답했다. "경의 말 하나하나 정곡을 찌르는 것으로써 깨달은 바가 크오. 마음속 깊이 간직하고 잊지 않겠소." 그러면서 조선의 역사를 보면 본래 대신 교체가 빈번하지 않았는데 노론, 소론, 남인, 북인의 당쟁이 생기고, 그 현상이 대원군 시대에 더욱 심해졌다고 길게 설명했다. 그리고 자신은 결국 적임자를 찾지 못해서 경질에 경질을 거듭한 결과를 가져왔다고 설명했다.

여기서 이토는 대화의 주제를 바꿔 고종이 내각과 협의 없이 독자적으로 진행해 온 외국과의 이권 조약체결의 문제점을 지적했다. 이토는 국가와 국가 사이에 체결되는 조약과 달리, 국가와 개인 또는 국가와 기업 사이에 체결되는 계약, 특히 광산 특허나 철도부설과 같이 이권에 속하는 조약은 대단히 위험하다는 점을 강조했다. 더욱이 이런 조약은 대체로 정부가 아니라 "오직 군주만의 의지로, 비밀리에 결행"되기 때문에 더욱 위험하다는 것이었다. 뒷날 문제가 생기면 이는 국제문제로 비화하고, 정부는 뜻밖에 중대한 책임을 지게 되고, 군주는 국민으로부터의 원성을 피할 수 없게 된다는 점을 강조했다.

이토는 고종에게 "폐하께서도 깊이 고려하시어 이런 종류의 계약은 먼저 정부가 이해득실을 충분히 검토한 다음 조치하는 것이 옳습니다. 함부로 감언에 휩쓸리거나 일시적 이익에 현혹되어 뒷날의 재해를 생각하지 않는다면 국가에 큰 우환(憂患)을 끼치게 될 것입니다"라고 충고했다. 고종이 궁내부에 지시해서 은밀히 외국인과 맺고 있는 다양한 이권 조약을 지적한 것이다.

고종은 "실로 경의 말이 적중하고 있음을 알 수 있소"라고 이토의 지적에 적극적으로 동의하면서, "앞으로 외국인을 상대로 하는 계약은 치밀하게 검토"해야 한다는 데 찬동했다.

여기서 다시 이토는 대화의 주제를 한국방문의 목적으로 돌렸다. 6개 조항으로 이루어져 있는 한일의정서의 뜻을 재확인하고 고종의 확실한 태도를 약속받기 위함이었다.

이토는 한성에 도착한 직후 궁내 대신을 통해 고종에게 한국방문의 목적을 문서로 전달했다. 그 내용은 고종이 일본을 신뢰하고 일본과 주의와 주장을 같이 할 것, 한일의정서에 담겨있는 한일동맹의 정신에 충실할 것, 러시아와 전쟁 중 한국이 좌고우면하면서 애매한 방침을 택한다거나, 또는 전황이 일시 일본에 불리하게 전개될 때 러시아를 지원하는 것은 결코 한국을 위해서 득책(得策)이 될 수 없다는 것, 그리고 필요하면 언제든지 더 많은 병력을 한국에 파견할 것이라는 등의 위협이 포함됐다.

**이토**: 전날 도착하여 궁내 대신을 통해서 폐하께 올린 문서에 대하여 어떻게 생각하십니까? 또한, 외신은 내일 본국으로 귀국하니 오늘 이 기회에 우리 천황 폐하께 전할 말씀이 있으면 히로부미가 이를 받들겠습니다.

**고종**: 궁내 대신이 전한 것을 짐이 모두 충분히 검토했소. 오늘 한일 두 나라의 관계는 한일의정서에 의하여 확정됐고, 우리나라가 지켜야 할 주의와 방침도 이에 일치시켜야 할 필요가 있소. 짐은 나의 신료들과 함께 한일의정서에 따라 한일제휴가 그 결실을 거둘 것을 기대하고 있소.

고종은 특별히 메이지 천황이 신임하는 이토를 대사로 파견하여 '정중한' 뜻을 전해 준 것에 대하여 자신은 물론이고 황실과 백성 모두가 감사히 생각하고 있고, 국교도 한층 더 화목하고 두터워질 것을 의심치 않는다고 했다. 그리고 황실에 전해준 막대한 현금[황제에게 30만 엔, 엄비에게 1만 엔, 황태자와 황태자 비에게 각각 5천 엔]에 대해서도 감사의 뜻을 표했다.

고종은 여러 차례 이토에 대한 신뢰의 뜻을 표했다. 이토가 한국을 방문한다고 할 때 궁중에서는 '대사의 사명은 식민 조약체결을 위해서'라는 소문이 있었지만, 자신은 이를 믿지 않았고, 그 이유는 "경은 오로지 동양 보전과 평화를 중요시"하는 것을 알고 있었기 때문이라고도 했다. 그러면서 이토가 두 나라를 위해 "중대한 사명을 다해 줄 것"을 당부했다.

이어서 고종은 이토에게 "은밀히 부탁할" 사안이 있다고 하면서 "4가지 사안에 관해서 대사가 진력해 줄 것"을 당부했다. '4가지 사안'은 갑신정변 이래 일본에 체류하고 있는 망명자 처리, 경의선 철도부설에 필요한 경비 문제, 민비시해에 연루된 우범선을 암살한 죄로 일본에서 수형 생활을 하는 고영근의 인도 처리를 당부였다. 망명자 처리 문제는 1901년 박제순을 통해서 고무라 외상에게 제시했던 내용이고, 또한 밀약협의 당시에는 합의됐으나 한일의정서에는 포함되지 않았다. 이토는 고종이 희망하는 대로 조치하겠다고 약속했다.

은밀히 당부한 네 번째 요구는 이토의 측근 한 사람을 자신에게 보내 달라는 것이었다.

"짐은 경을 깊이 신뢰하고 있고 또한 경의 도움을 기대하고 있소. 경이 한국에 자주 와서 유익한 지도를 베풀 것을 희망하고 있소. 하지만 우선 경에게 당부하고 싶은 것은 누구든 경이 신임하고 또한 일본 황실도 중요히 여기는 인물을 천거하여 한국과 일본 사이에 긴밀한 연결 관계를 만들어야 할 필요가 있다고 생각되오. 고문관이라는 이름이 아니라도 좋소. 중요한 것은 경을 대신해서 짐의 자문에 답해주고 황실 업무를 보좌하기에 적절한 인물이면 좋겠소."

이토가 답했다. "현재 하야시 공사가 궐하(闕下)에 머무르고 있습니다. 만일 폐하께서 필요하면 언제든지 공사를 불러 자문하면 그는 성의를 다하여 받들 것입니다. 또한, 히로부미에게 하문할 일이 있으면 그를 통해 전보나 서찰을 보내주면 성심성의껏 답하겠습니다."

고종은 공식적인 문제는 하야시 공사와 상의하겠지만, "공식 이외의 논의"를 위해 이토가 "신뢰하는 적당한 인물을 천거해 주기를 바라오. 경은 이 뜻을 헤아려 짐의 희망에 부응해 주기를 바라오."라고 거듭 당부했다. 이토는 잘 검토해서 다음에 답하겠다고 하고 궁중을 물러났다. 고종은 이토를 문밖까지 배웅하면서 "가까운 장래에 재회의 기회를 기대"한다는 뜻을 전했다.

고종과 이토의 첫 독대는 이렇게 끝났다. 이 대화에서 앞으로 전개될 고종과 이토 두 사람의 관계를 예견해 볼 수 있는 몇 가지 중요한 대목이 내포해 있다. 하나는 고종은 의정부와의 갈등을 이토에게 설명하면서 일본이 배후에서 조종하는 황권 약화 전략을 비판한 것이다. 그동안 일본은 갑오개혁 당시부터 일관되게 고종의 황권을 축소하고 의정부 위상을 강화하는 방향으로 관제개혁을 시도해 왔다. 일본은 메이지유신 이후 황실과 정부를 분리하고 정무를 정부가 수행하는 책임내각제와 같은 체제를 구상했고, 하야시는 관제개혁을 통해서 이를 실현하려고 했다. 친일적 대신들은 이에 동조했으나, 고종은 황제권 축소로 이어지는 이러한 제도개혁에 강력히 반대했다.

고종은 대신과의 불화를 빗대어 황권을 제한하려는 일본의 시도에 불만을 드러낸 것이라 할 수 있다. 황권의 유지 또는 강화하려는 고종과 이를 억제하려는 일본의 정책은 불가피한 마찰을 예견할 수 있다. 이는 하야시 공사와 더불어 황실의 권위를 위축하고 대신 의정부의 권한을 넓히려는 대신들에 대한 불만이면서, 동시에 하야시가 주도하는 일본의 한국정책에 대한 저항이기도 했다.

다른 하나는 이토가 공적 임무를 띠고 처음으로 한국을 방문했음에도 불구하고 그는 고종의 인사, 군신 사이의 불신, 고종을 중심으로 한 궁중 내부 사정과 국정이 어떻게 돌아가고 있는지 잘 알고 있었다는 점이다. 이토는 고종이 의정부를 제쳐놓고 궁중 중심의 '비선'을 활용하는 '밀지' 국정 운영 스타일, 고종과 대신들 사이의 쌓여 있는 불신, 궁중과 외국인 사이의 이권 거래, 빈번한 각료 교체로 인한 정국의 불안정 등을 숙지하고 있었다. 또한, 고종의 신하들이 '고종의 덕을 시비'해서 자신에게 말하고 있다는 것을 보아 이토는, 물론 하야시가 구축한 친일세력이지만, 이미 조정의 고위층에 친일세력과 연계돼 있음을 알 수 있다.

또 하나는 고종이 이토에게 신뢰할 수 있는 측근 천거를 당부한 것이다. 고종의 의도가 무엇인지는 정확히 알 수 없으나, 두 가지를 유추해 볼 수 있다. 하나는 고종이 버거워하고 싫어했던 하야시 곤스케 공사의 교체를 바라는 뜻을 우회적으로 밝힌 것으로 해석할 수 있다.

고종은 하야시를 싫어했다. 그는 공사로 있으면서 궁중과 내각의 중요 인물들을 매수해서 알게 모르게 자기 사람으로 부렸고, 한국 정계의 움직임을 손바닥 보듯이 들여다보면서 휘젓고 다녔다. 그는 수시로 고종과의 독대를 요구할 뿐만 아니라 알현 시에는 공사의 업무와 무관한 무례한 요구를 거침없이 하곤 했다.

고종은 하야시를 통하지 않고 일본 최고 실력자인 이토와 직접 한국과 일본의 관계를 논의하고 싶었을 수 있고, 또한, 이토와 개인적으로 '친밀한' 관계를 맺음으로 자신의 지위를 튼튼히 하고 싶었을 수도 있다.

다른 하나는 고종의 '용인술'이다. 앞에서도 지적했지만, 고종의 용인술은 통합과 화합에 역점을 둔 인사관리가 아니라, 오히려 신하들을 분열시키고 서로 경쟁시켜 투쟁을 조장하고 긴장을 조성하면서 왕의 권위를 유지하는 전략을 구사했다. 이처럼 고종은 이토의 측근을 궁중에 불러들여 하야시와 경쟁시키면서 한일관계를 주도하려는 생각을 지니고 있었을 수도 있다.

실제로 고종은 이토가 통감으로 부임한 이후에도 이토를 억제하기 위한 세력균형의 용인술을 시도한 흔적이 있다. 통감 선임과정에서 문민의 갈등 관계를 알고 있었던 고종은 이토가 통감부를 비울 때면 군사령관 하세가와를 궁중으로 불러 '친근함'을 표시하며 협조를 구하곤 했다.

하지만 고종의 이러한 시도는 모두 실패했다. 상호경쟁과 세력균형을 바탕으로 한 고종의 용인술은 그의 권위에 도전할 세력이 존재하지 않는 국내 정치에서는 적절히 기능했을는지 모르지만, 국제정치에서는 전혀 효력을 발휘하지 못했다.


## 하야시 곤스케

고종이 불편해하고 싫어했던 하야시 곤스케(林權助)는 어떤 인물인가?

한국에서는 이토 히로부미를 한국 병탄의 주범으로 지명한다. 틀리지 않은 평가다. 1904년 이후 이토가 조선 보호국화와 통감 통치를 주도하면서 병탄 과정의 최전선에서 식민지화를 이끌었다. 그러나 이것이 가능할 수 있었던 것은 막후에 가쓰라 다로 총리, 고무라 주타로 외상과 함께 하야시 곤스케 특명전권공사가 있었기 때문이었다. 그래서 일본에서는 이들 세 사람을 '대한공작삼인남(對韓工作三人男)'이라고 부른다. 한국 병탄을 이루어 낸 세 사람의 주역이라는 의미다.

러일전쟁과 한국 병탄 당시 총리였던 가쓰라는 1901년 총리로 취임하면서부터 "2,500년 묵은 조선 문제 해결"을 가장 중요한 국정지표로 삼았고, 이를 정강에 명시했다. 가쓰라와 7년 8개월 동안 한 팀을 이룬 외상 고무라는 병탄의 단계별 정책을 입안해서 지휘했고, 그리고 특명전권 공사 하야시는 6년 8개월 동안 현장인 한국에서 그 정책을 강력하게 추진했다. 그는 특명전권 공사로 부임한 후 아오키 슈조(靑木周藏), 가토 다카아키(加藤高明), 고무라 주타로 세 사람의 대신을 보필했다. 하지만 1901년 가쓰라 내각 출범 이후 4년 반 동안 고무라 주타로와 함께 한국정책을 다듬어 나갔다.

한국 병탄의 공동인식을 지닌 이들 세 사람은, 하야시 표현을 그대로 인용하면 "조선 보호국이라는 본격적인 요리를 만들어내는 데 의기투합" 했다.(『林權助』, p.214) 물론 앞에서 지적했듯 1904년 이후 이토

한국병탄의 세 주역인 '대한공작삼인남'(좌측부터 가쓰라 다로, 고무라 주타, 하야시 곤스케)

히로부미가 전면에 등장하면서 보호조약과 병탄 프로세스가 힘을 받은 것은 사실이지만, 그것도 하야시가 공사로 재임하면서 구축한 토대가 있었기에 가능했다.

하야시와 동시대 조선에 체류하면서 고종의 밀사 역할을 하기도 했던 프랑스어 교사 에밀 마르텔(Emil Martel)은 하야시를 다음과 같이 평했다. "공사는 유능한 외교관으로서 아무리 어려운 문제라 해도 쾌

도난마와 같은 솜씨로 깨끗이 처리한다는 데 모든 외국인이 동의하고 있다. 그는 이토 통감을 훌륭히 보좌했다."(小坂貞雄, p.161)

하야시는 한국 보호국화의 공로로 남작(1907)의 작위와 한국병합기념장(1912)을 받았다. 국권론자들이 남긴 지사열전(志士列傳)에 의하면 히야시가 공헌한 업적은 일본의 대륙진출과 동양 정책의 기초를 다진 것이지만, "더욱 뚜렷한 공헌은 남작이 조선주재공사로서 매우 복잡하게 얽혀 해결하기가 어려운 상황을 단호히 풀어내고, 마침내 통감부 건설을 이루어내기까지 애쓴 공로"였다.(『續對支回顧錄』 2, p.73)

아이즈번(會津藩) 출신인 하야시 곤스케(1860-1939)는 힘든 어린 시절을 보냈다. 메이지유신의 승패를 가른 1868년 1월 도바·후시미(鳥羽·伏見) 전투에서 막부(幕府) 군으로 참여한 할아버지와 아버지를 잃고 어린 나이에 집안의 가독(家督)을 이어받았다. 그 후 상당히 궁핍한 생활을 했으나, 할아버지 친구(児玉実文: 육군 소좌)의 도움을 받아 생활하면서 교육을 이어갈 수 있었다.

하야시는 오사카전문학교와 도쿄제국대학을 거쳐 1887년 외무성에 들어가면서 외교 관료의 경력을 시작했다. 1899년 한국 공사로 부임하기 전, 그는 인천과 상해에서 영사, 영국과 청나라에 주재하는 수석 서기관을 거쳤다. 그가 영국에 근무할 당시 공사였고 뒷날 총리가 된 가토 다카아키가 하야시의 재능을 높이 평가하여 외교관 생활에 많은 도움을 주었다. 청나라 재직할 당시에는 강유위(康有爲)와 함께 주도했던 무술(戊戌)변법운동이 실패하면서 생명이 위태로워진 양계초(梁啓超)를 일본으로 망명시켜 생명을 구해주었다. 하야시는

1925년 영국 대사직을 끝으로 외교관 생활을 마감했다.

하야시가 외교관으로 능력을 발휘한 것은 그가 1899년 한국 주재 일본특명전권공사로 부임하면서부터였다. 그 후 그는 6년 8개월 (1899.6.1~1906.1.31) 동안 재임하면서 한일의정서, 한일협약, 을사조약 체결의 길잡이 역할을 했고 병탄의 초석을 놓았다. 그는 한국에 가장 오래 그리고 마지막으로 주재한 특명전권공사였다.

하야시는 '조선 문제'에 대해서는 강경론자였다. 그는 부임하면서부터 일본은 조선 문제에 한 걸음 더 깊숙이 들어가야 하고, 한국 정부 내의 업무를 책임지고 지시 감독해야 한다는 지론을 폈고, 이는 가쓰라 내각의 조선정책과 일치했다.

그가 품고 있는 대한정책의 근본 바탕은 궁중과 내각에 큰 이익을 제공함과 동시에 상당한 위력을 가하는 '매수'와 '억압'이라는 강온 전략이었다. 현지에 부임하여 한국의 정세를 세밀히 관찰한 후 하야시는 가쓰라 총리에게 일본이 취해야 할 정책의 방향을 제시했다. 그 골격은 첫째, 일본에 체류하고 있는 한국인 망명자를 '적절히' 활용한다는 것이다. 고종은 갑신정변과 을미사변 후 일본으로 망명한 사람들의 송환을 일본 정부에 수차 요구했다. 특히 고종은 민비를 살해한 을미사변 관련자들의 송환을 거듭 요구했으나, 일본은 만국공법을 내세워 망명 정치범 송환을 매번 거절했다.

일본 망명객에 대한 고종의 '한(恨)'은 김옥균 암살에 깊이 관여했던 이일직에게 보낸 밀칙(密勅)에 잘 나타나 있다. 1904년 12월 27일 어새(御璽)가 찍힌 밀칙에는 "을미사변은 생각하면 생각할수록 비통한 일로서 어찌 차마 말할 수 있겠는가. 섬나라에 가 있는 불여우(梟蜮)의 무리가 아직도 살아 있다. 이들 모두를 때려죽이지 못해 천지신명과 함께 이 분통을 오래도록 씻지 못하고 있으니 어찌 국가에 법이 있고 사람이 있다고 하겠는가."라고 원통함을 토로했다. 그러면서 이일직에게 "지혜와 사려를 다하여 그들 흉도 모두를 일망타진하고 실추된 나라의 기강을 진작시켜 역모의 간담이 싹트기 전에 파멸시키는 것이 나의 소망이니라."라고 암살을 지시했다.("渡日亡命者處理에대한大韓帝國皇帝密勅", 『공사관기록』 25)

하야시는 고종의 원한이 깊은 망명자들을 이용하겠다는 것이다. 실제로 일본은 필요할 때마다 이들을 내세워 고종과의 협상을 유도했다. 한일의정서를 재확인하는 고종과 이토의 대화에서도 이 의제가 등장했다.

둘째, 황실의 고종 측근과 의정부의 대신들에게 거액의 '운동비', 즉 뇌물을 뿌려 친일세력으로 만든다는 것이다. 하야시는 풍부한 자금을 가지고 대신과 궁중의 중요 인물들을 유혹했다. 또한, 유생들의 반일 시위를 분열시키기 위한 공작금을 살포하기도 했다. 한일의정서를 체결할 당시 하야시는 이지용, 민영철, 이근택 등에게 거금의 뇌물을 제공했다. 1904년 을사조약 체결 당시에도 상당한 뇌물을 대신들은 물론 요소요소에 살포했다고 유추해도 틀리지 않을 것이다. 앞에서 보았듯이, 이토가 고종과 엄비, 그리고 황태자에게도 거금을 전한 것도 하야시의 '운동비' 정략과 무관치 않았다.

셋째, 필요하다고 판단될 때는 언제든지 병력을 파견하여 무력을 사용한다는 것이다. 하야시는 본부에 주둔군 강화를 요구했고, 또한 수시로 군사력을 동원하는 위력을 과시했다. 의병이나 집단적 반일 활동은 무력으로 진압하기를 주저하지 않았다. 실제로 가쓰라 내각이 병탄 과정에서 구사한 한국정책의 근간은 하야시의 지론인 회유와 압박이었고, 이토 또한 같은 노선을 택했다.

하야시가 공사로 부임하여 간파한 한국 정부 내의 권력 구조와 권력의 행사, 정책 결정, 관리 임면 등은 전근대적이었다. 국가의 중요 정책이 유기적으로 묶여있는 조직에 의해서 결정·집행되는 것이 아니라 즉흥적이고 자의적이었다. 그리고 모든 권력은 황실과 고종에게 집중돼 있었다. 정책 결정에 실질적 권한과 책임을 담당해야 할 대신을 위시한 고위 관리들은 무능했고 무책임했다. 하야시의 평가에 의하면 그들은 자기의 주의와 주장은 없고 다만 권력만 좇는 무리였다. 그래서 회유하기도 압박하기도 쉬웠다.

하야시는 황실 측근과 정부 관료들을 쉽게 매수하고, 달래고, 윽박지르면서 정계를 쥐락펴락했다. 그가 가쓰라 수상이나 고무라 외상에게 보고한 대부분의 "기밀"보고서는 고종 측근들이 날라다 주는 내밀(內密)한 보고나 은밀한 정보를 토대로 한 것들이다. 1906년 고종의 을사조약 부인 밀서를 런던의 일간지 <트리뷴>에 폭로한 스토리(Douglas Story) 기자에 의하면 "궁성은 일본 첩자의 온상(hotbed)"이었다. 위로는 궁내부 또는 의정부 대신들로부터 아래로 궁녀에 이르기까지 하야시의 비밀 정보원이라고 할 정도였다. 그들이 전해 준 많은 정보가 일본의 대한 정책 바탕을 이루었다.

가쓰라 수상과 고무라 외상은 하야시의 능력과 수완을 잘 알고 있었다. 그들은 하야시의 상황 판단과 추진력을 신뢰했고, 현지에 적절한 정책 결정과 기밀비 사용에도 폭넓은 재량권을 주었다. 한일의정서 조인 직후 고종의 반대를 무시하고 고종의 최측근이면서 친러 반일(親露反日)의 수장이라 할 수 있는 이용익을 납치해 일본으로 보낸 것, 반일에 앞장선 유생(儒生)들을 조종하고 분열시키기 위한 공작금 살포한 것, '밀약' 협상과 한일의정서 체결에 앞장섰던 이지용, 민영철, 이근택 등에 거금의 뇌물 지급한 것 등과 같은 결정도 독자적 판단으로 집행한 후에 보고할 정도로 수상과 외상은 그를 신뢰했다.

하야시는 고종에게 때때로 무례했다. 그의 언행을 보면 그는 고종을 군주로 존경하거나 어려워하는 기색이 없었다. 모든 권력이 궁중에 집중돼 있고 그 핵심이 고종임을 알고 있는 하야시의 공략 대상은 늘 고종이었다. 그는 수시로 궁중을 드나들면서 직접 고종에게 한국의 군비축소나 재외공관 철수, 또는 통신사무 위임과 같은 중대한 요구를 청하는가 하면, 고종의 통치권과 인사권에까지 관여하려 들었다.

하야시는 고종의 외교정책을 불신했다. 그의 평가에 의하면 고종이 생각하고 있는 외교는 타국의 간섭을 싫어하는 것인데, 문제는 간섭을 면하기 위해서는 무엇을 어떻게 해야 할 것인가를 판단하지 못하고 있다는 것이다. 즉 국력을 바탕으로 한 외교를 생각하는 것이 아니라, 다만 타국의 간섭을 면하기 위해서 임기응변으로 또 다른 나라를 이용하려고 한다는 것이다. 그리고 고종의 외교 정략의 바탕은 신하들을 분열시켜 왕의 권위를 지키려는 국내정치의 연장으로 생각하고, 청나라를 밀어내기 위해서 일본을 끌어들이고, 일본이나 청나라를 배척하기 위해서 러시아에 기대고, 러시아의 위력이 쇠하자 다시 미국에 매달린다는 식이었다. 국력을 염두에 두고 장기적 안목에서 대신들과 함께 정책과 정략을 구상하고 펴나가는 것이 아니라, 국왕 자신의 안위와 목전의 이익을 위해서 수시로 변했다. 7년 가까이 고종을 경험한 하야시의 평가에 의하면 고종의 외교는 "변덕스럽고 음모와 밀계가 그 중심"을 이루고 있었다.(貴田忠衛, p.9)

그러면서도 하야시는 고종을 무시하지 못했고, 늘 경계했다. 다 성사된 것으로 확신하고 고무라에게 보고했던 '밀약'이 무산되는 과정에서도 보았듯이 고종은 때때로 의표를 찌르는 정략을 구사함으로써 하야시를 궁지로 몰아넣곤 했다. 앞에서 보았듯이 고종이 이지용을 시켜 하야시와 밀약체결을 위한 협상을 진행하고 또한 성사되는 듯한 언질을 주면서 극비리에 이용익에게 중립선언을 준비하게 해서 발표한 것과 같은 것이다. 한일의정서 조인 후 이토가 고종을 찾아온 것도 고종의 한일의정서 부인과 같은 사태를 사전에 차단하기 위함이었다.

그뿐만 아니라 고종은 재임 기간 내내 인사권을 휘둘러 정부 내의 친일 세력을 견제했고, 또한 막대한 비자금을 활용하여 밀지 외교를 전개하는가 하면 의병 활동을 배후에서 지원했다. 일본의 통제 속에서도 고종은 여전히 비자금을 만들기 위하여 이권을 제삼국인에게 양도하거나 일본인들과 직접 거래했다. 수시로 정책을 바꾸어 일본의 한국 정책을 흔들곤 했다. 비록 그가 몰락해가는 나라의 국왕이기는 했지만, 하야시가 만만하게 대할 수 없는 존재였다.

## 고종의 이토 재방한 요청

이토는 3월 27일 인천을 떠나 일본을 향했다. 하야시 공사는 가쓰라 총리에게 "후작은 어려움 없이 사명을 달성하고 만족한 결과를 가지고 귀경길에 올랐다"고 보고했다. 같은 날 고종은 "이웃 나라와 우의를 두터이 하는 데는 왕래가 중요하다."고 하면서 이토의 방한 답례로 법부대신 이지용을 보빙대사로 일본에 파견할 것을 지시했다. 그는 전쟁에서 러시아의 승리를 기대하고 있었지만, 그렇다고 승세의 기운을 타고 있는 일본을 무시할 수 없었다. 소위 고종의 '형세관망주의'가 지속했다.

정국은 여전히 불안했다. 고종은 이토가 편의적 국정 운영과 빈번한 대신 교체를 지적했을 때 '마음속에 간직하여 잊지 않을 것'이라고 하면서 개선의 뜻을 밝혔다. 하지만 그의 통치 스타일은 전혀 바뀌지 않았다. 여전히 대신이나 협판을 장기짝 옮겨 놓듯 교체했다. 1904년에도 참정대신은 세 차례, 내부대신은 여섯 차례, 법부대신은 네 차례 교체됐다. 인사 교체는 대신 직위에만 국한하지 않았고, 크고 작은 모든 관직에 해당했다. 안정된 정국을 기대할 수 없었다.

사회도 불안하고 혼란스러웠다. 이토가 귀국한 직후인 4월 14일 고종이 머무는 경운궁에 대화재가 일어났다. 이 화재로 함녕전을 비롯해 중화전 등 주요 전각 모두가 불에 탔다. 궁중에 보관하고 있던 문서, 서책, 보물, 그림, 장부 등은 물론 고종이 별도로 보관하고 있던 막대한 비자금도 모두 재로 변했다. 대궐화재가 없었던 것은 아니지만, 『고종실록』은 "이번처럼 혹심한 적은 없었다"라고 기록할 정도로 큰 화재였다.

경운궁 화재는 고종에게 정신적으로나 물질적으로 커다란 타격을 주었지만, 일반 백성들에게도 충격이었다. 4월 16일 자 <황성신문>은 "이번 화재는 실로 국가의 커다란 액운으로서 재정이 대단히 어려운 지금 또한 거액의 재화를 소진하게 됐음은 참으로 불행한 화액(禍厄)"이라고 탄식했다.

한국의 이처럼 어수선한 상황과 달리, 일본은 연이은 승전보로 열기가 충만했다. 5월에 들어서면서 제1군은 압록강을 넘어 만주로 진격했고, 제2군은 요동 반도에 상륙을 개시했다. 일본 언론은 연일 승

영국의 *The Graphic*이 보도한 경운궁 화재 현장

전소식을 전해다.

유리하게 전개되는 전황 속에서 일본은 한국 보호국화를 위한 정략을 치밀하게 다듬어 나갔다. 이토가 한일의정서를 확정하고 귀국한 직후인 5월 30일 원로회의는 "대한방침에 관한 결정(對韓方針)"과 "대한시설강령(對韓施設綱領)"을 확정하고, 31일 내각회의를 거쳐 6월 11일 천황의 결재를 받았다. 한국 보호국화 정책의 청사진이라 할 수 있는 "대한방침"은 일본은 한국의 정치 및 군사상 보호의 실권을 장악하고 나가서 경제적 이익을 도모한다는 것을 확실히 했다.

그리고 "대한방침"을 구체화하기 방안으로서 6개 항의 "대한시설강령"을 제시했다. 그들은 ① 한국 내 군대를 주둔하고 방비를 완전히 할 것 ② 외정(外政)을 감독할 것 ③ 재정을 감독할 것 ④ 교통기관을 장악할 것 ⑤ 통신기관을 장악할 것 ⑥ 척식(拓植)을 꾀할 것 등을 포함했다. 사실상 한국 지배를 목표로 하고 있다.

고무라 외상은 확정된 "대한방침"을 하야시 공사에게 통지하면서 "시설강령"을 구체화하기 위한 9개 항의 "시설세목(施設細目)"을 포함한 별도의 훈령을 지시했다. 여기에는 외교, 재정, 경찰권, 교통, 통신, 황무지 개간, 압록강변의 삼림 벌목권 취득 등 광범위한 영역에서의 실권 장악을 지시하고 있다. 한국을 병탄하기 위한 밑그림을 완성했다.

일본이 한국 병탄을 위한 청사진을 완성한 바로 그 시기에 고종은 이토의 한국 재방문 요청을 적극적으로 추진했다. 이토의 공식 첫 방문이 있은 지 약 4개월 만이었다.

고종은 7월 21일 업무협의차 본국을 다녀온 하야시 공사에게 이토의 재방한 필요성을 설명하고 하야시의 협조를 당부했다. 고무라 외상에게 보낸 하야시의 보고에 의하면 고종은 이토를 깊이 신뢰하고 있을 뿐만 아니라, 이토가 다시 한국을 방문하여 정치개선을 지도해 주면 크게 도움이 된다고 판단해 초청했다는 것이었다. 그리고 이를 위해서 필요하다면 일본에 특사도 파견할 수 있다는 뜻을 밝혔다.

하야시는 이토는 추밀원 의장이면서 또한 천황이 깊이 신뢰하는 중신(重臣)이기 때문에 그의 방한을 성사시키기 위해서는 고종이 천황에게 직접 '친전(親電)'을 보내 이토의 내한을 의뢰하는 것이 효과적일 수 있다고 제안했다. 고종은 다음날 심상훈과 이지용을 하야시에게 보내 이토 초빙은 고종만의 희망이 아니라 의정부에서도 바라고 있다는 점을 확인시켰다. 그리고 23일에는 천황에게 보내는 고종의 친전 초안을 전달했다.

"대한제국 황제가 대일본제국 황제 폐하께 친전함"이라는 고종의 친전 전문은 한국이 직면한 시정개선의 시급성, 대신의 능력 부족으로 시행착오가 많다는 것, 그리고 식견이 탁월한 이토의 도움이 필요하다는 것을 설명하고 이토의 파견을 다음과 같이 당부했다. "후작을 곁에 두고 서정쇄신에 참여시킨다면 곧 개선의 목적을 이룰 수 있을 것입니다. 이를 위해 바라건대, 폐하의 사랑을 나누어 즉시 후작에게 명하여 내한할 수 있도록 하겠다는 회전(回電)을 주시기 바랍니다."("伊藤侯爵招聘 / 親展草案請訓 / 件", 『자료집성』 5, p.253)

약 두 주 동안 계속된 고종의 이토 재방한 희망은 무위로 끝났다.

내부 협의를 거친 고무라 외상은 8월 6일 하야시 공사를 통해 이토 후작은 당분간 한국에 건너가기 어려운 사정이 있다고 정식으로 방한 불가를 통보했다.

7월 21부터 8월 7일까지 한성의 하야시 공사와 도쿄의 고무라 외상 사이에 오간 전문을 보면 고종의 이토 방한 요청은 상당히 집요하고 매우 다급한 분위기였음을 알 수 있다. 고종은 하야시에게 자신의 전문에 대한 천황의 회전을 매일 독촉했다. 그뿐만 아니라, 고종은 천황의 회신이 지연되는 것은 하야시가 이토의 내한을 좋아하지 않아 고의로 방해하기 때문이 아니냐고 의심하고, 천황에게 보내는 친전을 도쿄의 한국 공사관을 통하여 궁내성에 직접 전달할 것을 지시하기도 했다.

이 시기에 고종이 이토의 방한을 이처럼 적극적으로 요청한 뚜렷한 이유는 알 수 없다. 다만 하야시 공사 부재중(6.12~7.19) 고종이 은밀히 추진했던 거액의 차관을 성사시키기 위하여 이토의 힘을 빌리려 했던 것이 아닌가 추측해 볼 수 있다.

하야시가 업무협의차 도쿄에 가 있는 동안 궁내부대신 이재완과 심상훈, 그리고 이용익 이후 고종의 측근으로 부상한 현영운은 교토전기철도회사 대표 다카기 분페이(高木文平)와 거액의 차관 성사를 추진하고 있었다.

다카기 분페이는 간사이(關西) 지역의 대표적 경제인의 한 사람이었다. 그는 1894년 일본 최초의 시가전차를 운영한 교토전기철도회사를 설립했고, 초대 교토상공회의소 소장을 역임했다. 또한 그는 릿

지메이칸대학(立命館大學)의 전신인 교토법정대학교 설립에도 기여한 인물이다.

하야시가 일본에 있는 동안 한국을 방문한 다카기는 심상훈 등을 통해 은행설립 계획을 궁중에 권유했고 궁중이 이에 호응하면서 차관문제는 급진전했다. 당시 고종은 경운궁 화재로 통치자금 마련에 어려움을 겪고 있을 때였다. 다카기는 교토에 풍부한 저리 저축을 한국에 빌려주고 지폐발행의 특권을 얻어 저렴한 이자를 보충하려는 생각이었다.

7월 9일 궁내부대신과 다카기 사이에 황실과 정부의 재정 정리를 위한 차관 계약서를 완결했다. 계약서의 내용은 황실과 정부에서 설치하는 은행 자금으로 충당하기 위한 자금으로 차입 금액 1천만 원(硬貨), 상환 연한은 30년, 연이자 5부, 그리고 차입금에 대한 담보는 산림과 토지를 제외한 궁내부 소속의 여러 세금으로 설정했다.("高木文平의 차관계약서送呈의 件", 『공사관기록』 22)

한성에 돌아와 이 계약의 내용을 알게 된 하야시는 부정적이었다. 그는 고종이 개인으로부터 자본을 차입하여 스스로 재정 정리를 하려는 것은 일본 정부의 간섭을 피하려는 의도이고, 또한 한국 황실의 재정 개혁을 한 개인에게 맡길 수 없다는 것이 그의 판단이었다. 그뿐만 아니라 1천만 원의 거금이 고종 수중에 들어간다는 것은 효과를 보기 시작한 고종의 자금줄 차단 정책의 포기를 의미했다. 하야시는 받아들일 수 없었고, 결국 계약은 없었던 것으로 됐다.

고종의 이토 재방문 초빙도 바로 이 시기에 진행된 것으로 보아 통치자금 조달에 어려움을 겪고 있던 고종의 상황과 상관성이 있을 수 있다.


## 한일협약

　　　　"대한방침"을 확정한 일본 정부는 그 후속 조치를 신속히 취했다. 8월 12일 하야시는 고종을 알현하고 한일의정서의 취지에 따라 효과적인 시정개선을 위해 일본이 한국의 재정과 외교를 담당한다는 한일협약 안을 전했고, 고종의 승인을 받았다.

22일 외무대신 서리 윤치호와 특명전권공사 하야시 곤스케가 서명한 한일협약에 의하면, 한국 정부는 일본 정부가 추천하는 한 1명을 재정고문(財政顧問)으로 삼아 한국 정부에 용빙(傭聘)하여 재무에 관한 사항은 일체 그의 의견을 물어서 시행해야 하고(1조), 일본 정부가 추천하는 외국인 1명을 외교 고문으로 삼아 외부(外部)에 용빙하여 외교에 관한 중요한 사무는 일체 그의 의견을 물어서 시행해야 하며(2조), 그리고 한국 정부는 외국과 조약을 체결하거나 기타 중요한 외교 안건, 즉 외국인에 대한 특권 양여와 계약 등의 문제 처리에 대해서는 미리 일본 정부와 반드시 협의할 것을 규정했다.(3조)

한일협정서가 확정되자 하야시는 고무라 외상에게 외교와 재정을 담당할 고문을 속히 파견할 것을 요청했다. 하야시에 의하면 고종이 동의해서 성사되기는 했지만, "폐하가 두 마음을 품고" 약속을 파기할 수 있으니 하루라도 빨리 한국 정부의 실권을 실질적으로 장악할

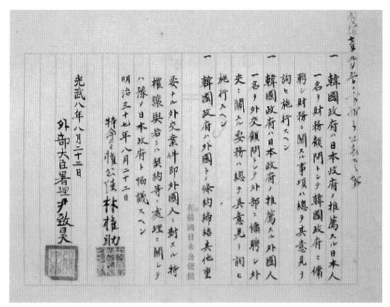

一
韓國政府ハ日本政府ノ推薦スル日本人
一名ヲ財務顧問トシテ韓國政府ニ傭
聘シ財務ニ關スル事項ハ總テ其意見ヲ
詢ヒ施行スヘシ

一
韓國政府ハ日本政府ノ推薦スル外國人
一名ヲ外交顧問トシテ外部ニ傭聘シ外
交ニ關スル要務ハ總テ其意見ヲ詢ヒ
施行スヘシ

一
韓國政府ハ外國トノ條約締結其他重
要ナル外交案件即外國人ニ對スル特
權讓與若ハ契約等ノ處理ニ關シテハ
豫メ日本政府ト協議スヘシ

明治三十七年八月二十二日
特命全權公使 林權助

光武八年八月二十二日
外部大臣署理 尹致昊

駐韓國日本公使館

윤치호와 하야시 곤스케가 서명한 한일협약(1904.8.22)

필요가 있다는 것이었다.

이에 따라 10월 15일 한국 정부는 일본 정부가 추천하는 대장성 주세국장 메가타 다네타로(目賀田種太郎)를 정부의 재정고문으로, 그리고 이토 히로부미가 신뢰하고 있는 주미일본공사관의 미국인 스티븐스(Durham W. Stevens)를 외부 고문으로 용빙했다.

한국 정부의 재정에 관한 모든 사무는 반드시 메가타의 동의를 거치게 함으로써 실질적 재정권을 장악했다. 메가다는 한국의 화폐제도를 일본 제도에 종속시켜 예산과 세입세출을 통제했다. 또한, 외교 안건 처리에 관해서는 스티븐슨의 사전협의 및 동의가 필요했다. 이어서 군부 고문, 경무 고문, 학부 참여관 등을 파견하여 일본은 한국의 내정 지배를 강화했다.

시정개선의 주도권과 재정과 외교권을 빼앗긴 한국은 이미 일본의 보호국이나 다름없었다. 국제적으로 이를 공식화하는 절차가 남았을 뿐이다.

4장

병탄의 전주곡

"일한신협약(을사조약)은 일한병합조약의 전주곡이다."

-하야시 곤스케

## 명암의 1905년

　　대한제국의 1905년은 좌절과 치욕의 해였으나, 일본에는 비약과 영광의 시간이었다. 1905년을 보내면서 500년 이어온 조선은 일본의 보호국으로 전락했고 망국의 문턱에 들어섰다. 하지만 러시아와의 전쟁에서 승리한 일본은 미국·영국과 어깨를 나란히 하면서 명실상부하게 열강의 대열에 끼어들었고, 숙원사업인 한반도 지배권을 확보했다.

　　러일전쟁의 소용돌이 한가운데 있는 한국의 1905년은 일본의 압박과 통제 속에서 시작했다. 1월 5일 한국주차군사령관은 한성 일대의 치안유지는 한국경찰을 대신해서 일본군이 담당한다는 군령을 발포했고, 7일에는 한성과 인근에서 집회와 결사를 금한다는 헌병대장의 고시가 발표됐다. 대한제국의 수도인 한성과 그 일대의 치안과 질서유지를 일본군이 담당하게 됐다.

일본군 수비대 증파설이 전해지면서 세상이 시끄러웠고 백성은 불안했다. 고종이 다른 공사관으로 파천하고나 또는 지방으로 피난 갈 대책을 내밀히 세우고 있다는 소문이 퍼지면서 민심이 흉흉해졌다. 더하여 일상화된 권력의 부패는 날이 갈수록 심해졌다. 1905년 2월 10일의 『고종실록』은 "거제 군수 권중훈은 손바닥만 한 작은 섬에서 전적으로 약탈을 일삼아 탐오(貪汚)한 돈이 모두 6만 냥이나 된다"라고 기록하고 있다. 지방 관리의 부패와 권력의 포악함이 극에 달했다.

1월 7일 고종을 알현해서 "민심이 이처럼 흩어진 것은 하늘을 섬기는 폐하의 성의가 극진하지 못해서입니까, 아니면 해당 관리들이 폐하의 덕을 받들어 나가지 못해서 그러는 것입니까?"라고 물었든 최익현은 일주일 후 다시 긴 상서를 올렸다. 이런 구절이 있다.

지금이 어떠한 시기입니까? 외국인의 침략과 멸시와 업신여김은 오히려 견디기 쉽지만 앞으로 보다 더 어려운 일이 있을 것입니다. 이제 그들이 우리의 경찰 업무까지 맡았으니 위로는 조정을 무시하고 아래로는 백성을 업신여길 것입니다. 이처럼 어려운 시기를 맞았는데도 폐하께서는 더욱 분발하고 조심해야 할 텐데 그렇지 않고, 조정은 허물을 깨끗이 씻어내고 새롭게 떨쳐 일어서야 할 텐데 그렇지 못합니다. 500년 이어온 종묘사직과 삼천리 강토와 백성을 장차 어디로 끌고 가시려는 겁니까?(『고종실록』 1905. 1. 14)

고종은 "반성"한다고 하면서 "지금의 어려운 사정을 생각하여 힘을 합쳐 함께 나랏일을 수습"하자고 다짐했다. 하지만 달라지는 것은 없었다. 을사조약 직전인 1905년 11월 5일 곽종석이 올린 긴 상소에 의하면 궁중의 사치와 무당과 점쟁이를 섬기는 "괴상하고 허무맹랑한 짓"은 계속됐고, 큰 비용이 드는 토목 공사가 끊이지 않았다. 무명 잡세가 턱없이 늘어났고, 고종의 총애를 받는 관리는 "약탈하고 긁어내고 속여먹고 도적질해서 나라와 백성들을 병들게" 하고 있었다.

당시의 어렵고 혼란스러운 모습은 역설적으로 고종의 입을 통해서 확인할 수 있다. 1905년 6월 5일 고종은 "나라가 나라로 되는 것은 백성이 있기 때문이니 백성이 없으면 나라가 없다. 그런데 백성들이 탐욕스럽고 포악한 관리들에게 시달려 허둥지둥 모두 살 곳을 잃고서 안착이 되지 않아 때를 지어 여기저기에서 떠들썩해지고 있다."고 말하며 탐관오리를 근절하고 법을 공정히 적용할 것을 거듭 명령했지만, 부패는 갈수록 깊어졌고 백성의 삶은 더욱 힘들어졌다.

대한제국과 달리 일본의 1905년은 여순(旅順) 함락의 낭보와 함께 문을 열었다. 세 차례에 걸친 총공격 끝에 1월

여순 함락 소식을 알리는 호외

1일 여순의 러시아군은 백기를 들었다. 모든 언론은 여순 공략의 '무용담'을 앞다투어 보도했다. <도쿄니치니치신문>(東京日日新聞)은 1일부터 개전 이후의 전쟁기록인「정로전투일지(征露戰鬪日誌)」를 연재하면서 국민의 사기를 돋았다. 같은 날 메이지 천황은 7억 엔의 임시군사비 추가 예산을 재가했다.

　승전보는 이어졌다. 3월 10일 봉천을 점령했고, 이어서 무순, 사하일대를 장악했다. 그리고 5월 27일 대한해협에서 러시아의 발트함대가 수장되면서 일본의 승리가 확실해졌다. 일본과 러시아는 미국 루스벨트 대통령의 강화 권고를 받아들여 8월 10일부터 포츠머스에서 강화회의를 시작했다.

　이에 앞서 일본은 외교적 거래를 통해서 미국과 영국으로부터 한국을 보호국으로 지배해도 좋다는 답을 확보했다. 미국의 필리핀 지배를 승인하는 대가로 일본의 한국 보호국화를 보장받은 7월 29일의 태프트-가쓰라 비밀각서, 영국의 인도 영유 승인과 일본의 한국 보호권을 맞바꾼 8월 12일의 제2차 영일동맹이 그것이다. 그리고 9월 5일 러일강화조약을 통해서 한반도 지배권을 승인받았다.

　이미 태프트-가쓰라 비밀각서를 통해서 미국으로부터 한국지배를 승인받았지만, 일본은 한국지배 계획을 본격적으로 추진하기 전에 미국으로부터 확실한 보장을 다짐받고 싶었다. 포츠머스 협상의 수석전권대사 고무라 주타로는 조약 직후인 9월 8일 루투 국무장관으로부터 미국은 일본의 한국 외교권 인수를 반대하지 않는다는 확약을 다시 받았다. 다음날 그는 다카히라 고고로(高平小五郎) 주미공사와 함께 백악관으로 루스벨트 대통령을 예방했다. 그리고 러시아의 '음모적' 공작의 근원을 원천적으로 제거하기 위해서는 일본이 한국 외교권을 인수하는 것이 필수적이라고 설명했다. 루스벨트는 "장래 화(禍)의 근원을 완전히 제거하기 위해서는 다른 방책이 없다고 생각 한다. 띠리서 일본이 한국의 외교 관계를 인수하는 조치를 취해도 미 국은 이의가 없다. 충분히 우리를 믿어도 좋을 것이다."라고 최종적 으로 확인해 주었다. 러일전쟁에서 일본의 승리는 전장의 승리일 뿐 만 아니라 외교의 승리이기도 했다.

## 고종의 정략

전쟁이 진행되는 동안 고종은 상황을 관망하고 있었다. 한일의정서와 한일협약을 체결했음에도 고종은 일본과 '적절한' 거 리를 두었고, 러시아의 승리에 대한 기대를 완전히 저버리지 않았다.

하야시 공사의 견제와 방해 속에서도 고종은 여전히 황권을 행사 하면서 국정을 장악했다. 고종의 '빈번한' 인사 교체는 끊이지 않았 다. 1905년 의정부의 최고위직이라 할 수 있는 참정대신이 9차례, 법 부대신 9차례, 농상공부대신 9차례, 군부대신도 6차례 경질됐다. 고 종의 인사 교체가 얼마나 빈번하고 무원칙했는지는 을사오적의 한 사람인 권중현의 경우가 잘 보여주고 있다. 1905년 1월 현재 법부대 신이었던 권중현은 1월 29일 군부대신에 임명됐으나 병사들에게 적 시에 군량미가 공급되지 않았다고 해서 5월 16일에는 파면됐다. 그러나 고종은 5월 21일 그의 징계를 사면했고, 6월 6일에는 충청남도 관찰사로 임명했고, 8월 16일에는 다시 법부대신으로, 이틀 후인 8월 18일에는 군부대신으로, 그리고 9월 26일에는 농상공부대신으로 임명했다. 이런 식의 인사는 다만 권중현에게만 국한된 것이 아니라 일상적이었다.

통지자금을 마련하기 위해 외국인과 이권 거래도 이어졌고, 비선을 통한 국정 운영도 계속했다. 고종은 중요한 정책 논의와 결정을 의정부에 의존하기보다는 비선을 통해서 진행했다. 다시 최익현의 상소를 인용하면 그는 고종에게 "옛날의 조참(朝參), 상참(常參), 차대(次對), 윤대(輪對)의 법을 복구하여 날마다 신하들을 접견하신 뒤" 모든 일을 처리할 것을 당부했다. 비선이 아니라 의정부 중심의 국정 운영을 당부하는 것이었다.

예측할 수 없는 고종의 인사와 비선 활용은, 하야시의 보고에 의하면, 자리 보존에 급급한 대신들은 오직 일심전력으로 황제에게 아첨하는 데만 힘쓰고 다른 일에는 눈도 돌리지 못하게 만들었다. 내각은 안정적으로 정무를 돌볼 수 없었다.

고종의 이러한 통치 스타일은 한편으로는 대신들을 관리하는 수단이었고, 또 다른 한편으로는 일본과 친일적 인물들에게 국정 운영의 최고 권력은 국왕인 자신에게 있다는 것을 실증적으로 보여주었다. 그리고 일본의 대한정책을 최일선에서 주도하는 하야시를 때때로 대단히 곤궁한 입장으로 몰아넣곤 했다.

한일의정서와 한일협약이 조인된 후 '시정개선'이라는 이름으로 진행된 일본의 고문(顧問)정치는 시간이 갈수록 통제와 압박이 강해졌다. 특히 메가타와 스티븐슨이 재정과 외무 고문으로 부임하면서부터 한국의 재정과 외교의 '실질적' 주도권은 이미 일본으로 넘어갔다. 또한, 1905년 초부터 가토 마쓰오(加藤增雄) 궁내부 고문이 주도한 제실제도정리(帝室制度整理)는 황실재정을 비롯한 고종의 황권을 크게 위협했다.

고종은 전쟁이 진행되는 동안 러시아의 승리를 기대하면서도 외형적으로는 일본에 호의적이고 협조적 태도를 보였다. 물론 하야시도 고종의 속마음을 잘 알고 있었다. 하야시의 표현을 빌리면 전쟁이 시작되면서 고종은 "자신(하야시)을 어렵게 여기고, 자신의 직간접 충언을 항상 수긍하고, 시정개선에 대해서도 협조적이었으나, 이는 오직 겉으로만 그럴 뿐"이고, 실은 "일본을 안심시키기 위한 책략"이었다. 하야시는 고종이 전쟁의 형세를 '관망'하는 것으로 보았다.("韓國政界의 狀況", 『공사관기록』 22)

고종은 관망 속에서도 난국을 헤쳐나갈 정략을 모색했다. 그의 정략은 대체로 세 가지로 집약됐다. 하나는 일본이 추진하고 있는 한국정책의 동향파악이었다. 고종은 전쟁이 진행되는 동안 공식, 비공식 사신은 물론 밀사까지 일본에 파견해서 한국정책변화를 탐색하려 했다. 3월에는 심상훈, 민영철, 게이오(慶應)대학에서 수학하고 주일 공사를 지낸 박용화와 일본에서 유학한 무관들을 수행원으로 구성하여 의양군 이재각(義陽君 李載覺)을 특파대사로 파견했다. 목적은 "전쟁 중인 그 나라의 상황이 어떤지" 알기 위함이었다.

포츠머스에서 강화조약이 한창 진행되고 있던 7월에는 민병석, 민영기, 윤치호 등을 포함한 특사단을 파견했다. 고종이 민병석에게는 따로 이토 히로부미 초빙의 밀명을 부여했으나, 특사파견의 중요 목적은 일본의 한국정책 향방을 파악하는 것이었다. 이들은 가쓰라 수상을 위시해서 각계각층의 중요 인물들을 만나 일본 정계의 움직임을 탐색했다. 특히 특사 일행에 <황성신문>의 발행인 장지연을 '개인' 자격으로 동행시켜 일본의 분위기와 사정을 탐지케 했다. 하야시 공사는 장지연의 일본행은 한국이 앞으로 나갈 길에 관한 우리나라의 여론을 탐구할 중요한 임무를 지닌 자라고 가쓰라에게 보고하면서 '특별 관찰'을 당부했다.

그뿐만 아니라, 고종은 외국 언론인과 일본인을 이용해서 일본 내부의 사정을 탐지하려고까지 했다. 고종은 이세직에게 밀명을 내려 뒤에서 보게 될 일한동지조합(日韓同志組合)에 막대한 이권을 주면서 일본과 한국에서 활동하는 외국 언론인을 매수하려 했다. 도쿄 정부 내의 비밀을 전해주는 외국인(프랑스, 독일, 미국, 영국, 일본), 또는 한성주재 일본군사령부 내의 비밀을 전해주는 사람들에게 거금을 약속하고 일본의 한국정책을 알아내려고 했다.

전쟁 중 고종이 심혈을 기울인 둘째 정략은 일본으로부터 압박받는 한국의 사정을 열강에 알리는 것이었다. 그는 한국이 처한 상황을 설명하고 열강의 개입을 호소하는 밀서를 작성하여 밀사를 통해서 열강에 전달하려고 노력했다.

전세가 일본에 유리하게 진행되고 있었음에도 고종은 여전히 러시아에 대한 기대가 컸던 것 같다. 1905년 3월 상해의 일본 정보망에 걸린 러시아 황제에게 보내는 고종의 밀서에는 다음과 같은 내용이 담겨있다.

러일전쟁이 시작한 지 1년이 지나는 동안 러시아군은 한국 국경에서 점차 멀어짐과 동시에 한국에 대한 일본의 압제는 날로 심해지고 있습니다. 병권에서 재정에 이르기까지 모든 권한을 장악했고, 관리의 임명과 해임까지도 제멋대로 행사하고 있습니다. 일본이 완전히 한국의 주권을 횡탈(橫奪)하고 국제법을 무시하며 폭거를 자행함에도 열강 중 단 한 사람의 사신도 돌아보지 않고 있습니다. 한국의 군주와 백성 모두가 침식을 잊고 근심과 괴로움에 빠져 있으나 어쩔 힘이 없습니다. 바라건대, 러시아의 은혜에 힘입어 일본의 폭압에서 벗어날 수 있는 책략과 수단을 러시아 황제께 간절히 호소합니다.("韓國皇帝의 密書에 관한件",『공사관기록』26)

일본은 이 밀서가 고종의 지시로 궁내에서 이용익이 작성했고, 상해의 러시아 공사 파블로프를 거쳐 러시아 황제에게 전하려고 한 것으로 판단했다.

고종은 러시아뿐만 아니라 미국과 프랑스의 지지를 얻기 위해서도 상당한 정성을 기울였다. 밀서 전달의 역할은 상해에 거점을 두고 있는 이학균과 현상건, 러시아 주재 공사 이범진과 러시아군에서 활동하는 김인수, 주프랑스 공사 민영찬, 프랑스어 교사 마르텔(Martel),

주미한국공사관 고문이며 컬럼비아대학 총장인 니담(C.W. Needam), <코리아 리뷰>의 호머 헐버트, 주한 미국공사를 지낸 호러스 알렌, 영국 언론인 어니스트 베델, 이승만 등이었다. 특히 고종은 미국의 지지를 얻어내기 위하여 루스벨트 대통령의 딸이 아시아 여행 중 한국을 방문했을 때는 그를 '국빈'으로 대우하고, 직접 만나 회식까지 하면서 관심을 보였다.

하지만 이러한 고종의 노력은 아무런 결실을 거두지 못했다. 대부분의 밀서는 고종 주변과 궁중 안팎에서 벌어지고 있는 일을 손바닥 보듯이 들여다보고 있는 일본 정보망에 걸려들었다. 거의 모든 밀서는 목적지에 도달되기 전에 중도에서 차단됐다.

그뿐만 아니라 국제사회는 이미 일본 편에 서 있었고, 미국과 영국을 위시한 강대국은 일본의 한국 지배권을 승인하고 있었다. 고종은 힘과 국익 우선으로 국제질서가 형성된다는 현실적 인식에서 멀리 떨어져 있었다. 하지만 고종의 끈질긴 밀서와 밀사 파견은 국제적 여론을 중요시하고 있던 당시의 일본으로서는 커다란 위협이 아닐 수 없었다.

고종의 세 번째 정략은 통치자금, 즉 비자금을 마련하는 일이었다. 대한제국 초기 고종은 황권을 강화하면서 황실재정을 늘리기 위하여 내장원을 확대 강화했다. 내장원은 역둔토 경영은 물론 홍삼전매사업, 광산관리, 그리고 탁지부에 속해있던 각종의 잡세 업무까지 장악하여 명실상부한 최고의 재정기관으로 자리 잡았다. 특히 1897년 이용익이 황실의 재정을 총괄하는 내장원경(內藏院卿)에 발탁되면서 내장원은 막대한 비자금을 축적할 수 있었다. 한때 정부의 재정을 관리하는 탁지부가 관리의 봉급을 주기 위하여 부족한 자금을 내장원에서 빌릴 정도로 내장원은 풍부한 자금을 보유하고 있었다.

고종의 개인 금고나 다름없던 내장원은 1904년 2월 이용익이 강제로 일본으로 압송되어 1년 가까이 그곳에서 감시받으며 체류하는 동안 서서히 약화됐다. 동시에 하야시와 메가타가 주도한 궁내부 관제 개정과 내장원 기능 축소 등은 고종이 통치자금을 조달하는 데 많은 어려움을 겪게 했다. 경운궁 화재 또한 고종의 통치자금 결핍을 재촉했다.

한국에서 벌어지고 있는 모든 배일의 근원은 고종이고, 또한 고종이 이처럼 막강한 힘을 발휘할 수 있는 것은 막대한 비자금이라는 것을 경험을 통해서 학습한 하야시는 고종의 통치자금줄 차단에 전력을 기울였다. 그는 비자금의 재원(財源)이라 할 수 있는 외국인과의 특허와 이권 계약을 통제하는 한편, 국내는 물론 홍콩과 상해 등 외국 은행에 가명으로 예치해둔 비자금을 찾아 압수하고, 내장원에서 직접 거둬들이든 세금을 중앙정부를 거치게 하는 등의 강력하고도 치밀한 조치를 취했다. 특히 메가타가 재무고문으로 부임한 후 황실의 재정 정리라는 이름으로 황실재정에 속했던 재정수입원을 대부분을 정부재정으로 세입 조치하고, 광산채굴권이나 특허권 계약을 철저히 억제하는 등 황실재정을 고갈시켰다.

일한동지조합(日韓同志組合)과 함께 추진한 거대한 이권 계약은 이러한 황실재정의 어려움을 타개하기 위한 고종의 시도였다.

## 일한동지조합과 이권 계약

황무지 개간사업과 다카키 문페이 차관이 실패했으나 통치자금 마련을 위한 고종의 노력은 1905년에도 계속됐다. 이 시기에는 김옥균 암살과도 밀접한 관계가 있는 이세직(李世稙 또는 李逸稙)이 중심인물로 등장했다. 고종은 1904년 말부터 1905년 2월 사이에 이세직에게 다섯 차례에 걸쳐 192만 원의 외채를 차입해서 황실의 수요에 공급하라는 임금의 도장이 찍힌[勅命之寶] '밀지'를 내렸다.

이세직은 또한 고종의 밀명을 받아 1월 17일과 29일 두 차례에 걸쳐 궁내부대신 이재극과 오시카와 마사요시(押川方義)를 포함한 일한동지조합 대표 4인 사이에 23건의 이권양여계약 체결을 주선했다. 일한동지조합에 넘겨주기로 한 이권에는 궁내부 소유의 전야개간과 수세(收稅)에서부터 설탕 판매권에 이르기까지 다양한 사업권과 특허권 등이 포함됐다. 계약서는 공동운영의 방법과 조건, 계약 기간, 이익배분, 황실에 상납할 금액 등을 세밀히 규정하고 있다. "수천만 원" 대에 이르는 막대한 금액이었다.("韓國皇帝密勅及契約",『공사관기록』25)

기독교인이면서 아시아주의자였던 오시카와는 당시 일본 종교계와 교육계에 상당한 영향력을 행사하는 인물이었다. 그는 일본문화의 아시아진출을 목적으로 오쿠마 시게노부와 함께 1894년 대(大)일본해외교육회를 창립했고, 그 연장 선상에서 1896년 한성에 경성학당(京城學堂)을 개설했다.

일한동지조합은 이권 계약을 위해 1905년 조직된 단체인 듯하고,

오시카와 외에 메이지여학교 교장 이와모토 요시하루(巖本善治), 그리고 오사카의 사업가 두 사람(松本武平, 毛利部寅壽)을 포함해 4인을 대표로 했다.

일본 정부 당국도 모르게 은밀히 추진되던 이 사업이 공개된 것은 하세가와 사령관이 3월 14일 하야시 공사와 고무라 외무대신에게 이세직을 체포하여 조사 중임을 통보하면서부터였다. 헌병대는 이세직을 고종이 러시아 황제에게 보낸 밀서 사건에 연관된 인물로 추정하고 체포했다. 수사결과 그가 밀서 사건과는 무관한 것이 확인됐으나, 고종이 깊이 관여한 의외의 중대한 사건을 캐낼 수 있는 많은 문서를 확보했다. 그 가운데 일한동지조합과의 이권 계약에 관한 비밀문건이 포함돼 있었다.

압수된 문건을 바탕으로 외무성의 고무라 주타로는 사태의 경위를 조사하고 어떻게 처리할 것인가를 깊이 있게 검토했다. 야마자 엔지로 정무국장 또한 실질적 계약업무를 담당한 모리베를 불러 그간의 자초지종을 청취했다. 일한동지조합 대표 4인은 직접 외무성을 여러 차례 방문하여 그들이 획득한 특허는 일본을 위해서 대단히 중요한 이익이라고 설명하면서 정부가 지지해 줄 것을 요청했다.

모리베는 하야시에게도 그동안 은밀히 진행된 계약 체결의 경위를 설명했다. 그는 사업이 성공하면 "한국 13도 중 대략 10분의 7은 일본의 손에 들어오게 될" 것으로 판단하고 일을 추진했고, 이토 히로부미, 오쿠마 시게노부, 가토 다카아키, 사이온지 긴모치에게도 설명하여 "대체로 찬성을 받았다"고 주장했다. 그리고 그는 일본에 별로 호의적이지 않은 고종으로부터 20여 건의 특수권익을 받아낼 수 있었던 것은 이세직의 능력이라고 그를 높이 평가했다. 모리베에 의하면 이세직은 "간웅(奸雄)의 자질이 능하며 오늘의 대세에 정통"한 사람으로서 "식견과 도량과 담력이 이용익을 훨씬 뛰어넘는 인물"이라고 평가했다.

고무라-야마자-하야시로 이어지는 외무성은 최종적으로 일한동지회조합과의 이권 계약을 반대했고 결국 무산시켰다. 반면 오시카와 등은 이토, 오쿠마, 가토, 사이온지 등을 동원하여 성사시키기 위하여 노력했다. 하야시 공사와 '특별한' 관계에 있는 가토 다카아키는 정부 방침에 어긋나지 않는 한 부디 편의를 주시기 바란다는 사신을 보내는가 하면, 오쿠마는 고종과 완전하게 이루어진 계약을 외무성이 파기할 때는 이를 의회에서 문제 삼겠다고 위협하기도 했다.

압력과 회유가 있었으나 외무성은 계약을 폐기시켰다. 외무성은 고종의 권한을 강화할 수 있는 통치자금 확보는 결코 허락할 수 없었다. 또한, 1904년의 한일협약은 한국이 외국과의 조약체결이나 특권 양여와 계약 등을 처리할 때는 일본 정부와 협의해야 한다는 원칙을 명시하고 있다(제3조). 한국정부도 일한동지조합도 모두 이 조항을 무시했다. 비록 일한동지조합이 외국인이 아닌 일본인이라 해도 예외일 수가 없었다.

고무라 외상의 결론에 의하면 일본 정부는 한국 경영에 관해서는 일찍부터 한국 보호국화라는 '일정한 방침'을 가지고 여건에 맞춰 실행하고 있으므로 이에 저촉되는 사항은 처음부터 허용할 수 없다는 것이었다. 고무라는 '일정한 방침'이 무너지면 한국 경영은 근저부터 파괴되어 유명무실로 돌아간다는 확실한 신념을 지니고 있었고 이 원칙을 고수했다. 따라서 정부 원로의 압력이 있어도 일한동지조합의 이권 계약을 허용할 수 없었다.

일한동지조합이 시도한 이권 계약이 무산되는 과정에서 확인할 수 있는 현상의 하나는 한국 황실의 약점을 알고 있는 일본 내의 사업가나 브로커들은 한국에서의 이권 쟁취를 위해서 서로 경쟁적으로 활동했고, 또 필요에 따라 권력과 유착하기도 했다.(Uchida, 2장) 하지만 '병탄'을 최종 목표로 삼고 있었던 가쓰라-고무라-하야시로 이어지는 정책결정자들은 기본 원칙에 충실했음을 알 수 있다.

사건이 공개되자 고종은 모든 밀칙과 계약은 이세직이 위조·조작한 것이라고 관보에 발표하고, 관련자들을 사법부에서 법에 따라 처벌할 것을 지시하고 끝냈다. 고종이 기대했던 거금의 통치자금 마련은 결국 황무지 개간이나 다카키 문페이 차관처럼 효과 없이 끝났다.

비자금 마련의 길이 차단된 고종의 통치자금도 바닥이 드러난 듯했다. 일한동지조합과의 계약이 무산된 1905년 7월에 하야시 공사의 보고에 의하면, "황실 재산으로는 구식 은화 약간과 기타 소액의 현금이 있어 궁핍한 사실을 숨길 수 없음. 경상 수입만으로는 정리하기 어려워 언제나 부족하여 폐하도 항상 불안한 생각을 떨치지 못하고" 있었다.("韓國皇室의財政整理를위한借款融通方法講究件", 『공사관기록』26)

## 일본의 정략

　　　　　고종이 개인 차원에서 비선을 통하여 시국을 돌파하기 위한 정략을 마련하는 동안 일본은 국가적 차원에서 모든 조직을 동원하여 전쟁을 승리로 마감하고 대한제국을 지배하기 위한 계획을 치밀하게 진행했다.

　1904년 6월 "대한방침"을 확정한 후 일본 정부는 그 후속 조치를 신속히 취했다. 8월 22일 한일의정서의 취지에 따라 일본은 한국의 시정개선을 지도한다는 한일협약을 체결했다. 한국의 재정과 외교를 장악할 수 있는 법적 근거가 마련됐다.

　1905년 여순 함락과 봉천 회전에서 승전보가 이어지면서 일본은 승리를 확신했고, "대한방침"을 구체적으로 실천할 시기가 왔다고 판단했다. 1905년 4월 8일 일본 정부는 한국의 대외관계를 장악하기 위해서 보호조약이 필요하다는 것을 명시한 "한국 보호권 확립의 건"을 각의에서 결정하고 이틀 후인 10일 천황의 결재를 받았다. 여기에는 4개 항으로 구성된 보호조약의 초안도 포함됐다. ① 한국의 대외관계는 전적으로 일본이 담당하고, 재외 한국 신민은 제국(일본)의 보호에 속한다. ② 한국은 직접 외국과 조약을 체결할 수 없다. ③ 한국과 열국과의 조약 실행은 일본이 그 책임을 맡는다. ④ 일본은 한국에 주차관을 두고, 한국의 시정 감독 및 일본 신민의 보호를 담당한다.

　그리고 이를 실행함에서는 "가능한 한 외국의 간섭을 부르지 않는 수단을 강구"하고, "적당한 시기에 단행"하는 것이 바람직하다고 명시했다. 러시아와의 전쟁에서 승리가 '적당한 시기'를 제공했다.

일본 정부는 포츠머스 조약이 체결된 직후인 10월 27일 "한국보호권확립실행에 관한 각의 결정"을 확정하고 같은 날 천황의 승인을 받았다. "지금이 한국에 대한 우리의 보호권 확립실행의 가장 좋은 시기(最好の時機)"라고 판단한 정부는 8항목의 구체적 실행 방법과 시기와 절차를 확정했다. ① 한국정부와 한국의 외교를 전적으로 일본이 담당한다는 조약체결. ② 조약 발표전 영국, 미국, 독일, 프랑스에 사전에 은밀히 통보하고, 조인과 함께 한국과 체결한 기존의 조약을 유지한다는 것을 선언. ③ 실행 시기는 11월 초순. ④ 조약체결의 전권은 하야시 공사에게 위임. ⑤ 특사를 파견하고 고종에게 천황의 친서 전달. ⑥ 하세가와 사령관에게 하야시가 필요로 하는 군사적 지원 명령. ⑦ 일본군대의 한성 집결. ⑧ 한국이 끝까지 동의하지 않으면 일방적으로 보호권 설정을 한국과 열강에 통고한다는 등이 포함됐다.

그리고 "한국 보호권 확립의 건"에서 명시한 조약문 초안을 다시 수정 보완하여 최종적으로 확정했다. 4개항의 초안은, ① 일본은 한국의 대외관계 및 사무를 전적으로 감독지휘한다. ② 한국정부는 지금부터 반드시 일본 정부를 통해서만 국제적 관계 유지한다. ③ 일본은 한성에 한 명의 통감(레지던트 제너럴)과 필요하다고 인정하는 곳에 이사관(레지던트) 배치한다. ④ 이 조약에 저촉되지 않는 모든 조약은 유효하다.

다음날인 28일 고무라 외상은 하야시 공사에게 각의 결정 사항과 함께 별도의 "훈령"과 "협약문 초안"을 보냈다. 5항의 훈령은 ① 별지와 같은 조약을 한국정부와 체결하고 한국의 외교관계를 전부 우리 수중에 넣을 것. ② 조약체결의 권한은 귀관에게 위임함. ③ 칙사를 파견하여 한국 황제에게 천황의 친서를 보내는데 귀관은 칙사 도착 후 실행을 착수할 것. ④ 하세가와 사령관에게도 별도의 훈령이 있으니 협의하여 필요한 조치를 취할 것. ⑤ 한국정부로부터 도저히 동의를 받을 가망이 없을 때는 사정을 갖추어 훈령을 청할 것을 포함했다. 그리고 별도의 "협약문 초안"에는 각의 결정에 포함되지 않은 "한국이 부강의 실(實)을 인정하는 시일에 이르기까지"라는 조건과, "황실의 안녕과 존엄을 유지할 것을 보증함"이 추가돼 있었다.

이로써 일본은 러시아와 전쟁을 시작하면서 본격적으로 추진해 온 대한제국 보호국화을 위한 모든 준비를 끝냈다. 실행만 남았고, 다시 이토 히로부미가 그 역할을 맡았다. 고종과 직접 담판할 대사로 이토 히로부미가 적격이라는 데 이론이 없었다. 메이지 천황은 11월 2일 이토를 불러 특명전권대사로 임명했다.

## 이토의 방한과 을사조약

11월 5일 아침 오이소(大磯)에 자리 잡은 이토의 저택 소로가쿠(滄浪閣)에는 원로 야마가타 아리토모를 위시해서 기요우라 게이고(淸浦奎吾) 내무대신, 오우라 가네다케(大浦兼武) 체신대신, 이토가 창당한 입헌정우회의 실력자 하라 다카시(原敬), 주일한국공사 등 여러 사람이 모였다. 이토의 한국방문을 배웅하기 위해서였다. 전송을 위해 고우즈역(國府津驛)까지 자동차에 동승했던 하라는 "조선을 보호국으로 만드는 일은 겉으로는 주한공사가 다루고 있지만, 이면에서는 후작이 이를 주관하고 있다."고 했다.(『原敬日記』 2, p.154) <도쿄아사히신문>의 보도에 의히면 이토는 "중대한 특별 임무"를 지니고 있었다.

12명의 공식 수행원을 대동한 이토는 청일전쟁을 마무리 짓는 시모노세키조약의 현장이었던 슌판로(春帆縷)에 이틀 머무르고 부산을 거처 9일 아침 한성에 도착해 손탁 여관에 짐을 풀었다. 다음날인 10일 12시 반 이토는 수행원 전원과 하세가와 대장, 하야시 공사를 대동하고 입궐하여 수옥헌(漱玉軒)에서 고종을 알현했다. 천황의 친서를 전달하면서 의례적인 인사를 나누었다.

**이토**: 지난해 3월 18일 히로부미가 대궐을 예방하여 폐하를 알현할 수 있는 영광을 입은 지 1년 만에 또다시 우리 천황 폐하의 대명(大命)을 받들고 가까운 거리에서 폐하의 빛나는 용안을 뵙게 되니 참으로 기쁘고 행복합니다. 삼가 (천황의) 친서를 올립니다.

**고종**: (친서의 여기저기를 친히 살펴본 후) 이제 평화 극복의 길보를 접하니 기쁜 마음 금할 수 없소. 먼저 우리가 대사를 특파하여 귀국 황제 폐하께 짐의 경축 성의를 표하려던 차에 경이 먼저 특파대사로서 오게 됐소. 이는 오로지 귀국 황제 폐하께서 우리나라를 생각하고 염려하심이 깊기 때문이오. 짐 그 성의에 깊이 감

사하는 바이오.

이토는 메이지 천황은 한일 두 나라의 특수한 관계를 공고히 하고 동양평화의 길을 다지는 과업을 가장 중요시하고 있다는 점을 강조했다. 자신의 사명은 천황의 대명을 완수하는 것이고, 자신이 이 사명을 담당하게 된 것은 "오로지 한국황실을 염려하는 데 충실한 사람"이기 때문이라고 밝혔다. 그리고 가까운 시간('수삼 일') 안에 내알현의 기회를 얻고 천황의 대명과 깊은 뜻을 전하고 싶다고 했다. 이에 고종은 천황의 친서를 번역해서 충분히 살펴보고 다시 만날 기회를 만들겠다고 답했다.

이토가 들고 온 천황의 대명을 논의하기 위한 고종과의 독대는 그로부터 5일 후인 15일 이루어졌다. 오후 3시 양측 통역만 배석시킨 두 사람의 독대는 7시까지 계속됐다. 먼저 고종이 입을 열었다.

"짐은 경이 이번에 다시 사명을 띠고 오게 된 것을 진정으로 환영하오. 그래서 짐이 신료는 물론 종족(宗族)에게도 입 밖에 내지 않았던 일이지만 경에게 기탄없이 털어놓고 이야기하고 싶소. 양해를 바라오."

이토가 답했다. "폐하께서 기탄없이 말씀하신다니 깊이 감사드립니다. 외신(外臣)도 성심과 충성을 다하여 폐하의 뜻을 받들어 답하도록 하겠습니다."

고종은 1895년의 민비시해 사건을 화두로 꺼냈다.

"지난 청일전쟁 당시 이노우에(井上馨) 백작이 공사로서 우리나라에 주재할 때 짐은 그의 지도에 기대하는 바 컸소. 그런데 그가 임무를 끝내고 떠난 지 열흘도 지나지 않아 우리나라로서는 실로 뭐라 말할 수 없는 몹시 슬프고 괴로운 불행한 일이 일어났소. 이는 또한 긴밀한 한일관계에도 커다란 장애를 주는 불행한 사건이오. 생각건대, 만약 이노우에 백작이 여전히 이 땅에 주재하였다면 이와 같은 흉변(兇變: 민비시해) 없이 양국의 돈독한 관계가 이어졌을 것으로 생각하오."

그러면서 고종은 흉행(兇行)의 장본인이 조선인이었음을 인정하지만, 그들은 '오로지' 일본 세력을 믿고 행동했음을 상기시켜 넌지시 일본에 책임이 있음을 지적한 것이다. 그러나 고종은 "이는 이미 지난 일"이라고 하면서 대화의 주제를 그동안 일본이 주도한 시정개선으로 돌렸다. 고종이 민비시해를 화두로 삼은 것은 일본의 시정개선을 비판하고, 이토가 가져온 '대명'에 대응하기 위함이었다.

고종은 1904년 2월과 8월의 한일의정서와 한일협약 이후 시정개선이라는 이름으로 취한 일련의 조치가 개선이 아니라 오히려 한국인을 고통 속으로 몰아넣고 있다고 지적했다. '개량'이라는 이름으로 그동안 진행한 재정 정리는 결국 일본의 제일(第一) 은행이 한국 중앙은행의 사무를 장악하고 국민을 "도탄의 어려운 현실"로 몰아넣고,

"인체의 혈맥과 같은" 통신기관 또한 일본인이 접수했고, 국방에 필요한 군대를 "지나치게 많이 감축"해서 지방에서 일어나는 도적 떼도 진압할 수 없는 상태로 축소됐다. 그뿐만 아니라 일본군대는 철도와 전신 보호라는 명목으로 군령을 발포하고, 실수로 이를 어기는 민간인들을 총살하기 때문에 처음에는 일본을 환영했던 사람까지 원망의 소리가 높이고 있다고 설명하면서 다음과 같이 말을 끝냈다.

"최근에 이르러서는 외교 관계를 일본이 인수한다는 소문이 전해지면서 인심은 한층 더 흉흉해지고 일본의 진의를 의심하고 두려워하는 상황에 이르렀소. 이러한 실상은 모두 일본의 태도를 의심하게 하고 일본에 대한 악감정을 일으키게 하고 있소. 바로 이럴 때 내한한 경에게 짐이 숨김없이 우리의 사정을 호소하여 번거롭게 만들었지만, 아마도 처지를 바꾸어 경이 현재 우리나라가 처한 위치에 있다고 해도 생각이 거의 비슷하지 않을까 하오."

고종의 지적은 지극히 타당했고 또한 사실이었다. 하지만 이토의 대답은 전혀 달랐고 무례하기까지 했다. 고종이 가슴에 담고 있었던 흉변에 대해서는 물론이고 지적한 시정개선의 문제점에 대해서도 한마디의 설명도 없이 고종을 윽박질렀다.

**이토**: 폐하의 여러 가지 불만스러운 말씀의 취지는 잘 알겠으나, 제

가 하나만 묻겠습니다. 한국은 어떻게 해서 오늘까지 생존할 수 있었습니까? 또 지금의 한국 독립은 누구 덕택입니까? 폐하는 이러한 사정을 아시면서도 그런 불만을 말씀하시는 것입니까?

고종: 그 점에 관해서는 짐도 잘 알고 있소. 1885년의 천진조약과 1895년의 시모노세키조약을 통해서 우리나라가 독립을 확보할 수 있었던 것은 전적으로 일본의 힘이었고, 특히 경이 많이 애쓴 결과임을 고맙게 생각하고 있소.

고종의 설명이 구차해졌다. 1896년의 아관파천이 이루어진 '경위'를 설명하는 대목에 이르러서는, 자신이 러시아 공관으로 가는 것은 "마치 호랑이 입을 들어가는 것과 같은 느낌"이었지만, 대원군의 압박과 친일파의 위협 등이 겹친 상황 속에서 신하들의 권유를 물리칠 수 없어 임시적 편의에 따른 조치였다고 설명했다.

이토는 길어지는 고종의 지난날 설명을 "지엽적"인 것이라고 말을 끊고, 대화의 주제를 방한 목적의 핵심으로 돌렸다. 그는 임오군란 이후 이어진 동양분란(東洋紛亂)의 원인이 한국이었고, 일본은 한국의 독립을 보장하기 위하여 많은 인명과 재산을 소진하면서 두 차례 전쟁을 치르게 됐음을 강조했다. 러일전쟁에서 일본이 승리함으로써 동양평화가 회복되었으나, 그 화근인 한반도 문제는 여전히 남아있고, 이를 완전히 해결하려는 것이 천황의 '깊은 뜻'이고, 자신이 들고 온 '대명'은 한국의 외교권 인수에 있음을 확실히 했다.

"천황의 지시에 따라 정부가 확정한 방안은 귀국의 대외관계, 소위 외교를 귀국 정부로부터 위임받아 일본 정부가 이를 대신하는 것입니다. 내정, 즉 자치의 요건은 여전히 폐하 친정 아래서 폐하의 정부가 주관하기 때문에 종전과 조금도 다른 바 없습니다."

그러면서 이러한 결정에 도달하게 된 중요한 이유는, 첫째, 동양 화란(禍亂)의 뿌리를 끊고, 둘째, 한국 황실의 안녕과 존엄을 튼튼히 유지하고, 셋째, 국민의 행복을 증진하려는 "선의의 큰 뜻에 기초"한 것임을 강조했다. 그리고 "폐하께서는 세계의 추세를 살피고 국가와 인민의 이해(利害)를 생각하여 즉시 이에 동의할 것"을 촉구했다.

고종: 경이 지니고 온 사명의 취지를 잘 알겠소. 또한, 귀국 황제 폐하가 우리나라에 대하여 한결같이 마음 쓰며 걱정하는 생각에 깊이 감사하고 있소. 그래서 대외관계 위임에 관한 문제를 절대로 거부할 뜻은 없소. 원하는 바는 다만 그 형식을 남겨두고 내용에서는 어떠한 협정이라도 결단코 이의가 없소.

이토: 형식이란 어떤 의미입니까?

고종: 사신 왕래와 같은 것이오.

실제로는 일본이 한국의 외교 주권을 전적으로 행사하지만, 다른 나라에 외교사절단을 파견하거나 타국의 외교관을 받아들이는 것과 같은 권한을 한국에 남겨 형식상 독립국 형태를 유지하겠다는 것이었다. 내용은 어찌 되었든 외형상 독립국의 형태를 희망했다.

이토의 거부 답변은 단호했다. "무릇 외교에는 형식과 내용을 구별할 수 없습니다. 한국이 외교에서 여전히 현상을 유지하려 든다면 영토에 관한 국제관계 등 여러 가지 복잡한 분쟁의 단서를 만들어 다시 동양 화란의 원인을 제공하게 될 것입니다. 이는 극히 위험하고 우리나라가 참을 수 없는 바입니다."

이러한 상황에서 일본은 지난날의 역사를 되돌아보고 오늘의 국제사정을 검토한 결과 한국의 외교를 "대신 처변(處變)"할 필요가 있다고 결정했고, 이 결정은 "확고하고 전혀 변경할 수 없는" 최종안임을 통고했다. 그리고 휴대한 협정 초안의 사본을 고종에게 전했다.

조약문을 읽어 본 고종은 형식조차 남지 않는다면 한국은 "결국 오스트리아와 헝가리의 관계"와 같고, 또는 가장 열등한 나라, "예를 들면 열강이 아프리카를 대하는 것과 같은 지위"에 이르게 되는 것이 아니냐고 반문했다.

이토가 답했다. "히로부미는 폐하의 특별한 대우를 욕되게 하려고 하는 것이 아닙니다. 귀국의 황실과 국가를 위해서 이런 제안을 하는 것이지, 폐하를 기만하여 오직 일본만의 이익을 추구하려는 것이 아닙니다."

그러면서 조약을 체결하더라도 한일 두 나라에는 각각의 군주가 있고 독립을 유지하고 있다는 점, 헝가리에는 황제가 존재하지 않고 오스트리아가 병합했다는 사실, 그리고 아프리카에는 독립국이 하나도 없다는 것을 설명하면서 이를 한일관계에 비교하는 것은 "지나친 망상"이라고 했다. 이토는 조약을 체결한다고 해서 국체(國體)에는 어떠한 변화도 없다는 것을 다시 강조했다.

"한일관계는 앞에서 말씀드린 바와 같이 다만 동양화란의 뿌리를 제거한다는 취지에서 일본 정부는 한국의 위임을 받아 외교를 담임하는 데 있습니다. 그 외의 모든 국정은 물론 한국 정부가 자치적으로 이끌어가기 때문에 국체(國體)에 어떠한 변화도 있을 수 없습니다. 이점을 깊이 이해하는 것이 중요합니다."

고종은 이토의 개인적 호의에 호소했다. 고종은 그동안 자신의 신료들보다 더 이토에게 의존해 왔다는 점을 상기시키면서, 외교권의 형식이 존속할 수 있도록 도와 달라고 재차 당부했다.

"외교권 위임의 내용 관계는 어떠한 식으로 규정될지라도 거절하지 않을 것이오. 다만 그 형식을 어느 정도 갖추는 데 관해서는 경의 알선과 진력을 기대하오. 경이 짐을 도와 짐의 절실한 희망을 귀 황실과 정부에 전한다면 다소 변통이 있지 않겠소?"

하지만 이토의 답변은 차가웠고 위협적이었다. "이 안은 제국 정부가 모든 점을 고려하여 결단한 최종적인 것으로서 더는 변경할 여지가 전혀 없는 확정안입니다. 오늘 중요한 것은 다만 폐하의 결심만 남았습니다. 이를 수락하든 거부하든 폐하의 자유이지만, 거부한다 해도 제국 정부는 이미 결심이 섰습니다. 다만 거부하면 귀국의 지위는 조약을 체결하는 것보다 훨씬 더 어려운 상황에 부닥치게 될 것이고, 한층 더 불리한 결과를 각오해야만 할 것입니다."

사태의 심각성과 이토와의 대화로 해결될 문제가 아니라는 것을 간파한 고종은 "이는 중대한 일이니 지금 짐 혼자 결정할 수 없소. 정부 신료와 논의하고 또 일반 인민의 의향도 살필 필요가 있소"라고 확답을 미루었다. 그러자 이토는 조약체결의 전권이 고종에게 있음을 다음과 같이 상기시켰다.

"폐하께서 정부 대신들의 자문받는 것은 지극히 당연하고, 외신 역시 오늘 폐하의 결재를 요구하는 뜻은 아닙니다. 하지만 일반 인민의 의향을 살핀다는 분부는 이상하기 이를 데 없습니다. 왜냐하면, 귀국은 헌법정치가 아닌 모든 것을 폐하가 친히 결정하는 군주전제국이 아닙니까? 인민의 의향 운운하지만, 이는 인민을 선동하여 일본의 제안에 반항하려는 것으로 여겨집니다. 이는 결코 쉽지않을 뿐만 아니라, 그 책임이 폐하에게 돌아가지 않을까 염려됩니다."

그러면서 그는 "최근 유생을 선동하여 상소를 올리고 비밀리에 반대 운동의 움직임을 이미 일본군이 탐지"하고 있다고 했다. 그러자 고종은 "아니다. 결코, 그런 뜻이 아니다"라고 답하면서 민의를 듣겠다는 뜻이 아니란 것을 거듭 강조했다. 다만 정부 신료의 자문과 함께 중추원(中樞院)의 의견을 참작하겠다는 의미라고 설명했다.

이토는 한 걸음 더 나가 고종이 내각에 일본 정부의 제안에 동의하는 것이 시국의 대세라는 뜻을 전하여 속히 조약이 확정될 수 있도록 앞장설 것을 요구했다. 고종과 정부가 결정을 서로 미루는 일이 있어서는 안 되고, 결정이 늦어질수록 더 불리해진다는 점을 다시 경고했다. 4시간 넘게 이어진 두 사람의 독대는 다음과 같이 끝났다.

**고종**: 하야시 공사가 외부대신에게 (조약 초안을) 제출하면 외부대신은 공사와 교섭하여 그 결과를 정부에 제의하고, 정부는 의견을 결정한 뒤에 짐에게 재가를 구하게 될 것이오."

**이토**: 결정이 지연되는 것은 사정이 허락하지 않습니다. 폐하께서는 오늘 밤 즉시 외부대신을 불러 하야시 공사의 제안을 기초로 협의하여 속히 조인이 이루어져야 한다는 뜻의 칙명을 내리시기를 바랍니다.

**고종**: 어쨌든 외부대신에게 교섭과 타협에 힘쓰라는 뜻을 전하겠소.

**이토**: 거듭 말씀드렸듯이 본안의 결정은 결코 지연될 수 없습니다. 신속한 결정이 필요합니다. 담당 외부대신은 물론 정부 대신에게도 그 뜻과 방향을 알려 신속한 타협이 이루어질 수 있도

록 칙명을 내리시기 바랍니다. 내일 하야시 공사가 외부당국
으로부터 아직 폐하의 지시를 받지 못했다는 사태가 일어나지
않도록 확실히 약속해주시기 바랍니다.

**고종**: 속히 그리 조치하겠소.

**이토**: 그렇다면 히로부미는 물러가 결과를 기다리겠습니다. 그 결과
에 따라 다시 입궐하겠습니다.

**고종**: 짐은 경을 깊이 신뢰하오. 짐의 희망을 경이 귀 황실과 정부에
전달해준다면 이보다 더 좋은 일이 없겠소."

이토는 물러나면서 고종에게 그 희망은 전혀 이루어질 가능성이
없으니 단념하는 것이 좋겠다는 뜻을 다시 밝혔다. 때는 오후 7시가
지났다.

다음날인 16일 하야시 공사는 박제순 외부대신에게 공문(公文)으로
일본이 제시하는 조약문을 발송했다. 공문에는 동양분란의 화인(禍
囚)을 제거하고 한일 두 나라의 이해공통 주의를 한층 공고히 하기 위
하여 "귀국의 대외교섭 일체를 일본 정부에서 담임하기로 했으므로
속히 귀 정부의 동의를 바란다."라는 내용과 정부에서 최종적으로 확
정한 4개 항의 조약안이 포함됐다. 그리고 공관에서 협의에 들어갔
다.

다른 한편 이토와 하세가와는 대신들을 손탁호텔로 불러 전날 고
종에게 요구했던 것과 같이 조약체결의 필요성을 장시간 설명했다.
이토는 이 자리에서 보호국화의 필요성을 더욱 단호하게 설명했다.

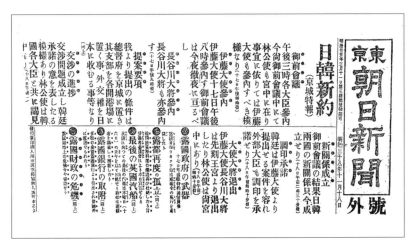

을사조약을 알리는 〈도쿄아사히신문〉의 호외

이토에 따르면 한국은 청일전쟁 후 10년 동안 국가생존에 필요한 하등의 시설도 구축하지 않지 않았고, 독립에 필요한 실력을 전혀 갖추지 못한 "허명의 독립국"이었다. 그리고 일본이 요구하고 있는 것은 한국의 보호국화이지 동맹이 아니라는 것도 명확히 했다.

"여러분 가운데는 동맹을 생각하고 있는 사람도 있는 것 같은데, 무릇 동맹이라는 것은 서로의 실력이 엇비슷할 때 비로소 가능한 것입니다. 실력을 제대로 갖추지 못한 나라와의 동맹은 마치 절름발이와 함께 가는 것과 같이 불리한 것입니다. 건강한 사람 혼자서 하루에 오 리 또는 십 리를 갈 수 있음에도 불구하고 절름발이와 함께할 때는 자유롭게 걸을 수 없습니다."(“伊藤大使韓國各大臣及ビ元老大臣ト談話”, 『자료집성』, 6-1, p.33)

한국은 '절름발이'와 같은 나라이고, 따라서 일본의 동맹국이 아니라 보호국일 수밖에 없다는 것이었다.

일본은 16일과 17일 이틀 동안 이토, 하세가와, 하야시 등 세 사람은 협약 조인을, 하야시의 표현을 빌리면, "단숨에 몰아쳐 끝내기(一氣呵成)" 위하여 한국의 대신들을 회유, 강압, 협박하는 등의 모든 수단을 동원했다. 그 결과 18일 새벽 1시에 하야시 곤스케가 "일한병합조약의 전주곡"이라고 한 을사조약 체결이 완료됐다.

체결된 조약은 이토가 들고 온 초안에 "일본 정부는 한국 황실의 안녕과 존엄을 유지함을 보증한다."라는 조항(제5조)과 전문에 "대한제국이 부강했음을 인정할 때까지"라는 문구가 추가됐다. 고무라가 하야시에게 보낸 별도 '훈령'의 내용이 추가된 것이다.

임무를 완수한 이토는 29일까지 한성에 머무르면서 주도면밀하게 후속 조치를 취했다. 조약이 체결된 다음 날인 19일 그는 가쓰라 총리에게 전문을 보내, "조약체결을 각국에 선언하고, 한국에 조치를 시행함으로 내외가 다 함께 우리의 결정이 확고부동함을 주지" 시킬 필요성을 강조하면서 "신속히" 각의에서 처리할 것을 당부했다. 20일에는 조약 제3조에 따라 "총독부를 경성에, 이사청을 경성, 인천, 부산, 목포, 진남포, 마산, 원산, 평양, 성진 각지에 설치"한다는 칙령 발포의 필요성을 총리에게 전했다. '법률상' 한국지배를 확실히 하자는 것이다.

그는 여론의 향방을 주시하면서 미국, 프랑스, 영국 등 외국 공관장을 만나 그동안의 상황을 설명하고 협조를 구하는 외교적 노력도 잊지 않았고, 한국정부가 당면한 쪼들리는 금융문제 해결 방안과 같은 정책 문제를 대신들과 협의해 나갔다. 또한, 조약체결과 관련된 한국인 관리와 일본인을 초청하여 만찬을 베푸는가 하면, 군사령부안으로 내외의 사람들을 초대하여 원유회를 열어 반대 여론 분위기를 사전에 차단하려고 했다.

국제적 여론에 민감한 이토는 한성에 주재하는 내외국인과 기자회견을 하고 조약의 필요성과 당위성을 설명하고, 병탄 가능성을 강력히 부인했다. 그리고 한국의 황제와 황실과 정부가 전적으로 한국인 손에 있다고 한국의 독립성을 강조했다.


## 귀국 인사

이토는 28일 귀국 인사차 고종을 다시 독대했다. 조약체결을 완수한 지 열흘 만이었다. 이토가 먼저 입을 열었다. "먼저 황제 폐하의 병환을 위로하고, 또한 시국에 관하여 폐하의 마음이 몹시 괴로울 것으로 생각되어 앞으로 취할 방법 등을 말씀드리고자 내알현을 청했습니다."

이토는 조약체결 후 수원 팔달산에서 사냥하고 귀가하던 길에 누군가가 던진 돌이 열차의 창문을 맞으면서 얼굴에 가벼운 찰과상을 입은 사건이 있었다. 고종은 이를 위로했다. "대사가 기차에서 폭한 때문에 얼굴에 상처를 입었다는 말을 듣고 걱정이 적지 않아 즉시 궁내대신을 파견하여 위문하였는데 그 상처가 다행스럽게도 가볍다고 해서 약간 안심하였소."

서로의 인사가 있고 난 뒤, 고종은 한국은 바야흐로 유신을 도모해야만 할 시기에 이르렀다는 것, 명실상부한 시정개선을 힘써 행하지 않을 수 없다는 것, 한국 중흥의 대업인 모든 개혁의 성사는 이토의 지도와 가르침에 달렸다는 것을 강조했다.

그리고 고종은 이토가 중대한 사명을 띠고 와서 좋은 결과를 거두었으니 당분간 한국에 머무르면서 자신과 정부를 도와 개혁의 선후책을 이끌어 달라고 당부했다. 그러면서 다음과 같은 5항목의 개혁 주제를 제시했다.

1. 금융을 원만히 정비하여 경제계의 핍박 구제
2. 교육방침을 정하고 황족과 국민의 지식 계발
3. 징병제 군대를 시행하고 철저한 훈련을 통한 국방 완비
4. 궁중(宮中)과 부중(府中)의 구별과 책임의 소재를 확실히 함
5. 궁중의 재정을 정리하고 황실 재산 증대

고종은 다음과 같이 말을 끝냈다. "이 일들은 오로지 경의 재량과 지도로써 그 효과를 거둘 수 있소. 경은 노고를 마다하지 말고 일찍이 일본에서 실행한 경험을 살려 짐의 조정에 큰 힘이 돼주시오. 짐이 신뢰하는 것은 오직 경의 두 어깨에 있소. 짐은 이미 뜻을 굳혔소. 만일 경이 듣지 않는다면 짐은 이미 어제 귀국의 황제 폐하께 친전(親電)을 보냈지만, 다시 간청하겠소."

이토가 답했다. "지금 폐하께서 지적하신 사안들은 어느 하나 시정

개선을 위해서 중요하지 않은 것이 없습니다. 그러나 이를 실행하는 데는 각각 그 방법과 방침이 다를 수밖에 없고, 또 그 순서의 완급도 잘 검토해야만 할 것입니다. 그리고 일의 성격과 사정 여하에 따라 성과를 오래 기다려야 하고, 일조일석에 효과를 얻기 곤란한 것이 있습니다. 가령 교육이나 식산공업과 같은 것이 그렇습니다."

이토는 일단 사명을 완수했기 때문에 하루라도 빨리 귀국하여 천황께 보고해야 할 의무가 있고, 또한 조약체결의 후속 조치를 처리하기 위해서 더 오래 머무를 수 없다고 사정을 설명하면서 소폭의 내각 교체를 제안했다. 이토는 내각은 급격한 변화보다 현상대로 유지하지만 다만 박제순을 내각의 수상으로, 그리고 윤치호를 외부대신 서리로 임명할 것을 제안하면서 두 사람의 대화는 다음과 같이 끝났다.


**이토**: 경제계의 어려움을 구제하는 일은 시급한 문제로서 내버려 두기 어렵습니다. 그래서 어제 탁지대신과 메가타 고문을 불러 의견을 들었는데 탁지대신의 견해에 타당한 점이 많아 고문과 잘 협의하여 일단 구제 수단을 취하기로 대략 결말을 냈습니다. 폐하께서 탁지대신으로부터 보고 받았을 것으로 믿습니다.

**고종**: 아직 보고 받은 바 없지만, 이번 일도 경이 여기에 있으니 그처럼 신속히 결정된 것으로 생각하오. 그리고 실제 언제 출발 예정이오?

**이토**: 내일 아침 일찍 출발 예정이어서 오늘은 이만 하직 인사를 겸

하여 입궐하였습니다.

고종: 그것은 너무 급하지 않소? 하다못해 수삼일이라도 귀국을 연기하고 뒷일을 어떻게 처리할지 대신에게 자세히 설명하고 지시해 주기 바라오. 짐이 이처럼 경에게 연연하는 것은 결코 짐의 사사로운 정 때문만이 아니오. 국가를 위하여 경의 재량에 기대하는 바가 있기 때문이오. 지금 경의 수염이 반백(半白)인데, 이는 오직 국사에 몸과 마음을 다해 애쓴 결과일 거요. 바라건대, 일본의 정치는 이제 후진 정치가에게 맡기고 지금 남은 검은 수염의 힘으로 짐을 보필한다면 그 수염이 희어질 때면 우리나라에 위대한 공헌을 하고 성공을 기대할 수 있을 것이오.

이토는 고종의 간절한 요구를 거절할 수 없어 출발을 반나절 연기하고, 29일 아침부터 대신들을 면담하고, 오후에 귀국길에 올랐다.

고종은 이토가 출국하기 직전 궁내 대신 이재극을 이토에게 보내 한편으로는 황실경비 자율권 요구와 다른 한편 궁내부 개혁을 약속하는 각서를 제시하고 이에 대한 확약을 받으려 했다. 고종이 제시한 각서에는 ① 황실비의 예산은 경상비와 임시비를 합쳐 1년 예산을 확정하고 이를 궁내부가 독립적으로 관리하고 ② 황실 소속의 광산·홍삼·역전둔토(驛田屯土), 각 궁능원(宮陵園) 소속의 전토 등은 모두 황실이 소유하여 관리하고 ③ 황실의 재정과 소유재산은 정부재정 고문의 간섭 없이 황실 스스로 처리하고 ④ 일반 재정 정리의 진보와 모순되지 않게 황실에서도 힘써 모든 폐해를 교정 정리하고 ⑤ 궁금숙청 등 기타 제도의 폐단을 교정하여 문명국의 모범을 따라 궁내부 개혁을 실행한 다는 5개 항이 포함됐다.("韓國皇帝御希望趣意書", 『자료집성』 6-1, pp.84-85)

## '역적'의 상소

조약체결 사실이 알려지자 한국 사회는 들끓었다. 학생들은 학업을 정지하고 통곡하며 귀가했고, 상가는 철시했고, 곳곳에서 일본 헌병과 충돌하는 사태가 벌어졌다. 이완용의 집은 불에 탔고, 군부대신 이택근은 잠자다 자객에게 찔려 중상을 입었다. 한일의정서 체결 후 국지적이었던 반일 정서가 전국적으로 확산하면서 민족적 저항이 시작했다.

19일부터는 상소(上疏)가 이어졌다. 고종을 비판하는 상소도 있었으나 대부분은 "역적을 주벌(誅伐)하고 조약을 회수하소서", "역적의 죄를 다스리고 거짓 조약을 회수해 폐기하소서" 등과 같이 조약체결에 관여한 대신과 국사를 그르치고 관직을 더럽힌 중신들을 처벌하고 조약을 파기하라는 내용이었다.

자결하는 사람들이 나왔다. 참정을 지내고 시종 무관장이었던 민영환, 정계 원로 조병세, 주영공사 이한응, 학부주사 이상철, 참정을 역임한 홍만식이 잇따라 자결했다.

확인되지 않은 내용이 언론에 보도되면서 조약체결의 실상은 혼미했고 유언비어가 난무했다. <대한매일신보>는 "황제는 끝까지 반대했는데 5적이 일본에 굴복해서 멋대로 보호조약을 체결했다"고 전했다. <황성신문>은 고종은 "(조약을) 인정하고 허락하는 것은 망국과 같으니 짐은 차라리 죽을지언정 결코 인허할 수 없다"고 강하게 거부했다고 보도했다. 박은식의 『한국통사』는 이토가 조약체결을 요구할 때, "고종은 정색하며, '짐이 차라리 죽어 순구하면 했지, 결코 승인할 수는 없다'고 하셨다. 이토가 재삼 위협을 가했으나, 마침내 허락을 얻지 못하고 물러났다"고 기록하고 있다. 하지만 이러한 보도와 기록의 신뢰성은 담보할 수 없다.

15일 이토가 고종을 독대하고 물러난 이틀 후인 17일 자정에 500년 동안 이어온 조선이 일본의 보호국으로 전락하면서 주권이 일본으로 넘어갔다. 그것도 전쟁이 아니라 협상을 통해서 대한제국이 주권을 일본에 넘겨주는 희귀한 사태가 벌어진 것이다. 도대체 16일, 17일 이틀 사이에 무슨 일이 벌어졌고, 조약체결을 위하여 일본이 어떻게 행동했고, 대한제국의 황제와 중신들은 어떻게 대응했는지 알아보기 위하여 양일에 벌어졌던 일을 추적해 보자.

이틀 사이에 있었던 일의 비교적 상세한 내용은 세 기록에 남아 있다. 하나는 을사오적으로 알려진 이완용, 박제순, 권중현, 이지용, 이근택 등이 연명으로 12월 16일 고종에게 올린 "5 대신 사직 상소"이고, 다른 하나는 이토가 귀국해서 12월 8일 메이지 천황에게 올린 "복명서"이고, 또 다른 하나는 하야시 공사의 조인 당일 가쓰라 수상에게 보낸 간단한 전문(電文) 보고서다.

『조선왕조실록』에 수록된 "5 대신 사직 상소"에는 16일과 17일 어전회의와 조약체결 당일의 내용이 상세히 기록돼 있다. 이토의 "복명서"에는 15일 고종과의 내알현, 16일 대신들과의 대화, 17일 협상 마지막 단계의 기록이 포함돼 있다. 그리고 하야시의 전문보고는 17일의 사항을 종합적으로 기록한 것이다.

이완용이 쓴 것으로 추정되는 을사오적의 연명 사직 상소는 이토의 고종 독대 이틀 후, 즉 16일과 17일 사이에 있었던 일과 어전회의의 내용을 상세히 전하고 있다. 상소는 조약체결에 임한 자신들의 정당성을 주장하고 자신들을 역적이라고 부르는 논리의 부당성을 지적하는 것으로 시작하고 있다.

상소에 의하면, 비록 조약이 이루어지기는 했으나 "독립이라는 칭호가 바뀌지 않았고 제국(帝國)이라는 명칭도 그대로이며 종묘사직은 안전하고 황실도 존엄하고, 다만 외교 하나만 잠시 이웃 나라(隣邦)에 맡겼다가 우리나라의 세력이 부강해지면 되돌려 받기로 한 것인데" 무엇이 잘못됐냐는 것이었다. 더욱이 그 원인을 따져 본다면 이미 체결된 한일의정서와 한일협약에서 시작하는 것으로서 새 조약은 다만 그 결과일 뿐인데 왜 지금 와서 이치에 맞지 않은 소동을 벌이느냐고 항의하고 있다. 상소의 표현을 그대로 인용하면, "가령 저들(조약 반대론자)처럼 충성스럽고 의로운 사람들이 나라 안에 있었다면 그때 (의정서와 협약체결 당시) 쟁집(爭執) 해야 했고, 쟁집 해도 안 되면 들고 일어났어야 했고, 들고 일어나도 안 되면 죽었어야 했다"라는 것이다. 당시 국가의 운명을 책임지고 있던 대신들의 국가관과 민낯을 보여주고 있다.

상소는 이어서 조약이 체결되기까지의 이어진 사태의 경위를 설명하고 있다. 11월 15일 이토의 두 번째 알현 후 제출한 "비상사안(非常事案)을 폐하께서 즉시 재가하지 않고 정부에 위임했기" 때문에 다음날인 16일 외부대신 박제순은 일본 정부가 제시한 조약 초안을 놓고 일본공사관에서 하야시 공사와 협상을 진행했다.

같은 시간에 한규설 참정대신을 위시하여 민영기, 이하영, 이지용, 권중현, 이완용, 이근택 그리고 원로대신 심상훈(경리원경) 등 8명은 이토의 부름을 받고 그의 숙소인 손탁호텔에 모여서 협의를 진행했다. 하세가와 사령관이 동참한 이 회합은 이토가 의정부 대신들을 직접 설득하기 위함이었다.

이토는 대신들에게 전날 고종에게 말한 내용, 즉 일본은 그동안 한국의 독립을 위해서 막대한 인명 피해와 경제적 손실을 부담하면서 두 차례 전쟁을 치렀다는 사실, 동양평화의 화근을 제거하기 위해서는 한국의 외교권을 일본이 인수해야만 한다는 점, 내정권은 전적으로 한국에 있다는 것, 일본이 제시한 조약안의 취지는 최종적이고도 확정적이라는 점, 그리고 한국이 이를 거부했을 때는 더 큰 불이익을 당하게 된다는 것 등을 거듭 강조하면서 조약체결에 찬동을 요구했다. 그러나 "신들은 끝까지 절대로 허락할 수 없다"라는 뜻을 밝혔다.

7시 반 이토와의 회동을 끝낸 대신들은 입궐하여 고종에게 회의 결과를 보고했다. 그리고 그들은 "내일이면 또 일본 공관에서 회의가 있을 텐데 만약 그들의 요구가 오늘과 같은 것이라면 신들 또한 오늘과 똑같이 거부하겠습니다."라고 결의를 보이고 퇴궐했다. 퇴궐하기 전 그들은 고종으로부터 아무런 지시도 받지 않았다.

일본 측 요구에 따라 17일 오전 한국 측 대신 8명은 다시 일본공사관에 모여 하야시 공사와 협의에 들어갔다. 쟁론만 분분하였을 뿐 결론을 내지 못했다. 결국, 황제의 최종 결정이 필요하다는 데 의견을 같이한 양측은 함께 입궐했다. 고종은 하야시의 알현 요청을 거부하고 대신들과 어전회의를 열었다. 상소에 기록된 어전회의를 재구성하면 다음과 같다.


대신들과 자리를 함께한 고종은 "몹시 괴로워하시며" 이후 취할 조치에 관하여 여러 차례 물었으나 대신들은 "결코 허락할 수 없다"는 말만 반복할 뿐이었다. 고종이 다시 입을 열었다.

"그렇기는 하지만 언짢은 마음을 가지게 해서는 안 되니 우선 (조약 체결을) 늦추는 것이 좋겠소."

학부대신 이완용이 나섰다.

"이번 일은 나라의 안위(國體)와 관련된 일로서 조정에서 폐하를 섬기는 자라면 누가 감히 허락한다고 할 수 있겠습니까? 신하에게 군주는 자식에게 아비와 같으니 만약 품고 있는 생각이 있으면 숨김없이 모두 말씀드려야 할 것입니다. 지금 대사가 찾아온 것이 전적으로 이 조약 때문이며 공사가 밖에서 기다리는 것도 조약 때문입니다. 이를 결정해야만 할 시기가 눈앞에 닥쳤는데 군신(君臣)이 서로 묻고 대답하는 데 다만 '불가(不可)' 두 자로 일축해 버리고 있습니다. 일의 이치와 정황으로 본다면 응당 그래야 하겠지만, 이 또한 형식적으로라도 처리하지 않을 수 없습니다. 신 등 여덟 명이 스스로 아래에서 막아 내는 것은 쉬운 일이지만, 지금 일본 대사가 폐하를 뵙기를 굳이 청하는데, 만약 폐하께서 거리낌 없이 불가하다는 단안을 내리게 되면 나랏일을 위하여 진실로 천만다행일 것이지만, 만일 너그러운 도량으로 히는 수 없이 허락하게 된다면 어떻게 합니까? 이처럼 부득이하고 예측할 수 없는 일에 대해서 미리 대책을 세워야 할 것입니다."

고종이 아무런 말이 없자 대신들도 입을 다물고 있었다. 이완용이 다시 계속했다. "신이 미리 대책을 세우자고 하는 것은 다른 것이 아닙니다. 만일 어쩔 수 없이 (일본의 요구를) 받아들이게 된다면 이 약관 가운데도 우리가 첨삭하거나 개정해야만 할 매우 중대한 사항이 있을 텐데, 이를 미리 검토해 두자는 것입니다. 결정하는 자리에서 구차스러운 모습을 보여서는 결코 안 될 것입니다."

고종이 이완용을 말을 받았다. "이토 대사 역시 말하기를, '이번 조약의 내용 중에서 문구를 보태거나 고치려고 한다면 의당 협상할 길이 있을 것입니다. 그러나 완전히 거절하려 든다면 이웃 사이의 우의를 보전할 수 없을 것입니다'라고 했소. 이 말로 미루어 보면 조약의 내용 중에서 문구를 고치는 것은 가능한 일인 듯하니 학부대신의 말이 매우 타당하오."

권중현이 나서면서 이완용의 주장을 거들었다. "지금 학부대신이 드린 말씀은 반드시 허락해 주자는 뜻이 아니라 하나하나의 조항에 대해서 여러 가지 대처 방안을 준비해 두자는 것뿐입니다."

그러자 고종은, "이런 것은 모두 일을 의논하는 규례이니 구애받을 것 없소."라고 하면서 논의를 이끌자 여러 대신이 권중현과 비슷한 내용을 말했다. 어전회의는 어느 사이에 일본의 요구를 어떻게 물리칠 것이냐가 아니라 받아들이되 일부 내용을 수정하자는 방향으로 가고 있었다.

다시 고종이 "그렇다면 해당 조약의 초고가 어디에 있으며, 그 내용 중 무엇을 고칠 수 있겠소?" 하고 묻자, 이하영 법부대신이 이토로부터 받은 조약 초고를 품속에서 꺼내서 고종에게 올렸다.

이완용이 다시 나섰다. "신의 어리석은 생각으로는 이 조약 제3조에 '통감'의 아래 '외교(外交)'라는 두 글자를 분명히 말하지 않고 있습니다. 이는 뒷날 끝없는 걱정거리가 될 것입니다. 또 외교권을 되찾는 것은 우리나라의 실력이 있고 없고에 따라 앞당겨질 수도 있고 늦어질 수도 있으니 지금 그 기간을 억지로 정할 수는 없지만, 이 또한 모호하게 지나쳐서 안 될 것입니다."

고종이 적극적으로 동조하고 나섰다. "그렇소. 짐의 생각에도 고쳐야 할 곳이 있는데 바로 첫 머리글 가운데 '전연자행(全然自行: 모두 독자적으로 행한다)'이라는 네 글자의 구절은 지워 버려야 할 것이오."

다시 권중현이 나섰다. "신이 외부(外部)에서 얻어 본 일본 황제의 친서 부본(副本)에는 '황실의 안녕과 존엄에 조금도 손상이 없게 하라.'는 내용이 있었는데, 이번 약관에는 국체와 크게 관련된 이에 대한 언급이 전혀 없습니다. 신의 생각에는 부득이 첨삭하거나 고치게 된다면 이것도 응당 따로 한 조목 넣어야 할 것입니다."

고종이 크게 감격했다. "그건 과연 그렇다. 농상공부대신의 말이 참으로 좋다."

회의에 분위기는 점차 일본의 요구를 부분적으로 수정하여 받아들이는 쪽으로 흘러갔다. 회의가 끝날 무렵 여덟 명의 대신은 고종에게, "이상 말씀드린 것은 오직 미리 대책을 준비한 것에 불과합니다. 하지만 일본 대사를 만나서는 마땅히 '불가(不可)'라는 한 마디로 물리치겠습니다."하고 다시 한번 다짐했다. 그러자 고종은, "그렇기는 하지만 이미 나의 뜻을 밝혔으니, 모양 좋게 잘 매듭짓는 것이 좋겠소."라고 지시했다.

한규설과 박제순 두 사람이 "신들은 한 사람은 수석 대신이고 한 사람은 주임 대신입니다. 폐하의 지시를 받들어 따를 뿐입니다."라고 답하고 모두 물러났다. 잠시 후 한규설과 박제순이 다시 명을 받고 들어가 비밀리에 칙명을 받아 나왔다.

어전회의를 끝내고 나오는 대신들에게 하야시 공사가 회의 결과를 물으니, 한규설이 "우리 황제 폐하께서는 협상하여 사리에 맞게 잘 처리하라는 뜻으로 지시했으나, 우리 여덟 사람은 모두 반대의 뜻으로 거듭 말씀드렸습니다"라고 답하여 '비밀 칙명'이 협상해서 잘 타결하라는 것임이 밝혀졌다.

잠시 한규설과 하야시 사이에 논쟁이 있었고, 한규설이 회의에 불참하겠다는 소동이 있었으나, 조금 뒤 이토 대사가 군사령관 하세가와와 함께 급히 도착하면서 회의가 이어졌다. 다시 "사직 상소"의 내용을 살펴보자.

하야시 공사가 그동안 있었던 일을 이토에게 보고하자 이토는 궁내부대신 이재극에게 폐하의 알현을 요청했다. 그러나 고종은 "짐이 이미 각 대신에게 협상하여 잘 처리할 것을 허락했고, 또 짐이 지금 인후통을 앓고 있어 접견할 수가 없으니 모름지기 모양 좋게 협상하기 바라오."라고 뜻을 전했다. 그리고 참정 이하 각 대신에게도 같은 내용을 지시했다.

이토가 한규설에게 논의를 시작하자고 하면서 "각 대신은 어전회의의 경과만 말하는 것이 좋겠습니다. 내가 한 번 듣고자 합니다. 참정대신은 무엇이라고 아뢰었습니까"라고 묻자, 한규설은 "나는 다만 부(否)로 아뢨소."라고 답했다. 이토는 나머지 대신에게 차례차례 조약 찬반에 대한 의견을 물었다. 한국의 운명을 결정하는 회의가 주권을 탈취하기 위하여 온 이토 히로부미가 주관하는 이상한 모습으로 진행되었다.

전체의 의견을 청취한 이토는 궁내부대신 이재극에게 다음과 같은 회담 결과를 고종에게 전해 달라고 요청했다.

"이미 협상하여 잘 처리하라는 폐하의 칙명을 받고 모든 대신과 의논해보니 그 논의가 일치되지 않았습니다. 그러나 그 실제를 따져 보면 딱히 반대한다는 부(否)자로 단정할 수는 없습니다. 그중에 전적으로 반대한다고 말한 사람은 오직 참정대신과 탁지부 대신 두 사람뿐입니다. 바라건대, 주무 대신에게 폐하의 뜻을 내리시어 속히 조인하도록 하소서."

보고받은 고종은 이재극에게 "협상에 관계된 이상 더 번거롭게 끌 것 없다."라고 답하고, 따로 이하영에게, "조약 조문 중에 첨삭할 곳은 법부 대신이 반드시 대시, 공사와 함께 교섭해서 바로잡도록 하라." 라고 지시했다. 그 후 한동안 '절대 반대'라 했던 민영기까지 참석하여 조약 내용의 첨삭과 개정을 논했다. 상소는 조인의 마지막 단계를 다음과 같이 적고 있다.

> 대사(이토)가 직접 붓을 들어 우리가 말하는 대로 조약의 초고를 개정하고 이재극으로 하여금 이를 (폐하께) 올려 친히 살펴보도록 하여 폐하께서 모두 자세히 살펴보셨던 것입니다. 또한, 우리나라가 부강한 뒤에는 이 조약이 당연히 무효가 되어야 하므로 이러한 뜻의 문구를 별도로 첨부하지 않으면 안 된다는 폐하의 칙명을 다시 전하니, 대사가 또 직접 붓을 들어 적어 넣고 다시 폐하께서 살펴보시게 했습니다. 그리고는 마침내 조인하게 된 것입니다. 당시 현장에서 있었던 사실은 이것뿐입니다.

그런데 어째서 자신들 다섯 사람만이 나라를 팔아먹은 역적이라는 비난을 받아야만 하는가 하고 항변하면서, 만일 조약에 대한 죄가 정부에 있다면 참정대신 한규설을 포함한 여덟 대신 모두의 책임임을 강조했다.

하지만 상소는 조약체결의 최종책임은 경위를 잘 알고 있는 고종에게 있음을 말하고 있는 것이 아닐까? 조약의 최종 문안이 확정될 때까지 하나하나 고종에게 보고하고 확인받았을 뿐만 아니라, 고종의 요구가 그대로 반영됐음을 밝히고 있다.

"사직 상소"는 반려됐다. 고종은 그들에게 "더한층 각고의 노력을 기울여 속히 타개할 계책을 도모하라"는 비답을 내렸다.


## 하야시 곤스케의 보고서

17일의 상황을 가장 정확하게 보여주고 있는 문건은 조약체결 당일 하야시 공사가 가쓰라 총리에게 보낸 보고서일 것이다. 다섯 대신의 사직 상소와 이토의 복명서가 조약체결로부터 한두 달 후에 작성됐고, 또한 사직 상소가 사전에 하야시 공사에게 보고하고 내락을 받은 것과 달리, 하야시의 보고서는 조약 조인 당일 작성된 것이고, 또한 전문(電文)이라는 점에서 신뢰성을 담보할 수 있다.

조약체결 완료 직후인 18일 새벽 2시에 하야시는 가쓰라 수상에게 다음과 같이 보고했다. "한국외교 위탁조약은 어려운 교섭 끝에 다소의 수정을 거쳐 지난 17일 자로 오늘 아침 1시에 궁중에서 외부대신 박제순과 조인 완료. 자세한 것은 추후에 전보할 것임."

하야시는 오전 11시 이 전문을 다시 가쓰라에게 전송했고, 같은 내용의 전문을 북경에 체류 중이던 고무라 대신에게도 알렸다. 그 후 오후 5시 30분까지 하야시는 조약 전문(全文)을 포함하여 7통의 보고 전문을 보냈다.("保護條約", 『공사관기록』24)

오후 3시에 하야시는 조약체결조인과정을 보고하는 전문("日韓協約調印過程報告件")을 발송했다. 1,650자가 넘는 긴 전문은 17일 오전 11시부터 일본공사관에서 한국 대신들과 외교위탁조약안을 놓고 협의했다는 것, 결론에 이르지 못하여 고종의 결정이 필요하다는 데 의견을 같이하여 오후 3시경 모두 입궐했다는 것, 하야시 본인을 제외하고 고종과 대신들의 어전회의가 두 시간 넘게 계속됐다는 것, 그리고 어전회의의 결론을 한규설 참정이 다음과 같이 자신에게 전했음을 보고했다.

한(규설) 참정은 본관(하야시)에게 어전회의 경과를 알려주었음. 그 요지는 각 대신은 일치된 의견으로서 본 조약안 거절을 두 차례나 아뢨으나, 폐하께서는 거절 의견을 받아들이지 않고 오히려 정부 대신이 앞서서 본관과의 사이에서 협상을 이루어 내도록 하라는 분부가 있었음.

전문에 의하면 대신들은 결정을 하루나 이틀 미루고 다시 정부의 의논을 종합하여 공사와 협의할 것을 요청했으나, 하야시는 이를 거부했다. 그는 "3~4명의 대신과 궁내 관리들이 전해주는 비밀 정보"로 어전회의의 분위기가 부정적이 아니라는 것을 알고 조약을 "단숨에 처리하기" 위하여 이토 대사의 "즉시" 입궐을 독촉했다.

하세가와 대장을 대동하고 입궐한 이토가 알현을 신청했으나, "폐하는 몸이 불편해서 대사를 인견하기 어렵다는 뜻을 표시하면서 동시에 대사에게 의정부 대신과 숙의하여 본건을 원만히 타협할 것을 요청받고 이토 대사는 한 참정과 함께" 협의를 진행했음을 보고했다.

협의 과정에서는 한규설과 민영기 두 사람이 "절대 불찬성을 주장"했고, 이지용, 이완용, 이하영, 권중현, 이근택 "다섯 대신은 정세가 부득이하다는 의견"이었고, "특히 학부대신 이완용이 가장 명석하게 동의하지 않을 수 없다는 의견 표시"했음을 설명했다. 그리고 이지용과 궁내대신 이재극이 회의 결과를 고종에게 보고했고, 다시 "두세명의 대신이 제안한 별로 중요하지 않은 3~4의 수정안을 대사가 취사(取捨)하여" 확정안을 만들어 이지용과 이재극이 고종에게 보고하고 "폐하의 가납(嘉納) 재가를 얻어 조인을 마치게 된 것이 오늘 아침 1시 30분이었음"이라고 보고했다.

하야시의 보고에 의하면 고종이 대신들에게 합의를 이루도록 지시했고, 고종의 최종 재가에 의해서 조약이 조인됐음을 밝히고 있다.


## 고종과 을사조약

1905년 11월 15일의 고종과 이토의 독대 기록, 16일의 손탁호텔에서 있었던 이토와 대신들 대화록, 17일의 어전회의와 최종담판 내용, 그리고 을사오적으로 알려진 대신들의 12월 16일자 사직 상소를 보면서 지울 수 없는 의문은 조약체결의 절대적 결정권을 지닌 고종의 속내는 무엇이었을까 하는 것이다.

물론 을사조약은 일본군대와 경찰이 궁성을 둘러싼 공포 분위기 속에서 강압적으로 이루어졌다. 당시 현장을 지켜본 영국 <데일리

메일(Daily Mail)>의 특파원 매켄지(F.A McKenzie)에 의하면 궁성 주변은 "온종일 일본군의 총검이 덜그럭거리는 소리"로 가득 차 있을 정도로 무력적이었다. 그렇다 하더라도 이토가 고종에게 외교권 인수를 요구한 지 이틀 만에 '평화적'으로 한 나라의 주권을 넘겨줘야만 했을까하는 데 대해서는 의문이 따른다.

도대체 16일과 17일 사이에 무슨 일이 있었나? 이토 히로부미의 방한 목적이 한국 외교권 탈취에 있다는 것을 고종은 알고 있었나? 알고 있었다면 대응책은 무엇이었나? 난국을 극복하기 위하여 고종과 의정부는 긴밀히 협조했나? 고종의 입장은 무엇이었나? 최종 결정권이 자신에게 있음에도 왜 그 결정을 대신들에게 미루었을까? 등과 같은 의문이 꼬리를 물고 이어진다.

자료의 한계와 신뢰성 문제로 이러한 의문에 대한 정확한 해답을 찾기는 쉽지 않다. 한국 측 공식 자료로서는 『조선왕조실록』이나 『승정원일기』에 들어있는 "5 대신 사직 상소" 이외의 다른 기록은 찾아보기 어렵다. 그 외 대부분 자료는 당시의 진위를 확인할 수 없는 소문의 신문 기사나 『매천야록』과 같이 부분적이고 부정확한 것들이다. 또한, 그런 자료마저도 그리 흔하지 않다. 이와 반대로 일본 측 자료는 정부의 외교문서를 비롯하여 많이 있다. 물론 이러한 자료에는 신뢰성에 의문이 있을 수 있고, 따라서 취사선택에 신중할 필요가 있지만, 당시 상황을 파악할 수 있는 유일한 자료라는 점 또한 인정하지 않을 수 없다.

고종은 궁중에서 일본 신문을 번역해서 볼 정도로 일본의 대한정책에 관심이 깊었고, 러일전쟁이 계속되는 동안 내내 일본의 변화를 주시했다. 앞에서 지적했듯이 고종은 전쟁 시작 후 여러 차례 공식 비공식 사신을 일본에 파견했고, 심지어는 일본인과 외국인 기자를 매수하면서까지 일본의 동향을 알려고 노력했다.

　도쿄에는 주일한국공사관이 있고 공사를 비롯한 외교관이 상주하고 있었다. 외교관으로서 그들이 정상적인 업무를 수행했다면 일본 정부가 1905년 4월 8일 "한국 보호권 확립의 방침"을 확정한 후 진행된 한국정책의 변화를 알 수 있었고 이를 본국의 외부로 보고했다고 보는 것이 정상적이다.

　비밀리에 이루어진 가쓰라-태프트 합의는 예외로 하더라도, 제2차 영일동맹과 포츠머스 조약의 내용은 이미 언론에 보도되었다. 또한, 대한해협 해전에서 일본이 승리한 직후 한성에서 발행하는 호머 헐버트의 <코리아 리뷰> 5월과 6월 호는 전쟁이 끝나면 일본은 한국에 보호권 설정을 선언하게 될 것이라는 긴 해설 기사를 게재했다. 또한 "사직 상소"가 이토가 한성에 온다는 것이 알려졌을 때는 "어린애들과 심부름꾼들까지도 모두 필시 중대한 문제가 있을 것"을 알고 있을 정도로 이토의 방한 목적이 이미 세간에 널리 알려져 있었다.

　그뿐만 아니라 일본은 한국 보호국화 정책을 확정한 후 공식·비공식 경로를 통해서 고종에게 그 뜻을 전달했다. 예컨대 7월 표훈원 총재 민병석을 대표로 하는 특사단을 파견했을 때 그들을 접견한 가쓰라 총리는 일본의 한국 보호국화 방침은 이미 확정되어 변동이 있을 수 없다는 뜻을 확실히 밝혔고, 그 뜻을 "황제 폐하께 상주"할 것을 요구했다.

하야시 공사 또한 이토의 방한 목적을 고종에게 통보했다. 11월 10일 가쓰라 총리에게 보고한 전문에 따르면 하야시는 도쿄에서 최종 정책협의를 끝내고 한성로 돌아와 고종을 알현하고 이토의 방한에 대한 "대체적 내용"을 전달했다. 더욱 구체적으로 "황제의 신임을 받아 조석으로 만나고 있는" 심상훈을 통해 이토의 방한 목적이 한국의 대외관계를 일본에서 인수하기 위함임을 설명했고, 그로부터 "황제께서도 이쪽(일본)의 뜻(趣意)을 양해한다"라는 확답을 받았다.("韓國皇帝ノ不安除去ノ爲メノ工作幷ニ伊藤特派大使御親書奉呈ニ付キ報告ノ件", 『자료집성』 6-1, pp.13-14)

모든 사전 작업을 완료한 후 하야시는 15일 "제반의 사정을 종합해볼 때 오늘까지의 형편으로는 우리의 목적을 관철하는 데 심각한 장애가 있다고 보이지 않음"이라고 가쓰라 총리에게 최종적으로 보고했다.("伊藤大使韓帝內謁見에 관련 한국정부에 통고 공문", 『공사관기록』 24)

이러한 모든 사정을 고려할 때 고종은 일본의 한국 보호국화 정책과 이토의 방한 목적이 외교권 인수에 있다는 것을 일찍부터 알고 있었다고 보아야 할 것이다. 그렇다면 조약체결에 최종적 권한을 가지고 있는 고종의 생각은 무엇이었을까?

정확한 답은 알 수 없다. 다만 유추해 볼 뿐이다. 고종은 그동안 일본이 추진해온 대한정책과 러일전쟁을 둘러싼 국제정세를 고려할 때 일본의 보호국화 요구를 전면적으로 거부할 수 없다고 판단했던 것은 아닐까? 당시 주어진 상황 속에서 취할 수 있는 최상의 선택은 일단 협상을 통해서 최대한 유리한 조건을 확보하면서 조약을 체결하고, 그 후 국제적 여론에 호소하고 저항의 길을 모색하는 것으로 생각했던 것은 아닐까? 15일에서 18일 사이에 있었던 다음과 같은 사안들은 이러한 추측을 뒷받침하고 있다.

첫째, 15일 이토가 고종을 독대하고 처음으로 일본이 한국 외교권 인수를 확정했다고 통보했을 때 고종은 이를 전혀 '불가(不可)'하다는 뜻을 밝히지 않았다. 오히려 그는 일본의 요구를 "절대로 거절할 뜻이 없다"는 점을 확실히 했다. 그러면서 그는 조건부 승인, 즉 대외관계를 실질적으로는 일본에 위임하고 다만 형식적으로 한국이 유지하는 것으로 하자는 '형식보존론'을 제시했다. 고종은 이를 여러 차례 이토에게 당부했다.

둘째, 16일 4시부터 7시 반까지 이어진 이토와의 손탁호텔 회담에서 한국 대신들도 전날 고종이 요청한 형식보존론을 거듭 간청했을 뿐 '불가'를 주장하지 않았다. 정부의 수장인 한규설 참정은 이토에게 "황제 폐하로부터 대사 사명의 뜻을 잘 전해 들었다"고 하면서 다음과 같이 형식보존론을 요청했다.

"한일 양국의 관계는 그 내용이 어떻게 규정될지라도 감히 피할 수 없습니다. 다만 그 형식에서 조금의 여지가 남겨지기 바랍니다. 한국은 지금 곧 목숨이 끊어질 듯 숨기운이 약하고 위태로운[氣息奄奄] 빈사 상태에 있습니다. 다만 남은 목숨을 붙어

있게 하는 한 가닥의 힘은 오직 외교 관계를 친히 수행한다는
데 있습니다. 그 외교마저 귀국에 위임한다면 한국은 완전히
명맥이 끊어지는 비경에 빠지게 될 것입니다."

한규설은 17일 저녁에도 이토에게 "외교 관계를 형식적으로라도
유지하려는 것은 실로 국체 상 일루의 명맥을 보전하려는 생각에 지
나지 않는다는 것을 헤아려 살펴주기 바란다."라고 거듭 당부했다.
물론 이토는 거절했다. 이는 전날 고종이 이토에게 요청한 사항이다.
참정 한규설이 과연 고종의 지시나 내락 없이 국가의 운명을 좌우하
는 이와 같은 발언을 할 수 있었을까?

셋째, 이토와의 손탁 회합 후 고종의 부름을 받은 대신들은 회합
상황을 보고하고 내일 있을 회담에서도 "오늘과 똑같은 답", 즉 '불가'
로 일관하겠다고 할 때도 고종은 아무런 지시도 하지 않았다.

넷째, 사직 상소에서 볼 수 있었던 바와 같이 17일 어전회의 또한
'불가'를 전제로 대응 방안을 도출해 내기 위한 모임이 아니었다. 처
음부터 수용을 염두에 두고 내용 조정을 논의한 회의였다. 이토와의
협상이나 어전회의 그 어디에서도 고종이 '불가'를 지시하거나 논하
지 않았다.

다섯째, 조약체결이 완결된 18일 새벽 궁내 대신으로부터 최종 보
고를 받은 고종은 "이처럼 중요한 조약을 그렇게도 쉽게 급격히 체결
을 보기에 이르렀다는 것은 실로 천재(千載)의 유한(遺恨)이다"고 하면
서 대신들이 좀 더 유리한 조건으로 마무리 짓지 못했음을 비난했다.

그는 대신들이 "일본의 요구를 받아들이면서 동시에 일본에 더 큰 반대 이권을 요구하는 복안을 마련해서 흥정하지 않고 쉽게 끝낸 것은 그들의 무능과 무기력 때문"이라고 대신들을 비판했다.("伊藤候來韓ニ付第六回報告", 『공사관기록』24) 고종은 대신들이 일본의 요구를 거부하고 반박하지 않을 것을 꾸짖은 것이 아니라, 더욱 유리한 '흥정의 복안'을 마련하지 못한 것을 탓하고 있다. 자신의 책임을 대신들에게 떠넘긴 것이다. 고종 특유의 상황관리와 위기대처 방법이기도 했다.

고종은 이토와의 첫 대화나 어전회의 그 어디에서도 조약 '불가'의 뜻을 밝히지 않았고, 또 대신들에게 '불가'를 이루어 내기 위한 협상을 지시하지도 않았다. 더욱이, 뒤에 보게 되겠지만, 이토가 통감으로 부임한 후 고종을 압박할 때마다 을사조약은 고종의 협상지시와 동의 및 수정 요구를 거쳐서 이루어졌음을 여러 차례 확인했고, 그때마다 고종도 이를 부인하지 않았다.

고종은 '선조약체결 후 대응'이 가장 현실적이고 합리적인 대안이라고 판단했던 것은 아닐까? 고종은 당시 대한제국이 직면한 현실을 냉철하게 따져 볼 때 일본의 요구를 수용하는 이외의 길이 없다고 생각했던 것은 아닐까? 고종이 기대했던 러시아는 전쟁에서 패배했고, 일본의 요구는 강경했다. 그리고 무엇보다 미국과 영국을 포함한 강대국은 이미 일본의 한국 보호국화를 승인하고 있었다. 더하여 일본은 한국이 요구를 받아들이지 않을 때는 일방적으로 보호권 확립을 발표하고 이를 한국과 열강에 통지한다는 플랜B까지 예비하고 있었고, 이에 대한 외교적 대응도 마련한 상황에서 한국의 선택지는 대단히 좁았다.

물론 고종이 정면으로 이토와 맞서 주권수호를 위한 협상을 전개했거나, 또는 더욱 강력한 태도로 대신들을 독려하여 '불가'의 뜻을 펴면서 국민적 저항을 이끌었다면 다른 결과를 가져왔을 수도 있다. 하지만, 그동안의 국정 운영과 경력을 볼 때 고종에게서 그처럼 강력한 리더십을 기대할 수는 없었다. 그는 난세에 적합한 지도자는 아니었다.

대신들 또한 이미 고종의 신하가 아니었다. 조약체결 후 고종이 내각의 대신들은 모두가 일본과 "한 패거리[同腹]"였다고 비판할 정도로 그들은 일본에 영합하고 있었다. 대신들도 일본의 한국보호국화 정책과 이토의 방한 목적을 일찍부터 파악하고 있었으나 그들은 고종과 함께 난국을 극복하기보다 오히려 일본을 돕는 편에 섰다.

대신들은 고종보다 하야시와 더 긴밀한 신뢰 관계를 맺고 있었다. 이토 히로부미를 초청하라는 고종의 '밀명' 받은 표훈원 총재 민병석이 그 즉시 공사관으로 하야시를 찾아가 밀명을 전달하고 상의하는가 하면, 탁지대신 민영기는 "내밀한 보고"를 자주 그에게 전했고, 이지용, 이근택, 이하영, 민영철 등은 자신들의 거취를 하야시와 논의하고, 고종의 측근이라는 심상훈은 궁중 내의 대소사를 은밀히 전해주고 있었다. 을사오적의 "사직 상소"도 고종에게 올리기 전에 비밀리에 하야시 공사에게 보고하고 내락을 받았던 것이 당시의 현실이었다. 하야시는 6년 가까이 공사로 재임하면서 궁중과 내각 안에 확실한 친일세력을 부식했다.

하야시의 과거 행적이나 그에게 주어진 재량권 등을 고려한다면 보호권 완수를 위한 그의 활동 또한 저돌적이었다 추측해도 틀리지 않을 것이다. 한일의정서 체결을 전후 한 시기에 거액의 뇌물을 제공하면서 이지용, 이근택, 민영철 등을 끌어들여 성사시킨 전력이 있다. 그는 대신들에게 거액의 보상금을 약속하거나 지위를 보장하면서 그들을 설득하고 회유했을 것이다.

앞에서 지적했듯이 하야시는 외무대신으로부터 전권을 위임받은 별도의 "훈령"과 외무성에서 준비한 "협약문 초안"을 가지고 있었다. 고무라가 지시한 협약문 초안에는 이토가 15일 고종에게 제시했고, 또한 16일 하야시가 외무대신 박제순에게 공문으로 송달한 4개 항 외에 "한국이 부강해질 때까지"라는 조건과 "황실의 안녕과 존엄 유지 보증"이 포함돼 있었다. 이는 협상에서 일본이 양보할 수 있는 선을 제시한 것이고, 하야시는 이 양보안을 가지고 대신들과 '사전교감(根回し)'이 있었다고 보아야 할 것이다.

보호조약 직후 러시아 공사관에서 본국에 보고한 문서가 이를 확인해주고 있다. "조약체결 이후의 대한제국 정세"라는 보고서는 "사실 조약이 체결되기 훨씬 이전에 한성주재 일본 공사 하야시 곤스케는 대한제국 대신들과 조약에 대한 협의를 진행하였다."라고 조약체결 전후의 상황을 설명했다.(박효정, p.452)

어전회의에서 이완용이 외교권을 되찾는 것은 우리나라의 실력이 있고 없고에 따라 앞당겨질 수도 있고 늦어질 수도 있으니 지금 그 기간을 억지로 정할 수는 없지만, 이 또한 모호하게 지나쳐서 안 될 것이라 하여 "한국이 부강해질 때까지"를 명문화한 것이나, 권중현이 고종을 감동하게 한 "황실의 안녕과 존엄 유지"는 실제로 일본이 양보안에 이미 준비한 것이고, 이를 마치 한국 대신들은 자신의 요구로 주장한 것처럼 했을 뿐이었다.

대신들은 을사조약 후 통감통치에 저극저으로 협력했고, 헤이그 사태 이후 고종을 폐위시키는 데 앞장섰고, 그리고 병탄의 길잡이 역할을 했다.

5장

고종과 통감지배

"Ito's attitude towards Korea has been neither open nor benevolent."

- 더글라스 스토리

통감부 지배가 본격적으로 시작하는 1906년은 황제 고종과 통감 이토 히로부미의 긴장과 갈등이 점차 고조되는 시기였다. 동시에 한국인의 저항과 자주독립이라는 시대정신이 민중 속으로 넓게 확산했고 행동으로 구체화하는 시기였다.

1906년은 고종과 이토가 가장 빈번히 만난 한 해였다. 일본 외무성 기록에 의하면 이토가 3월 통감으로 부임하여 자리를 지키고 있는 동안 이토는 한 달에 두 번꼴로 고종을 내알현 또는 알현했다.

고종은 외형적으로는 시정개선이라는 이토의 통치방침과 내용에 순응하고 협조하는듯한 태도를 보였다. 하지만 실제로는 안으로는 각 영역에서 황권을 행사하려고 노력했고, 밖으로는 을사조약의 부당성을 국제사회에 알리고 주권회복을 위한 밀사를 파견하면서 통감 통치에 저항했다.

통감 이토가 부임하면서 내세운 통치의 목표는 한국인들이 스스로 일본 권위에 복종하는 '열복(悅服)'을 이루어내는 것이었다. 이를 위해 그는 한국인 모두에게 이익이 돌아가는 치안유지, 경제안정, 도로망 정비, 교육과 위생시설 완비 등과 같은 정책을 표방했다. 그러면서도 보호 정책 실행에 가장 큰 장애물인 고종을 통제하기 위한 정책과 수단을 고안했다.

황제와 통감의 긴장과 갈등이 첨예화했지만, 몰락해가고 있는 나라의 황제는 허약할 수밖에 없었다. 이토는 강자의 입장이었고, 고종은 약자의 지위에 있었다.

이토는 고종의 황권을 해체하고 끝내 그를 권좌에서 몰아내는 데는 성공할 수 있었다. 하지만 들불처럼 번져 나가는 민중적 저항과 자주독립 회복이라는 시대정신에 부닥치면서 이토의 열복 통치는 결국 파국에 부닥쳤다.


## 1906년의 시작

보호조약 체결 후 이어진 불안정 속에서 시작한 한국의 1906년은 안팎으로 밀려오는 어려운 상황이 더 심해졌다. 그런데도 여전히 정치는 무능했고 정부는 부패했다. 국민의 삶은 더욱 고달팠다. 신년 벽두의 <대한매일신보>는 정부와 대신들의 무능을 다음과 같이 질타했다.

오늘 정부 대신 여러분께 한 가지 묻겠다. 언제 어느 대신 하나가 과연 선정을 베푼 적 있고, 제도를 세운(立) 적 있고, 또는 충언과 계책으로 나라를 이끈 일이 있나? 나랏일이 산더미처럼 쌓여 있는 지금 정부관리들은 나라와 국민을 위해 무엇 하나 한 것이 없다. 하나의 정책도 세우지 못하고 충언도 간하지 못하고서도 정부니 대신이니 하면서 국록만 낭비하고, 권력과 자리만 탐하여 개인의 이익만을 꾀하고 있다. 나라의 쇠망(淪亡)과 백성이 곤고(困苦)한 책임을 누구에게 돌릴 것인가? 이처럼 부끄러움을 모르고 의롭지 못한 정부와 대신은 천하 어디에도 없을 뿐만 아니라 자유 천지 이래로 그 어느 때도 없었다.("勸告政府諸公", 1906.1.5)

이러한 정부와 관리가 지배하는 한국 사회는 방향을 상실하고 어지러울 수밖에 없다. 부패와 혼돈이 이어졌고, 탐학과 불법이 일상화됐고, 백성의 기상은 참혹하고 애처롭기 이를 데 없었다.

을사오적을 성토하는 상소와 사직 상소가 끊임없이 이어졌고, 지방 각지에서 일어나는 의병의 열기는 날이 갈수록 더해갔다. 고종은 이런 어수선한 상황에서 1월 10일, 이하영, 이병무 등을 위시하여 일본에 파견할 보빙대사를 임명했다. 이토가 통감으로 부임하기 전 원만한 관계를 다지기 위한 고종의 포석이라 할 수 있다.

두 차례 "청토흉적소(請討凶賊疏)"를 올렸던 송병선(宋秉璿)은 1월 18일 고종 앞에서, "(일본에) 보빙(報聘)을 들여보내는 일은 무엇 때문입니까? 저들이 우리를 노예나 첩으로 만들고 있는 판에 우리가 이번에 보빙하는 일에 대하여 신은 수치로 여깁니다"라고 비난하자, 고종은 "이 일은 각 나라에서 이미 공통적인 규례로 하고 있으므로 보내는 것이다."라고 답했다.

그런 가운데서도 고종은 은밀히 밀서와 밀사를 미국, 러시아, 프랑스 등에 보내서 을사조약의 부당성과 한국의 자주성을 국제사회에 호소하려고 했다.

한국과 달리 일본 사회는 전승국의 열기가 충만했다. <오사카아사히신문>의 신년사는 전쟁에서 승리하면서 일본은 "하나의 작은 섬나라가 세계열강의 경쟁 마당에 들어섰고, 일등 국가의 지위를 획득했다"고 자부하면서, "유형의 전쟁은 끝났으나, 계속될 무형의 전쟁을 향하여 나가자"고 기염을 토했다. 승리의 여세를 몰아 대륙으로 그 세력을 확장하자는 것이었다. 전장에서 승리한 개선 군들이 속속 귀국하면서 일본 사회는 온통 축제 분위기였다.

전쟁을 승리로 이끌고 보호조약을 완성한 가쓰라 다로 내각은 1906년 1월에 물러나고, 이토 히로부미의 후계자로 알려진 사이온지 긴모치(西園寺公望) 내각이 새로 출범했다. 내각이 바뀌었어도 가장 중요한 국정과제는 대한제국 병탄을 전제로 한 보호국 지배체제를 확실히 다지는 일이었다. 1월 20일 수상 취임연설에서 사이온지는 일본이 당면한 대외정책의 가장 중요하고 시급한 업무는 "한국 보호국화 정책을 완수"하는 것임을 천명했다.

이토 히로부미가 초대 통감으로 임명되면서 이를 완수하기 위한 병탄 계획 실행 추진이 본격적으로 시작했다. 일본 언론은 이토의 통감 임명을 열렬히 환영했다. 일본을 위해서 가장 적절한 선택이고,

한국 황제도 만족해하고 있어 그의 통감 임명은 한일 두 나라에서 이론이 없다는 것이 언론의 평가였다. 언론은 또한 일본인의 한국진출을 적극적으로 장려했다. 특히 한국이민을 강조하면서 한국은 농업국이기 때문에 상업 이민보다 농업 이민이 효과적일 것이라는 견해를 밝혔다.

일본 산업계에서도 한국진출을 서둘렀다. 먼저 한국에 면제품 수출확대와 독점을 위해서 대표적 방적 업체(大阪紡績, 三重紡績, 金巾製織)가 연합하여 삼영면포수출조합(三榮綿布輸出組合)을 결성하여 대륙으로 진출할 바탕을 마련했다.

## 이토 히로부미의 '열복론'

일본은 1906년 2월 1일 한성에서 통감부가 업무를 시작하는 개무식(開務式)을 가졌다. 하세가와 요시미치 사령관이 주관했다. 개청식은 통감 이토 히로부미가 부임해서 성대히 거행하기로 했다. 이토는 2월 말까지 도쿄에 머물면서 정치인, 언론인, 상공인, 우익 인사 등 여러 계층의 지도급 인사들을 만나면서 자신의 통치구상을 설명했다. 이른바 '열복론(悅服論)'이다.

한국인이 마음에서 우러나 일본 권위에 즐겁게 복종하는 통치를 해야 한다는 이토의 열복론은 다만 홍보용만이 아니라 나름의 신념과 자신을 가지고 있었다. 이토에 의하면 조선인은 장구한 역사를 가지고 있고, 또한 독자적 문명을 일구어 온 민족이다. 그런데도 오늘처럼 망국에 이른 것은 전적으로 악정(惡政) 때문이었다. 오랫동안 지속한 권력의 부패와 부정, 지배계층의 억압과 착취, 관리의 탐학과 무능 등으로 백성은 정부와 권력을 불신했다. 탐관오리의 악행 때문에 백성은 하루도 안심하고 생업에 종사할 수 없었다. 백성들이 축재하면 관리들이 멋대로 착취해서 아무리 일을 해도 부력(富力)을 증식시킬 수가 없고, 따라서 무기력하고 나태해질 수밖에 없다는 것이었다.

그래서 통감부 통치가 먼저 전근대적이고 억압적인 제도와 관행을 개선하여 한국인에게 문명을 심어주고, 열악한 생활환경을 개선하는 사업에 등에 역점을 두면 한국인의 태도도 달라진다는 것이다. 백성의 환심을 사는 통치, 이토의 표현을 빌리면 "선정(善政)을 베풀면 한국인들은 일본의 지배를 기쁜 마음으로 받아들이게 된다"는 것이다. 오랫동안 권력에 착취당한 한국인들을 이해하고 공정하고 지성(至誠)으로 통치한다면 한국인이 먼저 '연방'하고 '합방'하기를 희망하게 된다는 것이 이토의 신념이었다.

이토는 도쿄에서 언론인이나 정치인들에게 피력한 자신의 열복론을 통감부의 쓰루하라 사다키치(鶴原定吉) 총무장관에게 보내면서, 이를 한성과 인천의 여러 신문에 보도할 것을 지시했다. 통감으로 부임하기 전 자신의 통치 철학을 한국인에게도 알리겠다는 뜻이다.

이토는 한국인의 열복을 이루어 낼 수 있다고 자신했다. 헌법제정과 천황제 국가건설, 관료제 확립과 내각제 시행, 정당정치 실현, 그리고 청일·러일전쟁에서의 승리 등 이 모든 변화와 발전의 중심에 있었던 자신만이 한국인이 받아들이고 지지하는 '합방'이라는 역사적 과업을 이루어 낼 수 있다고 자부했다.

한국에서 프랑스어 교사로 지내면서 이토를 경험한 에밀 마르텔에 의하면 이토가 "통감으로 조선에 올 때도 많은 일이 있었지만 대정치기인 공(公)이기 때문에 조선에서의 일과 같은 것은 일상다반사(日常茶飯事) 정도에 지나지 않는다"고 생각했다.(小坂貞雄, p.87) 이토 스스로 자신의 기량(伎倆)으로 한국인이 승복하는 열복을 어렵지 않게 이루어 낼 수 있다고 자신했다. 그래서 보호국에서 점차 발전하여 병탄을 완수한다는 것이 그의 목표였다.

열복을 위한 이토의 통치구상은 한국 사회를 구성하고 있는 각 계층으로부터 지지받을 수 있는 통치 전략을 구사하는 것이었다. 이토는 대체로 네 계층으로 구분하고 있었다. 첫째는 지배계층이다. 이토가 구상하는 통감 통치를 앞에서 수행할 지배계층의 지지를 확보하는 것은 어렵지 않았다. 한일의정서, 한일협약, 을사조약 체결과정에서 볼 수 있었듯이 하야시 공사시대를 지내면서 지배계층 안에는 이미 단단한 친일세력이 형성돼 있었다.

공사관의 분석에 의하면 이들은 상당 기간 일본과 친선관계를 유지해 온 자들이고, 통감지배체제에서도 이들을 활용하여 "기호지세(騎虎之勢)로 시정개선을 수행하는 것이 유익"하다고 판단했다. 이토가 등장하면서 친일 지배계층은 더 폭넓게 확대됐다. 이토는 처음부터 이들의 신분보장을 확실히 약속했고 경제적으로도 도움을 주었다. 이토가 장담한 것과 같이 이들은 전적으로 자신에게 의존하여 그 직위를 유지하고 있고, 모두 시정개선의 성과를 거두기 위하여 열심히 일하고 있는 집단이었다. 이들은 고종을 몰아내는 데 앞장섰고, 병탄의 첨병 역할을 했다.

이토가 염두에 둔 두 번째 계층은 일반 백성의 지지였다. 그는 기회 있을 때마다 선정을 강조하고, 법치, 국리민복, 국민의 생명과 재산 보장, 국민의 부력(富力) 배양 등을 주장하면서 일반 대중의 지지를 확보하기 위하여 노력했다. 이토의 '인민을 위한 선정'은 다만 홍보로만 끝내지 않고 실제로 정책화해서 국민에게 이익이 돌아가도록 했다.

그가 통감으로 부임하면서 가지고 온 1천만 엔의 기업(起業)자금을 배분하면서도 가장 먼저 염두에 두어야 할 점은 "인민의 이익"에 있음을 강조했다. 통감부는 실제로 농업생산을 증가시킬 수 있는 농업개량, 도로수축, 배수, 관개, 조림(造林)과 간이학교 설립, 교육, 위생설비 보완 등에 우선적으로 자금을 배정고 실행했다. 또한, 그는 메이지의 대표적 경영인인 시부사와 에이이치(澁澤榮一)나 오쿠라 재벌의 창업자인 오쿠라 기하치로(大倉嘉八郎)와 같은 유력한 실업가들을 동원하여 한성에 수력전기회사 설립을 추진하는 등 일반 백성의 살림에 도움이 되는 정책을 추진했다.

그뿐만 아니라 이토는 일반 백성의 지지를 확보하기 위해서 한국에 거주하고 있는 일본인의 '행동 근신'을 중요시했다. 그는 한국인민에게 능욕을 보이는 일본인의 거동은 결국 한국인민이 눈물을 삼키며 굴종하게 하고, 이는 통감 통치에 큰 장애가 되기 때문에 엄격한 단속과 처벌이 필요하다는 것이었다. 실제로 통감부는 한국에 거주하는 일본인 부랑배를 단속하기 위하여 1906년 4월 보안규칙 13조를 반포했다. 그리고 전쟁 중 시행했던 군사경찰을 폐지하고 지방 경찰력을 강화하는 등의 시정개선은 근대화와 식산 흥업에 어느 정도 이바지했고 또한 국민적 지지도 받았다.

세 번째 계층은 저항 민중세력이다. 이토는 이를 다시 회유가 가능한 저항세력과 그렇지 않은 세력으로 분리하여 당근과 채찍 정책을 병행했다. 회유가 가능한 저항세력에 대해서는 설득과 연대를 길을 모색했다. 특히 이를 위해서 이토는 흑룡회의 우치다 료헤이(內田良平)를 비롯해 다케다 한시(武田範之), 스기야마 시게마루(衫山茂丸), 오가키 다케오(大垣丈夫) 등 많은 대륙 낭인 또는 아시아연대 주의자들과 같은 우익 인물들을 활용했다. 그들은 이용구, 송병준 등이 이끄는 일진회에 정부의 요직과 금전을 지원하여 병탄의 첨병 세력으로 만들었다. 이들과 달리 의병과 같이 회유가 불가한 세력에게는 군과 헌병을 동원한 철저한 탄압과 억압으로 일관했다.

이토가 관심을 기울인 넷째 그룹은 '신흥' 사회세력이었다. 개항 이후 이어진 해외 시찰과 유학, 신교육, 신문과 서적 등을 통한 근대 사상이 확산하는 과정에서 새로운 세계관과 지식 체계를 습득한 신지식인층이 형성됐다. 이와 함께 신민(臣民)에서 점차 시민(市民) 의식으로 발전하는 새로운 계층이 상인, 농민, 노동자들 사이에서도 형성됐고 사회세력으로 자리 잡았다. 또한, 기독교 정신이 점차 민중 속으로 확산하면서 민족의식을 고취했다. 내우외환으로 나라의 형세가 어려워질수록 이들 신흥사회세력은 국권 수호, 자강 개혁, 국민 참정 등을 주장하면서 전근대적 속박에서 벗어나려는 강한 의지를 보였다.

이처럼 사회에 흩어져 있던 잠재적 역동성을 하나의 정치·사회 세력으로 묶어낸 계기가 독립협회 결성이었다. 자주독립과 충군애국을 강령으로 제시하며 1896년 설립된 독립협회는 갑신정변 실패 후 미국으로 망명했던 서재필이 귀국하여 이상재, 남궁억, 윤치호 등과 함께 당시 형성되어 있던 각계각층의 신흥사회세력이 총 결집한 사회 정치단체였다.

고종의 대한제국 출범과도 맞물려 있는 이 시기 독립협회를 중심으로 한 〈독립신문〉, 〈황성신문〉, 만민공동회 등의 활동은 민중을 바탕으로 한 막강한 정치 사회적 힘을 보여주었다. 하지만 수구세력과 독립협회 사이의 복잡한 권력 갈등 속에서 고종은 1898년 12월 민회(民會)에 금압령(禁壓令)을 발동했고, 무력으로 민회 활동을 탄압·금지함으로써 독립협회의 활동은 사실상 중단됐고 그 세력도 분산됐다.

이토는 분산된 이 신흥사회세력에 눈독을 들였다. 그는 통감으로 부임한 후 일본에 유학한 신진세력들을 주시하고 그들과 교류하면서 지지세력으로 끌어들이려고 힘썼다. 1907년 초 안창호가 귀국했을 때는, 최석하(崔錫夏), 이갑(李甲), 이종호(李種浩) 등의 중재로 이토는 안창호를 만나 한국을 열강과 맞설 수 있는 "현대국가를 만드는 것이 평생의 이상"이니 "나와 같이 이 큰 사업을 경영하지 않겠는가?" 하면서 내각 구성을 제안하기도 했다. 안창호는 "이토와 협력한다는 것은 곧 그의 약낭(藥囊:약을 넣는 주머니, 즉 함정)에 들어가는 것과 같은 것"이라고 거부했다.(이광수, pp.33-35) 주요한의 『안도산전서』에 의하면 일본은 "이토 암살 사건이 있은 후 한국 병합을 강행하기 직전에 일본 관헌이 한 번 더 도산에게 내각 조직을 권고해왔으나" 그는 거절했다.(주요한, pp.90-94) 내각 조직을 권유하는 주변의 동지들과 달리 도산은 내각을 조직하여 혁신정치를 한다는 것은 결국 일본의 흉계에 빠지는 것으로 확신하고 있었다.

이토가 구상한 열복론은 실패했다. 이토는 한국 민중의 힘을 과소평가했다. 그가 지배계층은 쉽게 장악하고 조정할 수 있었으나 자주독립과 주권회복이라는 시대정신을 깨우치며 민중 속으로 확산하는 국민적 저항은 설득은 고사하고 힘으로도 막아 낼 수 없었다. 탄압 속에서도 헌정연구회, 대한자강회, 청년회, 서우학회 등과 같은 신흥 사회세력의 반일운동은 국내뿐만 아니라 국외로 확대됐고, 1910년 이후에는 독립운동의 중심세력으로 발전했다. 헤이그 사건 이후 이토는 결국 열복론을 포기하고 강제 병탄의 길을 택할 수밖에 없었다.


## 고종과 이토의 통감 통치

이토 히로부미는 통감부 개청 1달 후인 3월 1일 부산에 도착했고, 그다음 날인 2일 통감부에 출근했다. 3월 9일자 <대한매일신보>의 논설은 "일본이 한국의 현실적 종주권을 제멋대로 탈취하여 한국 내정은 일본인이 지휘하고, 외무는 도쿄에서 담당하니 한국의 독립이 지금 있다고는 하지만 다만 황제의 이름뿐이다. 한국인민이 스스로 위로하는 마음은 이토 후작이 허락한바 황실 존안을 유지하고 자치능력을 갖출 때 주권을 반환한다는 것에 있을 뿐이다."라고 쓰고 있다. 호머 헐버트가 주관하는 월간지 <코리아 리뷰> 1월호의 논설은 통감부 설치를 계기로 "한국은 역사상 가장 중대한 시기를 맞이하고 있고", 세계는 일본이 "과연 러일전쟁에서 승리한 것과 같이, 이질적인 국가 경영에 성공할 수 있을지 주시하고 있다."라고 관심을 보였다.

고종은 3월 9일 황태자와 더불어 수옥헌에서 통감으로 부임한 이토를 접견했다. 시종무관 이노우에 요시토모(井上良知) 해군 중장 등 16명의 수행원을 대동하고 알현한 이토는 "지난해 황제 폐하를 뵙고 물러난 지 석 달 만에 통감의 임무를 맡아 다시 용안을 가까이서 우러러 뵙고 옥체 더욱 깨끗하고 온화함에 봉축(奉祝) 드립니다"라고 인사했다. 또한 고종과 황실의 안녕과 번창, 그리고 한일 두 나라의 순치(脣齒) 관계를 더욱 돈독히 할 것을 희망한다는 천황의 친서를 전하고, 수행원들을 소개했다.

이어서 주위를 물리고 고종과 이토의 독대가 시작됐다. 이토가 시정개선에 관하여 먼저 입을 열었다.

"지난해 11월 28일 알현했을 때 폐하께서 히로부미에게 '오늘 우리나라는 유신을 해야만 할 시기를 맞아 명실상부한 시정개선에 힘써야 한다'고 밝히시고, 특별히 금융, 교육, 군사제도, 궁중과 부중(府中)의 구별, 궁중재정 등 다섯 분야를 지적하시며 히로부미의 보필과 재량과 지도의 효과를 기대하신다고 말씀하셨습니다. 히로부미 지금 폐하의 깊은 뜻과 신임에 감격 금할 수 없습니다."

이토는 고종의 기대에 부응하기 위해서 시정개선에 역점을 둘 여섯 항목의 실천방안을 제시했다. 그것들은 ① 한국 부강의 효과를 거두기 위해서 때를 놓치지 말고 지금 곧 시정개선을 실행하고 ② 한국 황실과 정부는 함께 와신상담을 감수하여 한국이 다시 일어나고 황제 폐하의 중흥이라는 대업을 국내외에 떨치고 ③ 입법과 행정의 모든 개량을 시행하는 것은 그 사안의 경중완급(輕重緩急)에 따라 이토가 안을 만들어 제시하고 ④ 부강의 효과를 거두는 데 필요한 상당의 자금은 차관으로 충당하고 ⑤ 국민의 기상을 북돋을 실마리를 마련하기 위해 신속히 간이(簡易) 보통교육을 시행하고 ⑥ 지방의 경찰력 확장하여 안녕을 보장할 수 있는 수단을 마련한다는 것이다. 그리고 다음과 같이 말을 맺었다.

"앞에서 제시한 조항들을 실행하는 것이 오늘의 가장 시급한 과제입니다. 그래서 히로부미가 각 대신과 협의하여 개혁안을 만들어 수시로 폐하의 재가를 거쳐 시행하려는 것이 제 뜻이니 허락해 주시기를 바랍니다."

모두가 내정에 관한 국정과제였다. 그리고 더 중요한 대목은 모든 시정개선은 통감인 자신이 '경중완급에 따라' 결정하고 주도한다는 것이었다. 이는 1905년의 을사조약 당시 이토가 고종에게 "내정, 즉 자치의 요건은 의연히 폐하의 친재 아래서 폐하의 정부가 이를 이행하는 것은 종전과 조금도 다름이 없습니다"라고 약속한 것과도 크게 다르고, "통감은 오로지 외교에 관한 사항을 관리한다"는 을사조약 제3조의 취지를 크게 벗어나는 것이었다. 고종은 동의하지 않았다.

"시정개선에 관한 일은 짐이 정부 대신들과 충분히 협의하여 처리하려고 하오. 또한, 정부 대신이 그 결과를 보고할 때마다 짐이 자세히 설명을 듣고 재가하여 적절히 조치하도록 하겠소."

내정은 직접 관리하겠다는 뜻이다. 그러나 이토는 고종의 주장을 받아들이지 않았다.

"이번에 히로부미가 천황 폐하의 대명을 받들어 통감의 임무를 받게 된 것은 다른 뜻이 없습니다. 다만 일한 두 나라의 관계를 더욱 친밀하도록 노력하는 것과 동시에 한국이 직면하고 있는 오늘의 쇠운을 만회하여 독립 부강에 이르게 하는 것입니다. 이 목적을 이루기 위해서는 국정 개량이 실로 시급한 과제이고, 또한 이를 실행하는 것은 지금이 가장 적당한 시기라

고 믿습니다. 만일 한국이 히로부미의 충언에 따라 지금 시정
개선의 실마리를 풀어가지 않는다면, 결국 한국은 다시 일어
나지 못하고 영원히 절망하게 될 수밖에 없음을 확신합니다.
이 점 폐하께서 깊이 기억하시기 바랍니다.”

고종은 “그렇소. 이는 다만 우리 한국을 위해서뿐만 아니라 또한
동양의 평화를 유지하기 위해서도 필요하오.”라고 답했다. 이는 한국
의 시정개선은 동양의 평화와도 긴밀한 관계에 있어 강대국의 관심
사라는 것을 은근히 비쳤다.

그러자 이토는 강대국들 또한 자신의 역할을 지지하고 있다는 점
을 강조함으로써 고종의 주장을 제압하려고 했다.

“히로부미가 통감으로서 한국을 지도 경영하는 것을 강대국
정부는 이미 모두 찬동했을 뿐만 아니라 많은 동정을 보였습
니다. 이를 증명할 수 있는 확실한 증거를 내 손에 가지고 있습
니다. 앞으로 히로부미가 한국의 진운에 필요한 충언이나 행
동에 관하여 강대국 가운데 이의를 제기하거나 방해하는 나라
는 결코 있을 수 없다고 믿습니다. 이 점 또한 폐하께서 기억하
시기 바랍니다.”

결국, 고종이 이토의 주장에 ‘수긍’하는 태도를 보이면서 두 사람
의 첫 대화는 다음과 같이 끝났다.

**고종**: 이후 긴요한 사안은 직접 통감의 입궐을 요청해 의견을 듣도록 하겠소.

**이토**: 오늘 이후 궐하(闕下)에 머물러 있는 이상 반은 한국의 신민, 즉 폐하의 신료로 생각하시고 불러 크고 작은 일을 하문하시기를 바랍니다.

　고종과 이토의 첫 독대는 앞으로의 시정개선이 순탄치 않을 것을 보여주고 있다. 내정의 권한은 여전히 황제가 장악하고 시정개선을 추진하려는 고종과 외무는 물론 내정권도 통감이 행사하려는 이토와의 긴장이 처음부터 드러났다.

　고종과의 독대 4일 후인 3월 13일 개최된 제1차 시정개선협의회에서 이토는 대신들에게 고종과의 대화 내용을 공개했다. 그리고 앞으로 진행될 모든 시정개선은 통감부에서 주도한다는 것을 다시 명

한복을 입고 있는 이토(가운데)

확히 했다.

한국정부의 대신과 통감부의 핵심 관리로 구성된 시정개선협의회는 통감 통치의 정책을 실질적으로 결정하고 집행하는 기구였다. 이는 이토가 주관하는 내각회의나 다를 바 없었다. 1910년 병탄이 이루어질 때까지 통감부는 이 시정개선협의회를 통해서 정책을 입안하고 집행했다.

이토는 대신들에게 "현재 각 대신은 결정적인 잘못이 있는 경우에는 어쩔 수 없지만, 그렇지 않은 이상 충분히 지원할 생각이니 안심하고 각 자리에서 직무에 힘쓰기 바라오."라고 신분보장을 확실히 했다.

## 이토의 시정개선 철학

첫 독대 2주 후인 3월 25일 고종의 요청으로 두 번째 독대가 이루어졌다. 이토가 의도하는 보호 통치의 두 가지 핵심을 확인하기 위함이었다. 하나는 보호 통치의 목표가 병탄을 지향하고 있는 것이 아니냐 하는 것이고, 다른 하나는 이토의 시정개선 방향과 방안을 확인하는 것이었다. 그러면서 대화를 통해 고종은 대한제국의 군주가 자신임을 보여주고자 하는 의도가 깔려있었다. 관례적인 인사가 끝난 후, 고종이 입을 열었다.

"경이 도착한 지 얼마 되지도 않았는데 벌써 시정개선의 해결

실마리가 풀려가고 있다는 소식을 듣고 깊이 감사하고 또한 노고를 위로하오. 짐이 경으로부터 설명을 듣고 싶은 것이 하나 있는데, 다름이 아니라 귀국의 황실을 위시해서 경이 열심히 우리나라를 돕는 것이 일본국민 전체의 의지와 일치하는 것인가 하는 것이오."

고종은 이토에게 을사조약 후 일본에서 제기되고 있는 '병합설'에 관해 묻는 것이었다. 일본의 보호 통치가 황실의 안녕과 한국의 독립을 보장한다고 하지만, 이는 일본의 진심이 아니고 결국은 병탄을 지향하는 것 아니냐 하는 물음이었다. 이토는 이를 강력히 부인했다.

"일본국민 전체라고 하지만 각 개인의 의사를 하나하나 확인하는 일은 불가능합니다. 그러나 국민의 의사를 대표하는 제국의회인 귀족원과 중의원, 또는 언론에서 (한국 병합이) 논의된 바는 없습니다. 일본의 여론은 위로는 정부에서 아래로 국민에 이르기까지 한국의 독립과 발전을 돕는 데 전적으로 찬동하고 있습니다. 다만 일본인 가운데 정황에 어둡고 사리를 모르는 사람들이 한국을 일본의 속국으로 취급하는 사람이 있지만, 이는 대단히 잘못된 의견으로서 웃음거리에 지나지 않습니다."

고종은 이토의 설명을 듣고 그동안 을사조약의 참뜻이 한국의 독립을 무시하고 병탄에 있다는 풍문과 의구심이 풀렸다고 답했다.

이어서 고종은 이토가 품고 있는 시정개선의 철학을 물었다. "경은 유신 이래 국가발전에 공헌한 바가 크오. 오늘 일본의 융성은 경의 계획과 책략에 있음이 명확한데, 그 경험에 비추어 우리 한국의 국력 발달과 국운 융성을 이루어 낼 경의 높은 학설과 계획을 들려주기 바라오."

이토는 길게 설명했다. 그 요점은 국력발달이나 국운 융성은 모두 국민의 부력(富力)에 달렸고, 국민의 부력을 배양하는 것은 백성의 노동력과 재력을 강화하는 데 있다. 이를 위해서는 백성이 편안하게 생업에 종사하고 노력한 대가를 누릴 수 있도록 법에 따른 신체와 재산의 보장이 무엇보다 필요하다. 무원칙한 세금, 조령모개의 법률 집행, 탐관오리의 악행 등을 바로잡아 정부의 신뢰성을 확보해야 한다. 그래서 '민력(民力)'이 발전하면 자연히 '국력'이 부강해진다는 논리로 설명했다.

고종은 이토의 국민 부력 개발 논리에 적극적으로 동조했다. 그리고 그는 한국이 부원(富源) 개발로서 치중해야 할 분야로 농업을 제시하고 이토의 의견을 물었다. 이토는 "한 나라의 경제는 농업만으로는 부족합니다."라고 답하면서 다시 길게 설명했다. 초기에는 농업에 치중해야 하지만, 상공업과 새로운 기술의 발전, 무역의 발달, 수출입의 균형, 수요와 공급의 원리 등 국제적 추세를 고려할 때 한국도 농업을 개발하면서 동시에 공업과 무역을 발전시킨 일본이 걸어온 길을 답습하게 될 것이라고 했다. 다만 그동안 싸인 악정과 악폐를 개혁하는 시정개선의 성패는 시기와 결단에 달려 있다고 강조했다. 대화는 다음과 같이 이어졌다.

**고종**: 한국에서는 시정개선과 국력개발의 목적을 동시에 이루어야만 한다는 경의 설명을 들으니 알 것 같소.

**이토**: 히로부미의 충언(忠言)을 듣고 이를 실행한다면 효과를 거두는 것은 그리 어렵지 않을 것이라 믿습니다.

**고종**: 물론 이처럼 백성과 국가에 유익한 경의 충언을 받아들이는 데 주저할 필요가 없을 것이오.

**이토**: 정부가 한번 법령을 발포하면 반드시 이를 실행해야 합니다. 만일 법령의 실행함이 소위 조령모개가 된다면 처음부터 시작하지 않는 것이 좋습니다.

**고종**: 우리나라에서도 얼마 전까지만 해도 정부가 법령을 반포하면 전국에서 이를 힘써 이행했소. 그런데 근래에 이르러 한성에서는 제대로 지켜지지만, 지방에 이르러서는 천주교, 예수교, 일진회, 개진교육회 등의 여러 단체가 형성돼 정부의 명령을 무시하고 법률을 어기는 경우가 있소. 이를 어찌해야 하겠소? 몇 년 전에는 어느 지방의 천주교도가 지방 관리를 교회 안에 체포 감금하는 것과 같은 실로 생각할 수 없는 실례도 있소.

**이토**: 한국에는 지방의 안녕과 질서를 유지할 수 있는 경찰기관이 없습니다. 하루라도 속히 설비를 갖추고 경찰력을 충실히 해야

할 이유가 여기에 있습니다. 지금 좋은 대책과 방법을 찾아보고 있습니다. 경찰력을 보급하여 비위를 예방하고, 또한 어떤 종교나 당파와 관계없이 한국 신민이라면 누구나 정부의 명령에 복종해야 할 의무가 있다는 것을 히로부미가 책임지고 실행해야 할 일입니다. 종교인이든 관리든 그 나라의 신민이라면 반드시 정부 명령과 국법에 복종해야만 할 것입니다.

**고종**: 참으로 그리되면 얼마나 좋겠소.


이토는 시정개선이라는 것은 간단히 시행할 수 있는 사항, 또는 새로운 설비를 갖추어야 할 것 등 분야에 따라 구별해서 실행해야 할 필요가 있다고 다시 설명했다. 그러면서 모든 것을 대신들과 협의하여 하나하나 방안을 만들어 고종의 재가를 받아 착수하도록 하겠다고 다짐했다. 두 사람의 대화는 다음과 같이 매우 친근하게 끝냈다.


**이토**: 히로부미가 남은 목숨 그리 길지 않은 노후에 맡은 한국 흥륭(興隆)의 임무에 성심성의를 다하겠습니다. 그리고 속히 결실을 거둘 수 있기 바랍니다.

**고종**: 경의 건강을 볼 때 앞으로 20년 또는 30년의 수를 반드시 더 누릴 것이오. 남아있는 검은 수염 모두가 희어질 때까지 우리나라를 위해 몸과 마음을 다하면 우리나라는 반드시 융성기를 맞이하게 될 것이오. 짐의 한 가닥 희망이 경의 두 어깨에 있소. 바라건대, 그 신로(辛勞)를 마다하지 말아 주오.

## 갈등의 관리와 조정

첫 독대에서 고종의 황제권과 통감의 시정개선권 사이의 갈등을 보였으나 그 후 얼마 동안 구체적으로 나타나지는 않았다. 오히려 양측 모두 협조적 태도를 보였다. 고종은 통감부가 주도하는 시정개선에 불만이 없을 수 없었지만, 표면적으로는 이토를 지지하고 독려하는 발언을 했고, 이토 또한 고종의 의사를 존중하는 태도를 보였다.

통감 통치가 시작됐으나 고종은 여전히 황권을 행사했다. 인사는 물론이고 황실에서 독자적으로 거두어들이던 각종 세금도 그렇고, 음성적이지만 외국과 이권 계약도 체결했다. 또한, 을사조약의 부당성을 국제사회에 알리는 은밀한 작업도 지휘했다.

이토는 이러한 고종의 황제권 행사를 알면서도 비판하거나 제어하려는 적극적인 태도를 보이지 않았다. 그는 오히려 고종에게 협조적이고 친근한 태도를 보이면서 원만한 관계유지에 힘쓰는듯했다. 이토는 한국황실과 일본황실이 합자하여 평양 대동강 유역에 공동목장을 만들 것을 제안하는가 하면, 오쿠라(大倉) 그룹이 한성에 상업학교 설립을 위한 궁내부 소속 토지를 당부하기도 했다.

고종이 의친왕 이강(李堈)의 집을 장만하기 위한 비용 6만 원을 국고에서, 그리고 연봉 2만 5천 원을 황실비에서 지급하고 이를 궁내부가 관리하도록 해 달라고 요청했을 때도 이토는 흔쾌히 받아들였다. 그리고 다음날 시정개선협의회에서 탁지부 대신 민영기에게 가토 고문과 협의해서 즉시 처리할 것을 지시했다.

그뿐만 아니라 궁내부가 음성적으로 외국인과 체결하는 이권 계약에 대해서도 그 중심에 고종이 있다고 비판하기보다 궁내부 관리의 소행인 것으로 지적하며 간접적으로 고종의 주의를 당부하는 정중한 태도를 보였다.

이토가 이처럼 고종의 황제권을 어느 정도 인정하고 협조적 태도를 보인 것은 물론 그가 아직 전체적 상황을 정확하게 파악하지 못했기 때문일 수도 있고, 또는 초기 통감부가 효율적으로 작동하지 못했기 때문일 수도 있다. 그러나 보다 더 근본적인 이유는 그의 열복론과도 무관치 않았다. 이토는 처음부터 고종과 갈등을 보임으로써 을사조약 이후 비등한 반일 여론을 더 자극하지 않는 것이 좋다는 판단이었다. 그는 일반 여론을 중시했다. 첫 시정개선협의회에서부터 대신들과 일본 관리들에게 "인민의 원성을 듣는", 또는 "인민의 불평불만을 일으키는" 일이 없도록 주의하라는 당부를 여러 차례 했다. 통감통치 초기부터 고종과의 갈등을 표출함으로써 반일 여론을 자극할 수 있는 일은 일으키고 싶지 않았던 것이 그의 뜻이었다.

그렇다고 해서 이토가 고종의 황권 행사와 지난날의 관행을 그냥 내버려 둔 것은 결코 아니다. 오랜 정치와 행정 경험이 있고 병탄을 염두에 두고 있었던 이토는 오히려 법과 제도적 장치를 통한 보다 근본적인 황권 통제의 길을 모색했다.

통감통치를 시작하면서부터 이토는 광업법이나 이민법과 같은 새로운 입법, 중앙정부와 지방정부의 행정 체계정비, 의정부와 궁내부의 분리, 새로운 민법과 재판제도 개선 등과 같은 법과 제도개혁을 지시했다. 물론 이러한 개정과 신설의 모델은 일본이었다.

이토는 궁내부가 여러 가지 형태의 세금을 직접 징수하는 것은 있을 수 없고, 또한 궁내부가 독립적으로 관리 운영하는 광산, 임야, 전답 등과 같은 황실 재산 또한 법의 지배를 받아야 한다면서 입법을 서둘렀다. 4월 13일 고종을 알현한 직후 이토가 주관한 제4차 시정개선협의회에서 대신들에게 황실의 재산운영을 강력히 비판했다.

"한국황실의 부동산은 전답, 임야, 황무지, 광산 등 아마도 여러 종류가 있는 것으로 알고 있소. 그런데 만일 이 부동산들이 한국법률의 지배를 받지 않는다면 이것은 국내 다수의 작은 정부가 있는 것이나 다름없다는 뜻이오. 법률의 범위 밖에서 황실이 자유롭게 계약을 맺는 것은 있을 수 없소."

황실도 법의 통제로부터 자유로울 수 없다는 것이었다. 이토는 고종의 의지와 관계없이 재정고문 메가타 다네타로를 통해서 황실의 재정을 통제할 수 있는 장치와 입법을 독촉했다. 또한 이토는 한국의 전근대적 법체계를 바로잡는다는 명분으로 일본 민법의 기초자로 알려진 도쿄제국대학의 우메 겐지로(梅謙次郞)를 법제 조사 촉탁으로 초청하여 일본법을 모델로 새로운 법전을 완비하는 작업도 서둘렀다.

이토는 고종에게 온건하고 협조적 태도를 보이면서도 이처럼 법과 제도의 일본화를 통한 보다 영속적 지배의 길을 모색했다.


## 갈등의 표출

고종과 이토의 표면적 원만한 관계는 그리 오래가지 않았다.

이토는 부임한 지 두 달도 안 돼서 통감 자리를 비워야만 했다. 메이지 천황 참석하에 거행되는 러일전쟁 개선관병식(凱旋觀兵式)에 참석하기 위해서였다. 이 관병식에는 하세가와 사령관도 함께 참석했다. 통감부의 가장 중요한 두 사람이 함께 자리를 비웠다.

4월 18일 출국에 앞서 이토는 고종을 알현하고 부재중 업무를 논의했다. 자신과 하세가와와의 부재중 통감업무는 쓰루하라 장관이, 군무는 참모장 오타니 기쿠조(大谷喜久藏) 장군이 대행한다는 것을 통지하고, 세 가지를 당부했다. 하나는 통감 부재중 내각 대신의 인사가 있어서는 안 된다는 것이었다.

"이제 한국정부의 시정개선 방침도 대체로 정해졌고 그 방침에 따라 각 대신은 업무 추진에 진력해야 할 필요가 있습니다. 그래서 본관은 각 대신과 회견하고 모든 일을 협의해서 잘 처리할 것을 당부했습니다. 폐하께서도 그 뜻에 따라 어떤 경우에도 내각이 동요 없이 공고히 할 수 있도록 주의가 필요합니다. 현 내각 대신의 지위를 공고히 하는 것은 실로 시정개선의 실효를 거두기 위해 가장 필요한 요건이라는 것을 폐하께서도 알아주시기 바랍니다.”

고종은 “그렇게 하겠다”고 동의했다. 이토가 요구한 둘째 당부는 계속되는 황실과 외국과의 이권 거래였다. 이토는 그동안 궁중 내 관리들이 외국인에게 특허 등 이런저런 이권을 약속했고, 그 가운데는 아직 문제로 남아있는 사안들이 있음을 지적했다. 그리고 이들은 한국 국익에 불리한 결과를 초래할 수 있다는 점을 강조했다.

“궁중이 이면에서 외국인에게 어떤 정치상 또는 이익특권에 관해서 계약이나 특허를 허락해서는 결코 안 될 것입니다. 이는 한국을 위해서 본관의 직책상 충고하는 바입니다. 왜냐하면, 오늘 한일관계는 대외관계의 크고 작은 것 관계없이 분규가 일어나면 일본 정부가 해결하지 않으면 안 됩니다. 기왕에 있었던 외국인과의 관계된 사항은 일본 정부가 교섭을 담당하겠지만, 장래를 경계할 필요가 있습니다. 그러므로 이점에 대하여 폐하의 주위를 촉구하는 바입니다.”

이토는 궁중의 관리를 빗대어 외국인과의 계약을 지적하지만 실은 고종에게 경고하는 것이었다. 그는 외국인과의 이권 거래는 천황도 관심을 가지고 있는 사안이라고 천황까지 끌어들여 고종을 경고했다. “이 문제는 우리 천황 폐하께서도 밤낮으로 염려하여 본관에게 적절한 기회에 친히 폐하께 말씀드리라는 대명을 받았습니다. 이번 기회에 천황의 염려를 폐하께 아뢰는 바입니다."

하지만 고종은 궁중의 관여를 부인했다. "경의 충언을 잘 알겠소. 또한, 천황 폐하의 깊은 뜻에도 감사하오. 우리나라에 외부가 있었을 때는 외국인과의 특허나 계약을 한 사례가 적지 않았지만, 외부가 철폐된 이래에는 전혀 없소. 앞으로도 깊이 경계해서 이와 같은 피해가 없도록 하겠소." 이토는 더 따지지 않았다.

이토가 제기한 셋째 의제는 통감부와 통감부 지휘를 받는 한국정부에 저항하는 세력에 대한 주의였다. 실은 황실과 의병의 연계를 염두에 둔 경고였다.

"일본 정부는 한국황실의 존엄을 유지하고 안녕을 보장해야 할 막중한 책임을 지고 있습니다. 이에 반하는 행위가 있다면 이를 반역으로 간주할 것이고, 또한 현 정부에 반항하고 전복을 기도한다거나 한일 친목을 방해한다면 이 또한 반역으로 보고 적절히 조처할 것입니다. 이는 본관이 우리 천황 폐하로부터 받은 칙명입니다."

고종은 잘 알겠다고 답했다. 그리고 통감 부재중 공무에 관한 모든 일은 쓰루하라와 협의하고, 문제의 성격에 따라 쓰루하라를 거쳐 이토에게 전보를 보내고, 공무가 아닌 사안은 직접 연락을 취하겠다고 다짐했다.

이어서 고종은 관병식에 자신을 대신해서 의친왕 이강을 파견한다는 것, 일본 천황의 건강과 황실의 번영을 기원한다는 것, 그리고 통감 부임 이래 시정개선 사업이 잘 진행되고 있어 자신이 대단히 만족하고 있다는 뜻을 대신 천황에게 전해 달라고 당부하며 대화를 끝냈다.

## 궁금숙청(宮禁肅淸)

고종과 이토의 원만한 관계는 이토가 일본에서 돌아오면서부터 파국으로 접어들었다. 3주 정도 예정했던 이토의 일본 체류는 2달 넘게 길어져서 6월 23일 임지인 한성에 돌아왔다. 통감 자리를 2개월 동안 비운 셈이다. 한성에 돌아온 후 이토는 통감부의 정보망과 헌병대를 위시해서 궁내부 등 각 부처에 심어 놓은 밀정을 통해서 그동안 수집한 정보를 보고받았다.

고종은 이토의 부재중 황권을 거리낌 없이 행사했다. 정부 대신을 마음대로 경질하지 않는다는 이토와의 약속을 무시하고 고종은 민영규와 조병호를 의정부 의정대신에 임명했다. 도쿄에서 고종의 인사 조치를 보고받은 이토는 쓰루하라 총무장관을 통해 고종에게 약속을 어기고 사전협의 없이 취한 인사에 대하여 "매우 유감"의 뜻을 전했으나, 그는 개의치 않았다.

고종은 궁내부를 통해서 내부 관제와 지방 관리의 직제를 개정하고, 각종 잡세를 징수하고, 외국인과의 이권 계약도 전과 다름없이 체결했고, 의병 독려도 계속했다. 그리고 상해에 체류하는 민영돈, 이기현, 이학균, 현상건 등을 통해서 을사조약이 무효임을 호소하는 밀서를 미국, 영국, 러시아 등 한국과 수교를 맺고 있던 국가에 전달했다. 또한, 예정했던 것보다 이토의 귀임이 크게 늦어지면서 이런저런 풍문과 유언비어가 돌았고, 그럴수록 고종의 위세가 더했고 통감부와 의정부는 위축됐다.

6월 28일 이토는 만주를 시찰하고 귀국 중이던 가바야마 스케노리(樺山資紀) 대장, 추밀원 고문 니시토구 지로(西德二郎), 기요우라 게이고(淸浦奎吾), 그리고 한국에 체류 중이던 실업인 시부사와 에이이치 남작을 대동하고 귀국 인사차 고종을 예방했다. 고종은 따로 상의할 일도 있으니 남아서 논의할 것을 희망했으나, 이토는 "수삼일 이내 따로 날을 잡아 내알현을 청하겠다" 하고 퇴궐했다.

그로부터 3일 후인 7월 2일 고종과 이토의 독대가 이루어졌다. "오늘은 특별히 말씀드릴 것이 있습니다"라고 시작한 이토의 태도는 이제까지와 달리 매우 공격적이었다.

"일본 정부가 통감을 경성에 주재하게 한 것은 작년 11월 체결된 협약(을사조약)에 기초한 것입니다. 또한, 그 협약은 폐하가 알고 있는 바와 같이 폐하의 희망을 담아 자구(字句) 수정 등을 거친 후 폐하의 재가를 거쳐 체결된 것입니다. 그런데 협약에 기초하여 제국 정부가 파견한 통감, 즉 본관의 임무를 폐하께서 인정하지 않는다는 말이 흘러나오기에 지난번 본관 귀국 시 천황 폐하에게 말씀드렸습니다. 천황 폐하도 그것은 대단히 무례하다고 하면서 본관 귀임하면 즉시 알현하여 황제의 뜻이 어디에 있는지 확실히 하라는 칙명을 받았습니다. 이에 대해 명확한 답변을 바랍니다."

이토는 고종이 자신을 '통감'이라는 관명을 호칭하지 않고 계속해서 '후작'이라고 부르는 것은 사실상 을사조약을 용인하지 않는 것이 아니냐고 따지는 것이었다. 고종은 그런 것이 아니라고 답했다.

"그것은 사실이 아니오. 작년의 협약은 지금 경이 말한 바와 같이 내 요구대로 자구수정 등을 거쳐서 이루어진 것이오. 또한, 짐은 경이 도착한 이래 여러 차례 통감이라고 지칭한 것은 고쿠분(國分-통역) 서기관도 인정할 것이오. 그동안 오간 서신에는 통감이라 기재 해야만 하는데 관계자의 부주의로 이를 후작이라고 기록한 것은 있소. 그러나 이는 평소 '이토 후작' '이토 후작'하고 부르는 것이 습관이 됐을 뿐 일부러 관명을 제거한 것은 아니오. 이는 잘못 전달된 것으로서, 짐이 통감을 승인하지 않을 의사가 전혀 아니라는 것을 이해해주기 바라오."

이토는 고종의 명백한 해답을 들었으니 이 문제를 더 논하지 않겠다고 하면서 자신 부재중 있었던 일을 하나씩 꺼내서 공격했다. 대신을 경질하지 않겠다고 한 약속을 파기한 것, 통감 대리인 하세가와의 알현 요청을 받아들이지 않았던 일, 외국 외교관을 직접 접견한 일, 그동안 수차례 요청한 국제조약 조인서의 원본을 인도하지 않고 계속해서 궁중에서 보관하고 있는 이유 등을 추궁했다. 그리고 공격의 핵심을 파고들었다.

**이토**: 작년 11월 조약을 끝내고 본관이 29일 귀국하려 할 때 폐하께서 궁내대신을 본관에 보내 다섯 조항의 희망 사안을 제시했습니다. 그 가운데 황실재정에 관한 사항으로서 황실의 경비 증가 등의 요구가 있었습니다. 본관은 폐하의 희망대로 조치했습니다. 그때 폐하가 약속한 사항, 즉 궁궐을 숙청하여 문명의 모범에 따라 궁중을 개혁한다는 약속은 지금까지 실행된 것이 하나도 없습니다. 폐하께서는 5개 조항에 관해서 지금도 기억하고 계시겠죠?

**고종**: 기억하고 있소.

**이토**: 그렇다면 그 후 궁중의 정황은 어떻습니까? 지금도 무당과 점쟁이가 버젓이 궁중을 드나들고 있고 협잡배가 궁중을 어지럽히고 있습니다. 이는 내외인 모두가 인정하고 있는 사실입니다. 이와 같은 일은 문명국의 궁중 그 어디에서도 볼 수 없는 일입니다. 폐하께서는 문명국의 모범에 따라 궁중 숙청을 하실 생각입니까 아닙니까?

고종이 묵묵부답하자, 이토는 을사조약에 따라 일본은 한국황실의 존엄을 유지하고 강령을 보장해야 할 책임이 있고, 그 책임자가 자신임을 다시 확실히 했다. 그러면서 그는 자신은 그동안 황실에 대하여 이것저것 간섭하지 않는 것이 타당하다고 믿어서 방임했으나, 이를 내버려 두면 어떤 불행한 일이 일어날지 알 수 없어 '직책상' 더는 묵과할 수 없다고 밝혔다.

그 이유를 입증하기 위하여 이토는 김승민(金升旼)이 의병과 내통한 밀칙(密勅)을 꺼냈다. 역학자 김승민은 고종의 신임을 받아 궁중에 자주 출입했고 1906년 5월에는 비서감에 임명된 인물이다. 일본 헌병은 김승민에게서 "성상(고종)이 말씀하시기를 섬나라 오랑캐의 적신(賊臣) 이토, 하세가와..."라는 표현이 들어있는 밀칙 서찰을 확보했고, 이를 고종에게 제시하면서 거세게 압박했다.

이토는 "이것이 과연 폐하가 늘 한일 두 나라의 관계를 친밀하고 두텁게 한다는 뜻입니까?"라고 하면서 고종을 곤궁한 입장으로 몰아넣었다.

> "본관은 궁중과 폭도(의병)의 관계를 잘 알고 있습니다. 실제로 폭도에게 궁중이 자금을 공급하고 있다는 증거를 가지고 있고, 궁중과 폭도가 몰래 연락을 취하고 있다는 것도, 그리고 궁중과 상해와 블라디보스토크에 있는 한인들 사이에 밀사와 밀전(密電)이 왕래하고 있다는 것 또한 잘 알고 있습니다. 오늘까지 이를 방임한 결과가 이처럼 문란한 사태를 불러왔습니다. 이제 이를 바로잡지 않고 그대로 내버려 둔다면 본관은 직책

을 게을리한다는 책임을 면할 수 없을 것입니다."

일본 헌병대가 캐낸 김승민의 밀칙 사건은 고종을 통제할 수 있는 좋은 명분을 제공했다. 이토는 이번 기회에 궁금숙청의 효과를 거두기 위한 궁중 단속의 방안을 마련하겠다는 것이었다. 고종은 사태를 적당히 마무리하려고 설명했다.

"궁금숙청을 생각하지 않은 것은 아니지만 아직 그 실효를 거두지 못하고 있는 것은 경의 보는 바와 같소. 그러나 김승민 건은 신하 가운데 한 사람이 그를 칭찬하여 추천했소. 우리나라에는 예부터의 관습으로서 유림 가운데 인재를 발탁하여 그의 말을 듣는 경우가 종종 있소. 김승민도 이처럼 예우한 것에 불과하오. 그 자리에 많은 신하가 함께 있었으니 당시의 문답을 들어보시오. 짐이 적신 운운과 같은 말을 해야 할 이유가 어디 있겠소? 잘 조사하면 사실이 명백해질 거요."

이토는 고종의 해명을 무시하고 궁금숙청을 위한 방안을 제시했다. 그는 황실의 안녕과 존엄을 유지해야 하는 막중한 책임을 이행하기 위해 경찰 고문 마루야마(丸山重俊)를 책임자로 임명하여 궁중 출입을 엄격히 통제하는 단속방법을 만들겠다고 통보했다. 이토는 처음에는 헌병을 활용할까 하는 생각도 했으나 한국의 체면에도 관계가 있어 경찰에 이 업무를 담당케 하기로 했다고 부연해서 설명했다.

고종은 대안을 제시했다. "먼저 우리가 단속법을 만들어 실행하고, 그래도 효과가 없으면 고문 경찰의 손에 맡기는 것이 어떻소?"

이토는 반대했다. "지금까지의 일을 되돌아보면 아무리 폐하가 관헌을 독려하여 궁금숙청을 실행한다 해도 도저히 그 효과를 거둘 수 없을 것입니다. 본관이 오늘 말씀드린 것은 그동안 여러 가지를 충분히 검토한 결과입니다. 또한, 지금의 사정은 폐하가 희망하는 것과 같이 느슨하게 처리할 일이 아닙니다. 동의해 주기 바랍니다."

고종이 "그렇다면 별수 없지요."라고 받아들이자, 이토는 "폐하의 승인을 받았으니 즉시 실행에 착수하도록 하겠습니다."라고 답했다.

이토가 고종의 황권을 본격적으로 제약하는 첫 번째 조치였다. 이제까지와 달리 이토는 고종의 의견을 완전히 무시할 뿐만 아니라 모욕적이기도 했다. 두 사람의 긴 대화는 다음과 같이 긴장 속에서 끝났다.

**이토**: 폐하께서 정치의 대소사를 가리지 않고 모두 간섭하려는 것은 좋지 않습니다. 아무리 총명한 군주라 해도 작고 세밀한 일까지 관여하여 이를 주재할 수는 없습니다. 바라건대, 정사는 정부 당국자에게 일임하여 책임을 함께 지우는 것이 좋습니다. 하물며 잔꾀(小策)를 부려 밀계(密計)와 음모(陰謀)를 꾸미는 것은 결코 현명한 군주가 할 일이 아닙니다.

**고종**: 그렇지 않소. 요즈음 짐은 전혀 정치에 관여하는 일이 없소. 이런 일이 벌어지는 것은 내 신료들이 잘된 일은 모두 자신의 공

으로 돌리고, 잘못된 일은 폐하 때문이라 하면서 그 책임을 짐에게 떠넘기기 때문이오.

고종이 '책임을 짐에게 떠넘기는' 신하는 이토가 지휘하고 있는 내각의 대신들을 의미하고 있었고, 이는 간접적으로 이토를 비판하고 있는 것이었다.

이토는 다음날인 7월 3일 주관한 제7차 시정개선협의회에서 전날 고종과 논의한 김승민 사건, 궁중에서 보관하고 있는 조약 원본 인도, 궁중과 상해, 블라디보스토크의 연계 등을 그대로 전했다. 그리고 고종이 잠시 유예를 바랐지만, 자신은 더 미룰 수 없다고 판단하여 마루야마 경찰 고문이 책임지고 궁금숙청을 실시하기로 했고, 고종도 이에 동의했음을 통보했다. 박제순, 민영기, 이근택 등은 김승민을 고종에게 추천한 인물(이민화, 강석호)을 엄벌할 것을 주장했으나 이토는 이를 받아들이지 않았다. 이토는 "군주에게 첫째로 필요한 것은 사람을 보는 밝음에 있소"라고 답하여 천거한 인물보다 채용한 사람에게 문제가 있음을 지적했다. 또한, 이 회의에 참석한 궁내부대신 이재극이 궁금숙청의 재고를 요청했으나 이토는 "황실의 존엄과 안녕을 온전히 지키기 위해 취한 조치"라고 하면서 받아들이지 않았다.

이토는 고종의 의사에 반하여 궁금숙청 조치를 강행하면서 그 결과가 한국인에게 파급되는 영향에 대해서 상당히 우려했던 것 같다. 이토는 고종 내알현 직후인 3일과 5일 두 차례 외무성을 거치지 않고 사이온지 총리대신에게 "친전(親展)"으로 '잡배들'의 빈번한 궁중 출입을 그대로 내버려 둘 수 없다는 것, 고종의 동의를 얻어 궁궐 출입을 통제 조처했다는 것, 궁금 조치가 황실과 국민에 파급되는 영향이 적지 않고 이런저런 유언비어가 발생하는 것을 피하기 어려울 수 있다는 것, 그리고 마루야마 경무 고문이 단속 방법에 필요한 법규를 마련하고 있다고 보고했다.("宮闕 外門 단속과 宮內 질서유지 조처건", "궁궐단속 조사위원회 구성 件", 『통감부문서』 3)

이토가 이처럼 우려하면서도 궁금령을 강행한 대외적 명분은 '무당과 잡배'의 궁중 출입을 막기 위한 것이라고 했지만, 실은 궁중과 외부의 연락 차단, 즉 고종의 밀사 외교와 의병지원을 막기 위함이었다. 그동안 고종은 촘촘히 짜인 일본 헌병대와 경찰의 감시망 속에서도 밀서와 밀사 파견을 통해 을사조약의 부당성을 국제사회에 호소했고, 또한 밀지를 보내 지방에서 벌어지고 있는 의병활동을 고무했다.

궁금령의 효과는 기대했던 것만큼 크게 나타나지 않았다. 물론 이러한 조치는 고종의 운신을 제약한 것은 사실이지만 그의 활동을 원천적으로 차단할 수는 없었다. 고종은 여전히 통감부가 통제할 수 없는 친한파 외국인, 손탁 여관의 주인 마리 앙트와네트 손탁이나 <대한매일신보>의 발행인 어니스트 베델, <코리아 리뷰>의 헐버트, 또는 호러스 알렌 등을 통해서 밀칙 활동을 계속했다.

궁금숙청 사건 이후에도 고종과 황실에 대한 이토의 공격은 이어졌다. 평상시 그는 온화하고 타협적인 듯하지만, 상대방의 허점을 보면 집요하게 파고들어 목적한 바를 이루는 성격의 소유자였다. 이토는 대신들에게도 고종 비판을 서슴지 않았다. 7월 12일 열린 제8차 시정개선 협의회에서는 황태자 결혼의 과대한 비용을 문제 삼았다. 그는 일본 황태자 결혼 시에는 경비도(35만 원) 적었을 뿐만 아니라 이를 국고에 부담시키지 않는데, 한국의 경우는 "육군 경비 1년 치와 거의 같은" 125만 원의 예산을 세우고, 더욱이 이를 국고에 부담시키는 것은 있을 수 없다고 지적했다. 그리고 이지용 내상에게 "황제께서 낭비를 줄이도록" 할 것을 지시하면서, 군주라 할지라도 결코 완전할 수 없으니 보필하는 신하는 때에 따라 충분히 간주(諫奏)해서 잘못이 없도록 힘써야 한다고 대신들을 독려했다.

3주 뒤인 7월 27일 이어진 내알현에서도 김승민을 중심으로 한 이토의 공박이 계속됐다. 이날 고종은 먼저 이토에게 의병 투쟁하다 구속된 최익현과 밀칙 사건으로 감금돼있는 김승민 "두 사람을 우리 국법으로 다스리려 하니 우리 법부에 인도"해주기를 바란다고 당부했다. 이토는 거절했다. "두 사람 다 우리 군대의 포로이기 때문에 우리 군율에 따라 처단"하겠다고 답하면서 다시 김승민 사건을 거론했다.

"그동안 폐하께서는 김승민과 같은 무리를 경솔하게 인견했습니다. 어떻게 심산유곡의 수목과 마주 앉아 살아가고 있는 선비가 빠르게 변하는 국제정세에 달관하고 국가를 경영할 수 있는 탁월한 능력을 지닐 수 있겠습니까? 그래서 만일 폐하께서 김승민과 같은 무리를 신용하여 함께 국정을 논의한다면 끝내 국가의 멸망을 재촉할 뿐 국운 융성에는 아무 도움이 안

됩니다. 그것은 마치 무당과 판수의 점이나 염불과 다를 바 없습니다. 그런데도 폐하가 지금처럼 그런 무리를 가깝게 하고 신뢰한다면 끝내 어리석은 군주(暗愚の君主)를 면할 수 없을 것입니다."

그러면서 이토는 김승민과 같이 시골에 묻혀있는 선비를 초대해서 국정을 의논하는 것은 "마치 공자의 백골을 구해서 이와 마주 앉아 국정을 의논하는 어리석음"과 같다고 빈정댔다.

하지만 고종은 한국에서는 예부터 산림에 은거하는 선비를 존경하는 '국풍(國風)'이 있다고 답하면서 대화를 더 진전시키지 않았다. 김승민과 관계된 대화를 계속할수록 이로울 것이 없다는 판단이었을 것이다. 대신 그는 이토가 지휘하고 있는 의정부 대신들의 문제점을 지적했다. 고종은 대신들 모두가 을사조약 체결의 당사자들이기 때문에 국민으로부터 비판받고 있고, 따라서 시정개선의 효과가 나타나지 않는다고 설명하면서 보다 근본적 변혁이 필요성을 강조하면서 이토의 공격을 피했다.

## 홍삼전매권 갈등

이토는 11월 21일 업무협의차 다시 통감 자리를 비우고 일본 귀국 길에 올랐다. 그때까지 이토는 한편으로는 고종을 서서히 정책 결정 과정에서 배제하면서, 다른 한편으로는 시정개선협의회를 통해서 법과 제도 정비에 박차를 가했다. 황권을 약화하고 통치자금을 통제하기 위해서였다.

시정개선에 관한 모든 사항은 '형식적인' 결재 단계에야 고종이 알수 있을 정도로 이토는 고종을 국정에서 배제했다. 이토는 통감으로 부임하면시 시정개선은 "각 대신과 협의하여 개혁안을 만들어 수시로 폐하의 재가를 거쳐 시행"하겠다는 것을 약속했다. 하지만 시간이 가면서 이 약속은 지켜지지 않았다. 고종 스스로 배제되고 있음을 알고 있었고 바로 잡으려고 시도했으나 뜻대로 되지 않았다. 10월 11일 내알현 자리에서 고종은 이토에게 정책이 결정되기 전에 사전에 협의할 것을 요구했다.

> "국정은 모두 정부 신료들에게 일임하고 있으나, 시정개량에
> 관한 사항은 각의를 거쳐 짐의 재가를 구하게 되어 있소. 그런
> 데 재가를 구하는 사안들은 모두가 이미 사후에 속하는 것들
> 이오. 먼저 경과 만나 서로 논의하고 협의하는 과정 없이 이루
> 어지는 것은 대단히 유감스럽소."

하지만 이토는 그 원인을 고종에게 돌렸다. 자신이 정책협의를 위해 알현을 신청해도 고종이 만나주지 않았기 때문에 어쩔 수 없었다는 것이다. "만일 폐하가 본관이 희망하는 대로 만나주셨다면 지금 말씀하신 것과 같은 유감은 추호도 없었을 것입니다." 그러면서 "시정개선은 늘 정부 대신들을 지도하고 또는 그들과 협찬하여 열심히

하나하나 실행하고 있으니 염려하지 않아도 됩니다." 고종과 협의 없이도 시정개선은 잘 진행되고 있다는 것이었다.

이토는 메가타가 재정 고문을 지휘해서 한국경제가 서서히 일본경제에 예속하는 구조로 법과 제도를 바꿔나갔다. 또한, 황실의 경제 기반 해체를 위한 일련의 작업도 강력하게 추진했다. 단계를 거치면서 경리원 폐지 등 궁내부 관제를 전면적으로 개편하고, 황실에 대한 국고 예산을 줄이고, 토지, 광산, 인삼, 잡세 등에서 나오는 수입을 국고로 이관하며 토지, 광산, 삼업 등을 국유화했다. 고종이 물러나는 1907년에 이르러서는 사실상 황실의 재정은 완전히 형해화 됐다.

이토는 일시 귀국하기 전까지 다섯 차례 더 고종을 알현했다. 그때마다 그는 궁내부 관제 개편, 의병진압, 황제의 직인[璽字] 사용 통제, 홍삼전매권 이관, 해외공사관 철수와 연관된 채무와 공관매각자금 회수 등의 문제를 제기하면서 고종을 공격했다.

특히 황실재정의 중요한 기반이라 할 수 있는 홍삼전매권의 정부 이관 문제를 놓고 이토는 고종을 심하게 압박했다. 홍삼을 포함한 인삼은 내장원에 인삼 관리와 삼세(參稅)를 관리하는 삼정과(參政課)를 설치할 정도로 왕실의 중요한 수입원이었다.

9월 9일 독대 자리에서 이토는 홍삼전매권을 황실의 궁내부에서 정부의 탁지부로 이관할 것을 요구했다.

"지난날 경리원 경을 통해서 말씀드린 홍삼 건에 관하여 다시 말씀드리겠습니다. 홍삼은 한국 특유의 산물로서 경영만 잘하면 손실 없이 수입을 영구히 크게 증식시킬 수 있는 상품입니다. 그러기 위해서는 경영을 근본적으로 개혁해야만 합니다. 지금처럼 이를 궁내부에 맡기면 수확이 매해 감소하여 끝내 아무런 이득도 거두지 못하게 될 것입니다. 그래서 지금 개량해야만 하고, 그 방인으로는 이 사업을 정부로 옮겨 전매 방법으로 보호 발전시켜야만 합니다. 이를 정부의 소관으로 옮긴다는 것은 그 수입을 궁내부로부터 뺏는다는 것이 아니라, 왕실은 일하지 않고 매해 일정한 수입을 확실히 거두는 이점이 있습니다."

물론 고종은 홍삼 경영권 이관을 강력히 반대했다. "홍삼경영은 오랫동안 왕실에서 담당했소. 대략 200년의 역사를 가진 사업이기 때문에 이를 정부로 옮기는 것은 좋지 않소. 당연히 궁내부 소관 아래서 개량의 방안을 찾는 것이 옳지 않겠소?"

사전에 여러 가지 상황을 치밀하게 검토하여 제기한 이토가 고종의 반대를 쉽게 받아들일 리 없었다.

"이와 같은 사업은 정부 전매사업으로 운영하는 것이 가장 좋습니다. 정부는 효율적 경영에 필요한 각종 기관을 갖추고 있기 때문입니다. 단속에 필요한 경찰이라든가, 배양에는 어떠한 비료가 적절한지를 연구한다거나, 또는 판매에 있어 적절히 시장경기를 조정하는 등 많은 편의를 볼 수 있습니다."

그러면서 이토는 청나라 황실이 관리할 때 67만 원에 불과했던 대만의 장뇌(樟腦) 수입이 어떻게 일본이 경영하면서 400만 원으로 수입이 크게 늘어났는지를 길게 설명했다. 그리고 다시 정부 이관의 당위성을 강조했다.

"한국의 홍삼 사업도 지금 근본적으로 개량하면 그 수입이 크게 증가할 것을 의심치 않습니다. 하지만 오늘처럼 방임한다면 영구히 지속할 수 있는 많은 수입을 잃게 되고 끝내 크게 후회하게 될 것입니다. 사리가 이처럼 명백한데도 폐하께서 옛날을 내세워 이를 왕실사업으로 경영할 것을 고집하는 것은 옳지 못합니다. 오늘의 상태를 내버려 둔다면 장래의 결과는 실로 예측하기 어렵습니다. 조금이라도 경제적 식견이 있다면 쉽게 알 수 있는데 어째서 폐하께서는 그 손익과 득실의 관리를 바로잡으려 하지 않는지 이해하기 어렵습니다."

고종도 고집스러웠다. 경영 방법을 개선하고 개량하는 데는 전적으로 동의하지만, 경영권을 정부로 옮기는 데는 반대했다. "정부 소관으로 옮겨 경영하는 것과 같은 방법으로 궁내부 소관 아래서 시행하는 방법도 있지 않겠소?" 필요하다면 궁내부에 새로운 기구를 만들어 전적으로 책임지고 관리하는 것도 검토해 볼 수 있음을 제시했다. 관리와 운영 방법은 개선하지만, 홍삼전매권은 황실이 가져야 한다는 것이었다.

고종의 통치자금을 차단하려는 이토의 계획 또한 강했다. 경영과 운영의 개량을 위해서는 경찰권의 보호, 새로운 자본 투자, 사업자 물색, 판매망 구축 등의 업무를 조직적이고 규칙적으로 추진해야 하는데 궁내부로서는 불가능하다는 것이다.

디욱이 궁내부는 부패했기 때문에 개혁적 일을 담당할 수 없다는 것이었다. 이토는 조사한 통계를 제시했다. "경리원 설립 이후 8년 사이에 수입 중 6백여만 원을 경리원 관리들이 개인적으로 착복"하고, 장부에는 "납세 미납으로 기장"했음 지적했다. 이런 경리원에 어떻게 계속 홍삼 경영과 관리를 맡길 수 있겠냐는 것이다. 정부가 경영하여 수익을 올리고, 궁내부는 수익의 일정한 비율을 거두는 것이 황실과 나라 경제를 위해서 좋다는 것이었다.

1906년 3월 8일 <대한매일신보>의 보도에 의하면 "궁내부 소속 관리를 조사하니 그 수가 6천여 명이나 되는데 대부분 이름만 걸쳐놓고 국고만 낭비하는 사람"이었다. 실질적으로 궁내부의 부패는 매우 깊었고 정리가 필요했다.

고종의 요구는 하소연으로 바뀌었다. "일의 이치가 본디 그래야 하지만, 정부가 경영하는 것과 같은 방법으로 궁내부가 경영하는 것도 어렵지 않다고 믿기에 당부하는 바이오. 짐은 어떻게 해서라도 선조부터 내려오는 사업, 즉 황실 사유의 재원(財源)을 정부의 손에 옮기는 것을 꺼리지 않을 수 없소."

이토의 주장도 바뀌지 않았다. "이제까지와 같은 상태를 그대로 방임할 수는 없습니다. 이는 충심으로 황실을 염려하여 드리는 말씀입니다."라고 강행의 뜻을 밝히자, 고종은 "경을 진심으로 신뢰하오. 경의 재고를 바라오."라고 이토에게 요청했다.

이토의 결정은 단호했다. "시대의 충신은 군주의 역린을 건드리기를 두려워하지 않고 간쟁(諫爭) 하는 신하입니다. 군주의 뜻에 맞추어 아부하고 눈앞에서 복종하는 것은 군주에 충성하는 것이 아닙니다."라고 답하면서 강행의 뜻을 다시 밝혔다.

고종에 대한 불신을 드러내면서 이토의 언설도 거칠어졌다. 때때로 고종에게 "잔꾀를 부려 밀계와 음모를 꾸미고 있다"든가, "폐하는 무책임한 잡배의 말을 듣기 좋아하고 그들을 신용하기 때문에 매사에 의심이 많고 판단이 흐리다"라든가, 또는 자신이 통감으로 한국에 와서 보니 군주는 신하를 속이고 신하 또한 군주를 기만하여 상하가 서로 속이는 것을 능사로 여기고 있어, "충량한 보필의 신하가 나올 수 없고 따라서 국가의 발전과 번영을 기대하기 불가능하다"라는 등의 표현을 거침없이 쏟아냈다.

하지만 이토는 노회한 정치인이었다. 그는 통감통치의 가장 큰 장애물인 고종을 압박하면서도 다른 한편으로는 고종에게 충성을 다짐하면서 협조를 구하는 것을 잊지 않았다. 때때로 이토는 자신은 오로지 "한국의 문명개화와 중흥을 위해서 진력"하고 있다든가, 천황에게 충성하는 것과 "똑같은 성의와 충성심으로 폐하를 받들고" 있다는 것을 거듭 강조하면서 고종에 대한 충성심을 표시했다. 뒤에서는 고종을 "우유부단"하고 "면종복배에 능한 사람"이라고 비판하면서도, 앞에서는 충성을 다짐하고 협조를 당부하곤 했다.

## 고종의 대응

　　7월 2일 이토의 내알현 이후 고종과 이토의 긴장은 점차 첨예화됐다. 물론 강자인 이토가 늘 공격했고, 고종은 방어하는 자세였다. 하지만 고종이 수세적 처지에 있으면서도 고종 특유의 위기관리와 유연한 대응은 이토를 초조하게 만들었고 그의 열복론에도 어두운 그림자가 드리워졌다.

　외유내강의 성품을 지닌 고종은 만만한 인물이 아니었다. 40년 넘는 세월 동안 수많은 역경을 거쳐오면서 권력을 관리해 온 고종 또한 노회한 군주였다. 고종은 이토의 공격을 받으면서도 그를 대할 때마다 통감의 능력을 높이 평가하고 시정개선을 위한 노고를 위로하는 여유를 보였고, 한국의 장래가 통감의 양어깨에 달려 있다고 격려하는 것을 잊지 않았다. 그러면서도 그는 주권회복을 위한 황권 행사를 지속했다. 밀서와 밀사를 열강에 파견하고, 의병을 후원하면서 통감부의 시정개선 정책을 여러 형태로 흔들었다. 때때로 합의한 사안도 일방적으로 파기하는가 하면 "왕왕 통감의 권위를 넘보는 조치"를 취하곤 했다. 언제부터인가 이토는 고종을 사석에서는 '다누키 지지이'(狸爺: 어수룩한 듯하면서 교활한 영감)라고 부를 정도로 경멸하면서도 상대하기 힘들어했다.

　궁금령 시행 이후에도 고종은 이토가 '잡배'라고 부르는 외부인들과 은밀한 접촉을 지속하면서 밀서를 보내고 의병활동을 지원했다. 을사조약 체결 후 민영환을 비롯해 조병세, 이한응, 이상철, 홍만식,

송병선 등 많은 사람이 자결로서 반대의 뜻을 보였을 때, 고종은 그들에게 제문과 시호를 하사하고 유족에게 금품을 수여하여 위로함으로써 일본에 항의했고, 국민에게 자기 뜻이 어디에 있는지를 명확히 보였다. 그는 의병투쟁으로 일본군에 구속된 최익현을 구명하기 위하여 "법부에서 인도받아 한국 국법에 따라" 조치할 것을 여러 차례 이토에게 요구했다. 물론 이토는 거절했으나, 고종의 이러한 노력은 이후에 전개된 의병투쟁을 고무했다.

고종은 일본에 보빙대사를 보내면서 또 다른 한편으로는 밀사를 미국, 러시아, 프랑스 등에 은밀히 파견하여 을사조약의 부당성을 국제사회에 조정을 호소했다.

고종의 밀명을 받은 주불공사 민영찬(민영환의 동생)은 1905년 말 미국의 루투 국무장관을 예방하고 을사조약은 "한국황제를 협박하여 체결된 것이므로 마땅히 무시"되어야 한다는 것을 강조하면서 한미수호조약에서 약속한 제1조의 '거중 조정(good offices)'를 당부했다.

을사조약 직후 고종은 미국에 있는 헐버트에게 "짐은 총칼의 위협과 강요 아래 최근 양국 간에 체결된 소위 보호조약이 무효임을 선언한다. 짐은 이에 동의한 적도 없고, 이후에도 절대 하지 않을 것이다"라고 사정을 설명하고 그 뜻을 미국 정부에 전달할 것을 지시했다.

1906년 1월에는 런던 <트리뷴>지의 기자 스토리에게 을사조약 부인과 5년 동안 열강의 공동 보호를 호소하는 친서를 전했다. 이 친서는 1년 후 <대한매일신보>에 게재되면서 고종과 이토 사이에 커다란 파문을 불러왔다. 6월에는 또다시 헐버트를 통해서 미국, 영국 등

대한제국과 수교를 맺고 있던 9개국 국가 원수에게 자신이 동의하지 않은 을사조약은 무효임을 호소하는 밀서 전달했고, 12월에는 민영돈을 미국으로, 그리고 이기현을 러시아로 파견했다.

물론 이러한 밀사 외교는 아무런 실효를 거두지 못했다. 그러나 삼국간섭의 악몽을 떨치지 못하고 국제사회의 여론을 중요시는 이토로서는 여간 우려되는 바가 아닐 수 없었다. 더욱이 그는 을사조약을 강제했고 통감통치를 주도하는 당사자였다.

고종은 이토의 비난과 요구를 수용하는 듯하면서도 허를 찔러 이토를 긴장케 하곤 했다. 고종은 일본이 죄의식을 지닐 수밖에 없는 민비시해사건을 때때로 거론하여 이토를 불편하게 만들곤 했다. 궁금령 후 이토가 다시 궁내부 관제 개편의 필요성을 강요할 때, 고종은 이에 동조하는 듯한 태도를 보이면서, 민비시해를 거론하여 이토의 요구를 방어했다.

고종은 "민 황후가 죽는 불행"이 결국 한국인의 분노가 쌓여 와신상담 끝에 나타난 결과가 양국 사이의 관계가 점차 소원한 모습으로 발전했다고 발언하곤 했다. 한일 사이의 불행의 근원이 일본에 있다는 것이다.

고종이 민비 사건을 거론할 때마다 이토는 "이미 지나간 일을 다시 논한다 해도 이익이 없습니다. 중간에 불행한 일이 없는 것만 못하지만, 이미 벌어진 이상에 이제 와서 어쩔 수 없습니다"라고 논의를 피하면서, 더 중요한 것은 고종과 자신이 두 나라의 관계를 더욱 긴밀하게 이어가야만 한다고 강조하곤 했다. 고종은 "이제 와서 별

방법이 없지만, 지난날에 있었던 일의 결점을 되돌아보자는 것일 뿐이오."라고 지난날 일본이 저지른 '잘못'을 회상시키곤 했다.

고종은 또한 이토가 지휘하고 있는 박제순 내각이 을사조약 체결의 당사자라는 태생적 문제점을 제기하여 이토의 공격을 비껴가기도 했다. 7월 29일 내알현자리에서 이토가 거듭 김승민 밀칙 사건을 제기하면서 압박하자, 고종은 "짐이 각 대신을 불러 시정개선에 관하여 주의를 환기하고 싶은 생각이 있는데 경의 생각은 어떠하오?" 하면서 대화의 주제를 돌렸다. 고종에 의하면 이토가 지휘하고 있는 국무대신들은 을사조약 체결을 주도한 인물들로서 국민으로부터 '을사오적'이라고 배척당하고 있고, 또한 자신이 전적으로 신용하지 않고 있다는 것을 알고 있어 능동적이고도 적극적으로 시정개선에 임하지 못하고 있다는 것이다. 그래서 자신이 대신들을 불러 "그들에게 강한 의지를 다지고 분발해서 일어날 수 있도록 하면 어떻겠소?" 하고 이토의 의향을 물었다. 이는 한편으로는 자신의 역할을 강조하면서 또 다른 한편으로는 시정개선이 지연되고 있는 것은 통감부의 능력 부족이라는 것을 비판하고 있는 것이었다.

그뿐만 아니라 고종은 실질적으로 이토가 지휘하고 있는 친일 내각을 불신하는 태도를 보여 이토를 어렵게 만들곤 했다. 이토는 기회 있을 때마다 고종에게 정치는 국무대신에게 맡겨 책임을 지우는 것이 좋다고 하면서 관여하지 말 것을 요구하곤 했다. 그럴 때마다 고종은 "짐은 군권을 모두 정부 신료에게 맡겼소. 통감이 우리 각료를 잘 지도하여 시정개선의 효과를 거두기 바라고 있소."라고 답했다.

시정개선의 효과가 나타나지 않는 것은 자신의 관여 때문이 아니라 통감이 지휘 감독하고 있는 내각의 탓이며 통감과 통감부의 책임이라는 것이다. 이토는 열복의 한계를 절감하지 않을 수 없었다.

때때로 고종은 '이간' 책략도 구사했다. 고종은 한때 '일본의 라스푸틴'으로 알려진 이이노 기치사부로(飯野吉三郎)를 궁중에 초청하기 위해 은밀히 일본에 사람을 보낸 일이 있었다. 이이노는 러일전쟁의 분수령인 대한해협 해전의 승리 날짜와 장소를 정확하게 예언하면서 유명해졌고, '대(大)일본정신단'이라는 신흥종교단체를 만든 인물이다. 고종은 그를 은밀히 초청하려고 했었다.

가토 궁내고문을 통해서 고종의 시도를 알게 된 이토는 제7차 시정개선협회의에서 대신들에게 이이노는 학식과 인물 모두 결코 뛰어난 사람이 아니라고 평가하면서 "무엇 때문인지 폐하께서는 그를 궁중에 용빙(傭聘)하여 내 머리를 억누르게 하려는 생각"이었다고 설명했다. 그리고 10월 11일 내알현 자리에서도 이토는 고종에게 이이노 용빙문제를 제기하면서 "이런 일들은 모두 폐하의 신료들이 폐하를 기만해서 일어난 일들이 아니오?"라고 탓했다.

고종은 이토와 하세가와 사령관 사이에 잠재해 있는 갈등의 불씨를 살리려고 시도하기도 했다. 통감 임명 당시부터 군부는 군권을 장악하는 이토의 통감 임명을 반대했었고 하세가와도 이에 동의했었다. 통감과 군부의 미묘한 역학관계를 알고 있었던 고종은 때때로 하세가와를 따로 불러 "짐과 경 사이에도 정의가 소통되어야 하므로 짐이 의심스러운 점이 있으면 직접 경에게 확인할 테니 경도 역시 같이해주기 간절히 바라오"라고 친근감과 신뢰를 은근히 표하곤 했다.

또한, 고종은 일본에 망명 중이던 박영효를 귀국시켜 대신에 임명하여 이토와 이완용 내각을 견제하려고 하기도 했다. 물론 이러한 고종의 이간 책략은 효과를 거두지 못했으나, 이토를 긴장시키기에는 충분했다.

이토는 일시귀국 인사차 11월 19일 고종을 알현했다. 두 사람의 대화는 원만한 분위기에서 진행됐다.


**고종**: 시정개선 업무가 경의 재량에 의하여 단서가 열리는 이때 경이 잠시 본국에 귀국한다는데 혹시 그 실행이 지연되지 않을까 염려되오.

**이토**: 그렇지 않습니다. 이미 커다란 방침은 정해졌고, 이를 실시하여 그 효과를 거두는 데는 일정한 시간이 필요합니다. 당국의 각 대신이 정해진 방침에 따라 효과를 거두기 위해서 힘쓰고 있으므로 시행이 지체될 염려는 없습니다.

**고종**: 경 부재중 실행에 필요한 자세한 사항들을 각 대신에게 지시하여 만사 유감없기를 기대하오. 경 부재중 중대한 일들은 하나하나 경과 의논하고 작은 일은 각 대신이 실행할 수 있을 것이오.

**이토**: 이미 지난 16일 각 대신을 관저로 소집하여 본관 부재중 시행해야 할 사항들을 상세히 설명해서 각 대신은 모두 자신의 해야 할 일을 숙지하고 있습니다.

이어서 이토는 아시아정세를 설명하면서 한국에서 자신의 역할을 다시 강조했다. 그에 의하면 청나라는 "반사(半死)의 노(老) 대국으로 몰락"했고, 베트남과 통킹은 이미 "멸망"했고, 태국은 영국과 프랑스 사이에서 "독립이라는 허명"만 지키고 있었다. 이처럼 절박하고 급변하는 상황 속에서 한국이 다시 일어나기 위해서는 시정개선의 필요성, 자신의 역할, 그리고 고종의 지원을 다음과 같이 설명했다.

"아시아의 대부분 나라는 몹시 어렵고 슬픈 처지에 빠져있습니다. 본관은 노후의 남은 목숨으로 한국에 와서 몸과 열성을 다해 귀국을 지도하고 개발하여 국민의 행복 증진을 위해 힘쓰고 있습니다. 하지만 손바닥도 마주 쳐야 소리가 나듯, 위로 폐하를 위시하여 각 대신 모두가 본관의 의지를 믿고 한마음 한뜻으로 시정개선에 찬동하고 협조할 때 비로소 그 효과가 나타난다고 믿습니다."

고종도 이에 적극적으로 동조하면서, "서양세력이 동아시아로 무섭게 밀려오는 이때 경이 통감으로 우리나라의 시정개선을 위해 힘쓰는 것에 짐은 크게 만족하고 있소."라고 이토의 역할을 지원했다. 그리고 천황의 신임이 두터운 만큼 이토가 때때로 한성을 떠나는 것은 사정상 어쩔 수 없지만 "될 수 있는 대로 속히 돌아와 우리나라를 위하여 수고를 아끼지 말고 시정개선 사업의 유종의 미를 거두기를 절실히 희망하오."라고 당부하는 것을 잊지 않았다. 하지만 고종과 이토는 각자 다른 생각을 하고 있었다.

　이토는 5월에 잠시 귀국할 때와 같이 고종에게 금기 사항을 제시하지도 않았고 다짐을 받으려 하지도 않았다. 이토는 그동안의 학습을 통해서 효과가 없다는 것을 알았다. 그는 황권을 제어하기 위한 보다 근본적인 방안을 모색하고 있었다.

## 고종의 폐위구상

　　　　　이토는 11월 21일 일시귀국 길에 올랐다. 공식 이유는 이토가 총재로 있는 제실제도(帝室制度)조사국이 주관하는 황실전범 증보를 완성하기 위해서라지만, 실은 그동안 지친 심신을 달래기 위함이었다. 귀국 한 달 후 이토의 수행비서 후루야(古谷)가 쓰루하라 총무장관에게 보낸, "(통감이) 오이소에 돌아온 후 경과가 매우 좋아져서 어제부터는 체온도 평상으로 회복되었음."이라는 전문은 이토의 건강이 어떠한 상태였는지 잘 설명해주고 있고, 또한 통감업무가 얼마나 고된 일이었나를 알 수 있다.

　'인민의 복리와 문명화'를 표방한 이토의 1년에 걸친 시정개선 작업은 어느 정도 정착하는 듯했다. 각 영역에서 법과 제도의 재정비를 통한 보호 지배의 틀을 형성했다. 물론 이토가 이끈 개선은 일본을 모델로 삼아 추진됐고, 그가 강조한 문명화는 일본화를 의미하고 있었다. 병탄의 길을 닦기 위함이었고, 그것은 그리 어렵지 않은 일이라고 생각했다.

하지만 시간이 가면서 통감 이토는 대한제국 통치가 생각했던 것처럼 쉽지 않다는 것을 깨닫게 됐고, 또한 현실에서 드러났다. 장담했던 열복은 전혀 발전이 없었고, 고종을 통제하는 데도 많은 어려움과 한계를 느끼게 됐다. 이토는 육체적으로나 정신적으로 지쳐있었다.

이토는 통감으로 부임하면서 고종을 쉽게 제압할 수 있을 것으로 생각했고, 또 외형적으로는 제압한 듯했으나, 실상은 그렇지 못했다. 고종은 이토의 제안에 늘 동의하는 듯하면서도 실제 행동은 그렇지 않았고, 약속도 쉽게 파기하고, 친일 대신들을 압박했다. 또한, 은밀히 의병과 연계해서 반일운동을 전개했고, 밀사를 통해서 일본의 강압 지배의 실상을 국제 여론에 호소했다. 하지만 이토는 이를 통제할 수 있는 뚜렷한 방안을 찾지 못하고 있었다.

이토는 시간이 가면서 점차 초기의 자신감을 잃었다. 1907년 초 이토는 자신을 찾아온 세이유카이(政友會)의 오가와 헤이키치(小川平吉) 의원에게 "그동안의 경험을 통해서 볼 때 도저히 이 조선을 보통의 수단과 방법으로는 시정개선을 이룰 수 없고, 일한협약(을사조약)의 목적을 달성할 수 없을 것 같소."라고 고충을 토로했다. 그리고 그 이유는 "황제의 음모와 무책임" 때문이라고 "탄식하면서" 다음과 같이 말했다.

"오늘에 이르러서는 나도 당초에 생각했던 것이 잘못됐다는 느낌이 들었소. 도저히 이전과 같은 생각으로는 조선에서 결

코 목적을 이룰 수 없다는 것을 근자에 처음으로 깨달았소."(射

山櫻祕聞, "皇帝退位·新保護條約締結顚末",『小川平吉關係文書』1, p549)

그동안의 통치 방법을 재검토하지 않을 수 없었고, 그 핵심은 고종이었다.

이토는 귀국길에 오르기 직전 통감 대리인 하세가와에게 자신의 심중을 털어놓았다. "올봄 부임한 이래 내가 한국의 시정개선을 맞아 내각 대신들을 지도하면서 성의와 정성을 다하여 폐하께 충심으로 간(諫)해 왔소. 또 전력을 다해서 시정개선 업무에 임했으나 실효를 거두지 못했소. 이런 상태로는 도저히 내 힘이 미칠 수 없으니 폐하의 뜻에 따라 방임하는 이외의 길은 없을 듯하오."

고종이 정국 운영에 얼마나 큰 장애물인가를 잘 보여주고 있다. 물론 그렇다고 해서 이토가 포기한다는 것은 아니다. "오늘날의 일한관계는 일본의 책임상 아무것도 이루지 못하고 끝맺을 수는 없소. 그래서 내가 귀국 후 깊이 거듭 생각해서 돌아올 때는 어떤 수단을 가지고 와야 하지 않을까 하오."라고 각오를 밝혔다.

이토는 1907년 초 자신을 찾아온 하라 다카시에게도 조선 통치의 어려움을 설명하면서 "자칫하면 국왕을 위시해서 독립해야 한다는 생각이 (사회 전반에) 퍼질 수 있어서 명분보다 실리를 취하는 방침을 취해야"겠다고 정책 전환을 시사했다. 지금까지와 다른 대안을 마련하겠다는 뜻이었다. 하라가 보기에도 이토가 "여러 가지로 고심하고 있음"을 알 수 있었다.(『原敬日記』2, p.266)

이토는 이때부터 고종 폐위 문제를 염두에 두고 있은듯하다. 물론 노회한 정치가인 그는 이를 발설하지 않았다. 그가 도쿄로 출발하기 3일 전 일진회를 이끄는 송병준이 통감부 관저를 방문해서 고종의 폐위론을 펼치면서 통감부가 묵인해 줄 것을 요청했다. 이토는 이를 반대하기니 기부하지 않았다. 대신 하세가와 사령관과 협의할 것을 지시했다.

이토가 도쿄 체류 중인 12월 10일 학부대신 이완용이 하세가와를 찾아와 고종의 폐위 문제를 다시 제기했다. 이완용은 "이토 통감은 어떻게든 폐하의 성격을 고쳐 국정 개선사업의 효과를 거두려고 열심히 노력해왔습니다. 그러나 통감은 결국 폐하의 성격을 충분히 교정하지 못했고 끝내 구제할 수 없다고 확신한 것 같습니다. 그동안 우리 또한 군신(君臣)의 정의를 보아 여러 가지 수단으로 폐하의 뜻을 번복하려고 노력했으나 결국 무익하다는 것을 깨닫게 됐소."라고 상황을 설명했다. 그러면서 "지난 역사에서 볼 수 있듯이 이런 상황에서는 폐위 이외의 방법은 없습니다."라고 고종의 폐위를 제안했다. 물론 일본에 폐가 가지 않도록 일을 처리하겠다고 장담했다. 하세가와는 이완용의 제안에 전적으로 동의하지만, "이 일이야말로 매우 중대한 사안"이므로 신중할 필요가 있다고 하면서 즉답을 피했다.("1906年統監代理長谷川好道韓皇謁見始末報告", 『통감부문서』 3)

하세가와는 이를 즉시 도쿄의 통감에게 보고했으나 이토는 긍정도 부정도 하지 않았다. 그는 한국 내각에서 폐위 논의가 점차 무르익어가고 있음을 지켜보고 있었다.

통감으로 부임하면서 내세우고 자신했던 열복도 시간이 갈수록 실현 가능성이 희박해졌다. 을사조약 이후 의병투쟁으로 알려진 국민적 저항은 사그라질 줄 모르고 전국으로 확대됐다. 이토 부재중 각지에서 소동이 계속됐고, 주둔군이 여러 차례 출병하여 토벌에 힘을 기울였으나 쉽게 진정되지 않았다. 이토가 기대하고 있던 열복과는 너무나 달랐다. 새로운 대안이 필요했다.

6장

고종 폐위

"大回復: 國權自由, 人民自由, 外交自由"

〈황성신문〉

## 국민적 주권회복 운동

이토의 통감통치 2년을 맞이하는 1907년의 대한제국은 자주와 독립의 열기가 충만했다. 〈황성신문〉의 신년호는 두 면에 걸쳐 독립과 국권 회복을 표어로 내걸었다.

〈황성신문〉 1907년 신년호 1면

새해가 시작하면서 일본에 체류 중인 이토를 곤혹스럽게 만드는 사건들이 이어졌다. 하나는 평양대부흥회다. 1월 2일부터 15일까지 평양에서 계속된 대부흥회는 기독교 확산과 국권의식 강화를 촉진했다. 이를 계기로 한국 기독교는 양적으로나 질적으로 커다란 변화를 일으켰고, 강력한 회개와 영적 각성 운동이 일어났다.

평양 장대현 교회의 대부흥회

평양대부흥회가 직접 배일 운동으로 이어지지는 않았지만, 민족의식과 독립정신 고취, 그리고 배일 운동의 중요한 요인으로 작용했다. 이를 계기로 교육열, 우상숭배 퇴치, 여권신장, 기독교 학교 설립 등 사회 각성이 이어지면서 자립, 자강의 열기를 크게 자극했다.

이토는 기독교의 확산이 미칠 사회적 파급을 우려했다. 일본의 보호 지배가 진행되는 당시의 한국적 상황에서 기독교가 "전염병처럼 널리 퍼지면" 배일사상이 증가될 것이고, 그리되면 앞날이 매우 곤란하게 될 것은 의심의 여지가 없다고 염려했다.

한 정보기관의 보고서에 의하면 한국의 기독교는 30년도 안 되는 짧은 기간에 아시아에서 유례를 볼 수 없는 많은 신도를 가지게 됐고, 이들이 선교사들과 연결될 때 예기치 못한 정치적 파문을 불러올 것으로 판단했다. 그러면서 "교회가 배일 행동을 꾀하는 일이 발생한다면, 그동안 일본이 수많은 대가를 치르고 획득한 보호권은 교회의 잠재 세력 때문에 크게 교란되는 것은 피할 수 없을 것"이라고 경고했다("기독교도의 狀勢에 과한件", 『통감부문서』 1)

통감의 촉탁으로 이토를 보좌하는 흑룡회의 우치다 료헤이 또한 1907년 초 이토에게 "서교(기독교)의 선동은 배일 운동에 지대한 영향"을 끼치고 있고, "자강 독립을 선언하면서 배일을 이끄는 주도 세력"으로 발전하고 있다고 보고했다.

이토나 우치다의 우려와 정보기관의 경고는 적중했다. 평양대부흥회 이후 기독교는 전국적으로 빠른 속도로 퍼졌고, 1945년까지 배일·독립운동의 중요한 에너지로 작동했다. 평양대부흥회의 중심인물이었던 길선주 목사(당시는 목사가 아니고 장로였음)를 위시해서 1919년 3·1독립선언서에 서명한 33인 가운데 개신교 인사가 16명이었던 것은 결코 우연이 아니었다.

다른 하나는 1월 16일 자 <대한매일신보>에 사진판으로 보도된 고종의 을사조약 반대 친서 원문이다. 황제의 국새(國璽)가 선명하게 찍힌 사진판이었다. 통감부에서 오랫동안 이토를 보좌했던 고마츠 미도리(小松綠)의 표현을 빌리면 이는 "자존심 강한 이토의 콧대를 우두둑 소리 나게 부러뜨린 뜻밖의 사건"이었다. 한성으로부터 보고 받

〈대한매일신보〉에 사진판으로 보도된 고종의 밀서. 국새가 선명하게 찍혀있다.

은 이토는 얼굴빛이 변할 만큼 노했다.

1906년 1월 29일 작성된 여섯 항목의 이 '친서'는 고종은 조약에 동의도 서명도 하지 않았으며, 한국의 주권을 외국에 넘기는 일체의 행위를 부인했고, 일본이 한국의 내정을 통제하는 것은 부당하다고 주장했다. 그리고 세계열강이 집단으로 한국을 5년 동안 공동으로 보호해주기를 바란다는 요지였다. 을사조약을 원천적으로 부인하고, 한국의 중립화를 열강이 공동으로 보장해달라는 내용이었다.

고종 친서를 특종보도한 런던의 일간지 <트리뷴>의 스토리(Douglas Story) 기자가 1907년 출간한 *Tomorrow in the East*에 의하면 그는 1906년 1월 말 몹시 추운 날 새벽 4시 궁중의 밀사로부터 1월 29일 작성했고 황제의 붉은 도장이 선명한 친서를 받았다. 그는 일본의 삼엄한 경비망을 뚫고 한성을 빠져나와 제물포에서 노르웨이 부정기 화물선으로 중국 지부(芝罘)에 도착해서 기사를 타전했고, 이는 2월 8일자 <트리뷴>에 게재됐다. 스토리는 영국 영사관을 방문하여 총영사 오브라이언 버틀러(O'Brien-Butler)에게 고종의 친서를 보여주었다.

<트리뷴>의 기사는 다시 동양으로 전파되어 여러 신문이 인용하고 전재했다. 호머 헐버트가 편집인으로 있는 <코리아 리뷰>는 1906년 10월호에 5페이지에 걸쳐서 친서의 내용과 작성 경위, 그리고 친서의 진위 논란을 자세히 보도했다. <코리아 리뷰>는 일본이 이를 "위조된 문서라고 주장하는 것은 마치 지구가 둥글지 않고 평평하다는 주장과 다름없다."라고 반박했다.

고종의 친서 기사는 이토가 한국을 떠나기 전 이미 알려졌고, 고

종과도 합의를 본 사안이었다. 10월 30일 이토가 고종을 알현했을 때 고종은 이토에게, "짐은 지금까지 이홍장, 원세개 그리고 경에게 친서를 보낸 일은 있지만, 그 외 누구와도 편지를 주고받은 적이 없소. 영어신문 기자에게 내가 친서를 보냈다는 말이 퍼지고, 또 그 기사가 게재됐다는 것을 통감에게서 들은 이근택으로부터 보고 받았소. 이는 심히 기괴한 느낌이 드오. 짐은 결단코 그 기자에게 친서를 보낸 일이 없소."라고 해명했다. 그러면서, "사실과 전혀 다른 이 일을 어떻게 처리하면 좋겠소?"라고 처리 방안을 물었다.

이토는 "일본 정부는 이 문제에 대하여 따로 드릴 말씀이 없습니다. 다만 폐하께서 불편하고 이상하다면 그 기사를 취소할 필요는 있습니다."라고 처리 방안을 제시하고, 궁내대신으로 하여금 그 기사가 사실과 다르고 취소한다는 내용을 문서로 만들어 자신에게 전해 달라고 요구했다. 고종이 이를 수락하면서 이 사건은 끝났다.

하지만 새해 들어서 <대한매일신보>가 이 기사를 다시 보도하면서 문제가 불거졌다. 16일 보도가 나가자 쓰루하라 장관은 즉각 도쿄의 이토에게 내용을 보고했다. 그리고 한국정부에는 이를 부인하는 내용을 관보(官報)에 밝힐 것을 지시했고, <대한매일신보>에게는 정정 보도할 것을 요구했다. 이토에게 보낸 쓰루하라의 보고에 의하면 한국 황실은 신문사와 긴밀한 관계를 맺고 있고, 매달 500원을 후원하고 있었다.

'친서'가 국제사회에 알려진 지가 1년이 넘었고, 이미 고종과 이토 사이에 합의가 이루어진 사건이기 때문에 새로운 것은 아니었다. 하지만 많은 한국인 독자를 가지고 있는 국한문신문에 을사조약을 부인하는 국새(國璽)가 찍힌 고종의 친서가 사진판으로 보도됐다는 것은 충격이 아닐 수 없었다. 고종에게는 자신의 진의가 무엇인지를 국민에게 직접 알리는 계기가 됐으나, 을사조약 체결을 주도했고, 그 결과 통감으로 부임한 이토로서는 곤혹스럽지 않을 수 없었다.

이토는 이 문제를 재론하지 않았다. 오히려 한국 대신들이 더 강경한 태도를 보였다. 귀국해서 4월 5일 가진 시정개선협의회에서 대신들이 <대한매일신보>에 강력한 조처를 제안할 때 이토는 '언론의 자유'를 들어 이에 반대했다. 하지만 그는 막후에서 본국의 외무성과 협의하여 <대한매일신보>의 폐간과 베델의 추방을 추진하고 있었다.

이토를 곤혹스럽게 만든 또 다른 사건은 2월 말부터 번지기 시작한 국채보상운동이었다. 이토가 보호통치를 시작하면서 가지고 온 1천만 엔을 비롯하여 일본이 한국에 제공한 1천3백만 엔의 차관을 국민이 성금을 모아서 상환하자며 전개한 국민운동이다. 7월 경상북도 대구에서 김광제, 서상돈 등에 의해 처음 시작된 이 운동은 대중의 호응을 받으면서 전국으로 빠르게 번져나갔다.

21일 자 <대한매일신보>는 한국이 일본에 빚지고 있는 "1천3백만 엔은 나라의 존망(存亡)에 직결된 것인데, 나라가 갚을 능력이 없으니 남자는 담배를 끊고, 여자는 비녀와 가락지를 내어 국채를 갚자"라고 호소했다. 민중의 애국심을 자극한 이 운동은 전국으로 퍼졌고, 특히 민족자본가와 지식인층과 언론이 주도적으로 이끌면서 국권회복운동으로 발전했다. 이완용은 이토에게 국채보상 명목으로 민간에서 거둬들인 돈이 의병활동에 사용될 가능성을 우려하면서 대처방법을 호소하기도 했다.("統監 歸國 후의 한국 政情 상황 통보", 『통감부문서』 3)

## 어수선한 정국

고종은 이토가 떠나기 전에 '중대한 일들은 하나하나 경과 의논해서 처리'하겠다고 약속했으나, 통감이 자리를 비우자 고종은 기다렸다는 듯이 인사와 관제 개편을 단행했다. 11월에는 상공부대신 권중현을 군부대신으로, 경기도 관찰사 성기운을 농상공대신에, 탁지부대신 민영기에게 내무대신 겸무를, 심상훈을 시종 무관장에 임명했다. 12월에는 한규설을 중추원 의장에, 조병호를 의정부 의정대신에, 1907년 1월에는 궁내부 관제를 개정하고 심상훈을 다시 궁내부대신으로 임명하는 등 인사가 끊이지 않았다.

하세가와가 통감 대리가 빈번한 인사 조치에 반대의 뜻을 표했으나 고종은 개의치 않았다. 하세가와의 표현을 빌리면 고종은 "각 부의 판임관 등의 임면은 물론 일개 병졸의 보초 위치까지 간섭"했다. 고종의 빈번하고도 갑작스러운 인사에 대신들은 관보를 보고 출근할 정도로 불안했다.

을사조약 이후 전국적으로 번진 의병 항쟁 또한 날이 갈수록 더해졌다. 마루야마 경찰 고문이 일본에 체류 중인 이토에게 보낸 보고서에 의하면 "의병 세력은 날로 창궐하여 완강"해지고 있었다. 홍천을 근거지로 삼은 의병활동은 충청도 전역으로 퍼졌고, 순창을 거점으로 한 의병투쟁은 전라남북도로 확대됐다.

의병활동의 배후에 고종이 있다고 확신하고 있었던 이토는 확실한 물증을 확보하고 싶었다. 이조참판을 지낸 민종식이 이끄는 항일 의병이 시친, 공주, 홍성 등으로 퍼졌으나 11월 말 홍천전투에서 패하면서 체포됐다. 당시 일본에 체류하고 있던 이토는 보고를 받고 즉시 직접 하세가와 통감 대리에게 "본건(민종식 체포와 조사)에서 가장 중요한 점은 민(閔)과 궁중과의 관계를 밝히는 것이니 경무청과 평리원에서 심사할 때 이 점을 명백히 규명하도록 주의하기 바람. 이는 말할 것도 없지만 재차 다짐 삼아 말씀드림."이라는 특별 지시를 보냈다.("義兵將閔宗植 체포 件", 『통감부문서』 3) 이토는 김승민 밀칙 사건과 같이 고종과 의병의 관계를 밝힐 수 있는 확실한 물증이 필요했다.

고종은 통치자금 마련과 국제적 여론에 호소하는 밀사 파견도 계속했다. 통감부가 수집한 보고에 의하면 황실은 황제의 계자판(啓字牌)을 보증으로 상해의 프랑스 회사로부터 단기 차관을 얻는가 하면, 상해에 체재 중인 민병돈을 미국으로, 이기현을 러시아로 파견했다. 상해에 체류하고 있는 또 다른 '민 씨(閔族)'들이 프랑스와 독일 등으로 출발할 예정이고, 필요한 운동경비는 한국황제의 내밀한 명령에 따라 상해에 체류하고 있는 민영철과 민영익의 수중에서 지출되고 있었다. 이 시기 일본 외무성과 통감부는 고종이 1907년 헤이그에서 열리는 만국평화회의에 밀사를 파견할 것인가에 촉각을 세우고 있었다.

이토 부재중 박제순이 이끄는 의정부 또한 몹시 불안했고 내분이 심했다. 이토가 일본에 체류하는 동안 통감부에서 주기적으로 보내온 "정세 보고서"에 의하면 대신들 사이의 권력 다툼이 끊이지 않았다. 내각 한편에서는 박제순 내각을 무너뜨리기 위한 공작을 진행하고 있는가 하면, 심상훈과 이도재는 법부대신 이하영을 제거하기 위해 은밀히 통감부의 관리들을 찾아다니고 있었다.

이완용 또한 자신의 세력 강화를 위해 노력하고 있었다. 통감부가 이토에게 보낸 2차 보고서에 의하면 이완용은 박제순에게 "폐하를 능히 조정하여 우리 손아귀에 넣든지, 아니면 이와 반대로 폐하의 손아귀로 들어가든지" 선택해야 할 때가 되었음을 주장하면서, 결국 힘은 고종이 아니라 통감부에 있으니 "폐하께서 아무리 미워하고 분노한다 해도 개의치 말고 해야 할 일을 단행하는 주의를 취할 것"을 종용했다. 보고서는 다음처럼 결론짓고 있다.

> 생각건대, 지금 조야에 있는 야심가들은 모두 내각을 탈취할 계책을 마련하고 있음이 틀림없습니다. 그리고 그 책략은 너나 할 것 없이 모두가 문하생들을 시켜 이간과 중상을 일삼아 서로 의혹을 낳게 하여 끝내 현 내각 대신들의 결합을 무너뜨리려는 것입니다. 무릇 이런 일을 깨닫지 못하고 (현 내각이) 그들의 술수에 빠져드는 것은 극히 좋지 못한 계책이라고 지적하고, 모든 암귀(暗鬼)를 잘 제거하고 현재의 내각이 단결을 공고히 해야 할 것을 촉구했습니다.("統監府第貳回報告", 『통감부문서』3)

더하여, 이토의 귀임이 늦어지면서 총리를 역임한 군 출신 가쓰라 다로가 새로 부임한다는 유언비어가 나돌았다. 대신을 포함한 의정부의 고위 관리들은 지위를 보존하기 위하여 은밀히 통감부 출입이 잦아졌다.

이토는 추운 겨울을 일본에서 보내고 3월 20일 한성에 돌아왔다. 4개월 만에 접한 한성의 분위기는 배일과 반정부 열기가 충만했다. 이토가 사이온지 수상에게 직접 전한 "기밀" 보고서에 의하면 한국의 상황은 곳곳에서 정부를 공격하는 소리가 크게 높아져서 대부분이 사면초가가 된 상태였다. 국채보상회를 비롯한 주요 단체들, <황성신문>과 영국인 베델이 주관하는 <대한매일신보>를 비롯한 언론들이 정부를 비판하고 공격하고 있었으나 실상은 '배일'을 의미하고 있었다. 더하여 가장 강력한 친일단체인 일진회마저 그 중심을 잃어가고 있는 모습이었다. 인심과 괴리된 정부는 완전히 방향을 잃고 있었다.

일반 백성의 여론도 악화하고 있었다. 앞에서 인용한 우치다 료헤이의 보고서에 의하면 그가 돌아본 곳마다 배일의 분위기는 날로 치열해지고 있었고, 그 원인은 통감부의 회유책이 근본부터 잘못됐기 때문이라는 것이었다. 그의 표현을 빌리면 "회유의 양약(良藥)은 오히려 독약으로 변하여 뼛속 깊이 파고들었다." 즉 그동안 이토가 '열복'을 기대하며 공들인 '선정'이 잘못됐다는 것이었다. 그가 전하는 여론에 의하면 "통감부는 학정의 본거지고, 통감은 진실을 은폐하고 있는 못된 사람[贋物]"이었다. 해결책으로 우치다는 군사력 강화, 기독교 관리, 지방관리 재정비, 지방 금융 정리 등의 대안을 제시했다. 강력하고도 근본적 변화 조치가 필요하다는 것이었다.

　난국 수습을 위한 대안이 필요했다. 이토가 한성을 떠나면서 하세가와에게 통치 수단의 '근본적 변화'를 시사했듯이 그는 일본에 있는 동안 새로운 통치 방식을 구상했다.


## 폐위와 개각 사이에서

　　　　　이토가 1년 가까이 고종을 상대하면서 고종이 황제의 자리에 있는 한 '열복'을 기대할 수 없는 것은 물론 최종목표인 병탄 또한 어렵다는 것을 절감했다. 이토의 표현에 의하면, 고종은 면종복배에 능하고, 전혀 신뢰할 수 없는 어수룩한 척하면서 통감의 권위를 넘보는 교활한 '다누키 오야지(狸親父)'였다.

　이토가 하세가와 사령관에게 털어놓았듯이 고종을 통제하는 데 많은 어려움이 있었고, 따라서 의도하는 시정개선은 뜻대로 이루어지지 않았다. 새로운 방안을 모색하지 않을 수 없었고, 개각과 폐위가 그 대안이었다. 입 밖에 내지는 않았지만, 이토는 고종의 폐위 문제를 일찍부터 검토한듯하다. 앞에서 지적했듯이 이완용이나 송병준이 고종의 폐위 문제를 제기할 때도 이토는 이를 제지하거나 부인하지 않았다. 또한, 통감의 촉탁인 흑룡회의 우치다 료헤이와 일진회가 폐위를 강력히 제안할 때도 무응답으로 답했다.

　이토는 매사에 명분을 중요시하고 시기 선택에 신중한 정치인이었다. 고종 폐위는 명분도 없었고 적절한 시기도 아니었다. 아무리 이완용이나 송병준, 또는 일진회가 일본에 폐가 되지 않도록 처리하 겠다고 장담하지만, 일본이 뒤에 있다는 것은 삼척동자도 알 일이다. 명분 없는 폐위가 국내 반일감정을 자극하는 것은 물론 국제사회로 부터 비난 또한 피할 수 없다는 깃은 너무니 자명한 일이었다.

하지만 개각은 달랐다. 이토가 통감통치를 시작하면서 함께 출발 한 박제순 내각은 을사조약을 성사시킨 당사자들로 구성되어 있었 다. 통감으로 부임하면서 이토는 그동안 일본의 정책에 협조한 한국 인들을 중용하는 것이 체제 안정에 도움이 된다고 판단했고, 그래서 그들을 내각의 대신으로 중용했고 또한 신분을 확실히 보장했다. 첫 번째 시정개선협의회에서 이토가 어디까지나 현직을 바탕으로 현상 유지를 강조한 것도 같은 뜻이라 할 수 있다.

을사조약의 주역이었던 박제순 내각은 끊임없는 국민의 비판 대 상이었다. 통감통치 1년이 지나는 동안 박제순 내각은 거세지는 국 민 저항과 내부의 권력 갈등을 원만하게 풀어가지 못했다. 시정개선 의 추진은 차질을 가져올 수밖에 없었고 열복이 아니라 저항이 더욱 강화됐다. 이토는 개각을 통해서 체제를 다질 필요가 있고, 이는 명 분도 시기도 적절하다고 판단했다.

한성로 돌아온 후 이토는 3월 21일과 3월 30일 두 차례 고종을 알 현했다. 21일은 귀국 겸 황태자 생일 축하를 위해서였고, 30일의 알 현은 한국을 방문 중인 래드(George T. Ladd) 박사를 소개하기 위해서였 다. 예일대학의 철학 교수이며 친일 미국인인 래드는 한때(1892-1899)

이토의 외교 고문으로 일본에 체류하면서 대학에서 강의도 했다. 임지인 한성로 돌아올 때 그가 래드를 대동한 것은 통감통치가 정의롭고 공정하다는 것을 서방세계에 보여주기 위함이었다.

래드는 한국 체류기를 *In Korea with Marquis Ito*(1908)라는 책으로 출간하여 한국은 이토의 통감통치 이후 크게 발전하고 개명을 이루었다고 높이 평가했다. 그의 결론은 일본과 한국이 한 국가를 이루지 못할 "본질적 이유(essential reason)가 없고", 통합만이 한국인을 "더 행복하고, 더 번영하고, 더 도덕적이고, 진정한 종교인으로(a happier, more prosperous, more moral, and truly religious people) 발전할 수 있다"는 것이다. 일본의 한국 병탄을 촉구하고 정당화한 것이었다.

이토는 궁궐을 떠나기 전 고종에게 자신이 귀임해서 보니 내각이 대단히 불안정하고, 그 이유는 내각 경질이라는 "사실무근의 풍설(風說)" 때문이라고 지적했다. 그리고 시정개선의 효과는 각 대신의 지위가 공고하냐 아니냐에 달려 있다면서, "만일 폐하가 필요에 따라 대신을 경질할 경우는 먼저 본관과 협의"해 달라고 당부했다. 자신의 부재중 고종이 취한 대신 경질에 대한 암묵적 경고였다. 고종은 물론 "전적으로 동의한다"고 답했다. 이어서 대신들 사이의 감정충돌, 박영효, 이준용, 유길준, 조의현 등의 일본 망명자 귀국 문제, 궁가(宮家)의 재정 정리 등에 관한 소문과 의견을 주고받았으나 본격적인 논의는 없었다.

## 이토의 공격

이토는 고종과의 독대에 앞서 세 차례 시정개선협의회를 주관했다. 시정개선을 위한 정책적 문제를 논의하고 협의하기보나는 배일 문제, 궁금령 강화, 대신과 황제의 관계 등과 같은 의제를 논하면서 공격의 화살을 고종에게로 돌렸다. 고종을 공략하기 위한 사전 포석이었고 고종의 귀에 들어가라고 한 것이었다.

1907년 4월 5일 13차 시정개선협의회에서 이토는 대신과 통감부 고위 관료들에게 고종의 궁중을 공격하면서 "솔직히 말해서 궁중의 궁인 모두가 잡배가 아닌 자가 없소. 위계가 1품에 오른 사람들도 모두 잡배들이오."라고 비난했다. 그는 지난 1년 동안 자신이 경험한 고종의 이중적 성품과 행실을 하나하나 지적하면서 대신들이 국정 운영에 더욱 적극적으로 개입할 것을 요구했다. 그는 "대권이라 해도 그 사용에 잘못이 있다면 보필하는 신료가 이를 막아야 할 것"이라고 대신들을 독려했다.

이토는 또한 고종의 빈번한 밀사 파견을 빗대어 "한국은 외교권 운운하지만, 일본의 기반을 벗어나 자립하고자 하는 의지는 없고, 오직 다른 나라에 의존하려고만 하는 것 같소"라고 비난하면서, 이와 같은 상태가 계속되면 결국 일본은 "한 걸음 더 발전한 적절한 조처"를 취하게 되지 않을 수 없다고 경고했다. '적절한 조처'가 무엇인지는 밝히지 않았으나, 그것이 강경조치를 의미하고 있었음을 잘 알 수 있다.

이토의 내알현은 귀국 두 달 후인 5월 16일 이루어졌다. 자신의 부재중 있었던 일들을 검토하고 앞으로의 방향을 충분히 준비한 후였다. 의례적인 인사 후, 고종이 먼저 그동안 가토 고문이 주관하고 있는 궁내부 재정 정리가 잘 진행되고 있다고 설명하면서, 메이지 초기에 황실의 재정은 어떤 상태였느냐고 물었다. 이에 이토는 "일본 황실은 한국처럼 민간 또는 촌민 공유의 재산을 멋대로 징발하여 이를 황실 재산으로 만드는 것과 같이 난폭한 조치는 취하지 않습니다."라고 가시 돋친 어투로 답했다. 그리고 작심하고 고종을 비난하기 시작했다. 이는 개각을 위한 포석이기도 했다.

> "본관이 작년 부임한지 벌써 1년이 지났습니다. 그동안 본관은 밤낮을 가리지 않고 온몸으로 시정개선의 효과를 거두기 위하여 힘썼습니다. 그런데 귀국에서는 누구 한 사람 본관 같은 정성과 열성을 함께하는 사람이 없으니 참으로 개탄스럽습니다. 이에 더하여 본관이 귀임하여 정황을 살펴보니 더 한탄스러운 것은 배일의 강도가 갑자기 강해진 것입니다. 이는 참으로 한국을 위해서 우려하지 않을 수 없는 현상입니다. 이를 저지하기 위해서 일본은 결국 한국 보호의 임무는 버리고, 다시 한 걸음 진전하는 조처를 하지 않을 수 없을 것 같습니다."

이토는 보호를 넘어 병탄의 가능성을 시사하고 있는 것이었다. 한국이 독립을 실현할 수 있는 실력도 없으면서 일본을 배척하고 독립론을 부르짖는 것은 "무용(無用)의 공론(空論)"이고, 일본의 감정만 해칠 뿐이라고 강하게 비난하면서 물었다.

**이토:** 인심이 이처럼 배일주의로 기우는 데는 무엇인가 동기가 되는 원인이 있을 텐데 폐하는 이를 어떻게 생가하십니까?

**고종:** 우리 정부 대신들이 경험이 부족해서 결과가 부진한 것은 경이 지적하는 바와 같소. 이제 조금씩 세상 형세를 알게 되고 한일 친교의 필요를 깨닫기 시작한 때에 배일사상이 일어나고 있는 것은 한국을 위해서 대단히 좋지 않은 일이오.

핵심에서 벗어난 고종의 답변에 이토는 직설적으로 고종을 비난했다. "배일사상이 높아지고 있는 것은 모두 궁중의 의지에서 나온다고 봐도 틀리지 않습니다. 왜냐하면, 폐하의 뜻이 배일주의에 있고, 이를 민간에 전파해서 인심이 합세하기 때문에 그 소리가 커지고 있습니다."

계속해서 이토는 고종 주변에는 '충량한 신하'는 한 사람도 없고 오직 간신들만 모여있고, 고종은 그런 신하들을 조정해서 백성들에게 배일 감정을 고취하고 있다고 비판했다. 그는 고종이 조정하는 배일은 한국을 위태로운 지경에 몰아넣는 어리석은 책략으로서 국가나 황실 그 누구에게도 이익이 되지 않는다고 몰아붙였다.

하지만 고종은 오히려 이토의 비난에 감사의 뜻을 표하면서 담담하게 대응했다.

"경의 아주 적절한 간언(諫言)에 깊이 감사하고, 동시에 우리 선조 영정조 시대에 거슬러 올라가 많이 볼 수 있었던 충신을 연상하게 하오. 영조 시대의 충성스럽고 밝은 신하 가운데는 걸주(桀紂:천하의 대표적 폭군인 하나라의 걸왕과 은나라의 주왕을 뜻함)와 같은 폭군에게도 간지(諫止)하는 신하가 있었소. 또 짐이 즉위한 후에도 여러 충간의 신하가 있었소. 간언을 들을 때 처음에는 즐겁지 않고 몹시 불쾌했지만, 후에 이를 되새겨 보면 유익한 부분이 대단히 많이 있었소."

고종은 이처럼 이토를 충신으로 치켜세우면서 자신이 배일의 마음을 품고 있다는 것은 잘못 전달된 것이라고 강하게 부인했다. 그러한 소문은 인심이 부박(浮薄)하고, 잘된 것은 모두 자신의 공으로 하고 잘못된 것은 군주의 탓으로 돌리는 대신들, 자신에게 아첨하기 위해서 통감부를 매도하고 비방하는 무리, 그리고 한일 두 나라 사이를 이간하고 중상을 일삼는 사람들이 고의로 만들어낸 것이라고 했다. 고종의 설명과 이토의 공박으로 이어진 두 사람이 대화는 계속됐다.

고종: 통감이 조사하면 진위를 쉽게 판단할 수 있을 것이오. 짐 항상 신료들에게 늘 말하기를, '이토가 통감의 임무를 담당하고 있는 동안은 안심하고 그의 말을 들어 시정개선의 실행을 기대할 수 있소. 만일 그렇지 않고 경이 물러나고 대신 무단파(武斷派)의 누군가가 통감으로 온다면 우리나라를 위해서 크게 우려

하지 않을 수 없는 일'이라고 말해왔소.

이토: 지금 폐하께 하나 물어보겠습니다. 폐하는 일찍부터 본관에게 '무엇이든지 의심나는 바가 있으면 곧 통감을 불러 짐이 친히 물어서 상호의 의혹을 풀겠다'라고 수차 말했습니다. 그런데 폐하는 실제로 본관에게 의혹을 품으면서도 지금까지 한 번이라도 직접 물어본 적이 있습니까? 돌이켜보면 폐하는 본관을 만나는 것을 귀찮아하거나 곤란한 요구 사항이 있지 않을까 해서 될 수 있는 대로 본관의 접견을 피했습니다. 또한, 폐하의 신료 중 사실과 다르게 꾸며서 거짓을 고하면 폐하는 이를 믿고 본관의 접견을 피하지 않았습니까? 폐하는 늘 말하기를 '짐은 경을 신용' 운운했습니다만 사실 그렇습니까?

고종: 그것은 짐의 큰 실책이오. 경에게 용서를 구하고 싶소. 때때로 경을 불러서 이야기하고 싶은 생각이 있었으나, 솔직히 말하면, 경의 말과 같이 좌우의 신하들이 경을 불러 이야기하면 뭔가 곤란한 문제가 일어날 수 있다고 해서 그만두었소. 부끄럽소.

이토: 여하튼 본관은 귀국의 국리민복 증진을 위한 시정개선 업무를 성실히 이행하겠습니다. 폐하께서는 다른 생각을 거두시고 정말로 본관의 충언을 듣고 이를 실행할 때는 반드시 한국에 유익하고 나라가 부흥할 것입니다. 그 외에 다른 양책(良策)은 없습니다.

고종: 그렇소. 경의 말과 같소.

３시 반부터 시작된 이토의 공격은 ６시가 되어서 이렇게 끝났다. 퇴궐 직전, 이토는 박제순이 찾아와 '강력한' 사직의 뜻을 밝혔다고 전하면서 개각의 가능성을 시사했다.


## 개각

이토는 궁중과 통감부 양쪽에 눈치를 보고 있는 박제순 내각이 통감부가 주도하는 시정개선을 앞장서서 이끌어 가는 데는 한계가 있다는 점을 잘 알고 있었다. 더욱이 박제순 내각은 을사조약을 주도한 인물들로 이루어져 있었다. 국면 전환과 시정개선의 실효를 거두기 위한 개각이 필요했다.

이토가 귀국하자 박제순 또한 난국 수습의 책임을 지고 사임할 뜻을 밝혔고, 이토는 이를 받아들였다. 그가 개각을 실행하면서 가장 중요하게 생각한 대목은 박제순 후임을 누구로 정하느냐 하는 문제였고, 또 하나는 후임 결정 과정에서 고종을 완전히 배제하는 것이었다. 고종의 영향력으로부터 완전히 자유로운 자신의 내각을 구성한다는 것이다.

이토는 이완용을 택했다. 이완용은 을사조약에 앞장서 찬동했을 뿐만 아니라 이미 고종의 폐위까지 일본 측에 제안했던 인물이다. 이토의 평가에 의하면 이완용은 을사조약 체결 당시 단호한 결심을 보였을 뿐만 아니라, 고종에 대해서도 한국인 중에서 흔히 볼 수 없는 '대담한 성질'을 지닌 인물이었다.

이완용은 신 내각의 성격과 구성원의 조건으로서 ① 시대의 흐름을 알고 한국과 일본이 처한 위치를 알고 제휴를 실현할 수 있는 인물 ② 시정개선의 결실을 거두기 위해 최선을 다하는 인물 ③ 어떤 어려움을 만나도 중도에 포기하지 않는 인물이어야 함을 제안했다. 이토가 바라는 바였다.

구체적 인물 선정에 있어서도 고종을 완전히 배제했다. 이토와 이완용은 임선준(내부), 이병무(군부), 이재극(학부), 그리고 탁지부와 법부는 유임하는 것으로 정했다. 신 내각이 더욱 적극적으로 활동하기 위해서는 대중적 지지가 필요하다는 데 의견을 같이하고, 일진회 회장 송병준을 농상공대신으로 입각시킬 것을 결정했다. 하지만 송병준의 입각은 "일반 상황에 비추어 볼 때 너무나 경박"해서 일단은 이완용이 겸임하는 것으로 확정했다. 새로운 내각의 출범준비가 완료됐다. 남은 일은 고종의 승인이었다.

5월 22일 이토는 다시 입궐하여 개각의 구상과 새 진영을 고종에게 통보했다. 이미 한국의 내각과 대신의 지휘자는 황제 고종이 아니라 통감 이토였다. 그는 단도직입으로 개각과 새 총리를 제안했다.

**이토**: 지난번 알현했을 때 말씀드린 바와 같이 박제순 참정이 사의를 굽히지 않고 있고, 각 대신 또한 어제 본관을 찾아와 사표를 제출했습니다. 후계내각을 조직해야 하는데 지금 귀국의 상태를 볼 때 적임자를 새로 찾기가 대단히 어렵습니다. 그래서 지금의 상황에서는 전(前) 내각의 대신 중에서 수석 대신을 선임하

여 그가 새 내각을 조직할 수밖에 없습니다. 본관이 보기에는
학부대신 이완용이 그 적임자라고 생각하고 추천합니다.

**고종**: 이완용은 그의 관력이나 나이 모두 수상의 자리에 오르기는 충
분하지 않고, 그리고 일반 여론 또한 이를 받아들이지 않을 것
이오.

**이토**: 그렇지 않습니다. 그의 관록이나 나이도 수상에 손색이 없습니
다. 막연한 여론이라는 것은 귀국에서는 아무런 의미도 없습
니다. 그리고 누가 내각을 조직해도 다소의 비판이나 불평은
피할 수 없습니다.

고종은 다시 '인심'을 들어 '숙고'할 필요가 있다면서 거부의 뜻을
확실히 밝혔다. 상황이 이렇게 꼬이자 이토는, 사이온지 수상에게 보
낸 "기밀" 보고서에 "폐하가 말을 좌우로 돌리면서 이완용의 임용을
거부하려는 태도를 보이기 때문에 다만 이 문제만 가지고 논의하는
것은 불이익이라고 판단하고 화두를 일전"했다고 전하며, 보호 정책
전반에 대한 고종의 비협조를 공격했다.

"폐하께서는 늘 교언영색(巧言令色)으로 한일관계의 친밀을 말
하지만, 항상 그 반대로 우리를 기만하고 있습니다. 폐하는 깊
은 궁궐 속에 있어 폐하의 음모와 계략을 모른다고 생각하는
지 모르지만, 하늘이 알고 사람이 알고 우리가 알고 있습니다.
이를 세상에 폭로해서 폐하가 어떻게 은폐했는지 낱낱이 밝히

면 이로울 것이 하나도 없습니다. 지금 본관은 확실한 증거를 가지고 있습니다.”

이토는 고종이 미국인 헐버트를 만국평화회의에 보내기 위한 운동비를 조달하고 있다는 것, 런던 <트리뷴> 기자 스토리에게 직접 친서를 보내어 을사조약을 부인한 일, 프랑스 공사관 건물을 몰래 매입하고서도 숨겼던 사실 등을 지적했다. 이는 한일협약에 어긋나는 것이고 그 책임이 고종에게 있음을 상기시키며 고종을 달래고 협박했다.

“폐하를 위하여 드리는 말씀입니다. 지금은 과거와 같이 음모를 꾸밀 때가 아닙니다. 아무리 잔꾀(小策)를 부려도 효과가 없을 것입니다. 폐하가 세계열강을 향하여 원조를 구하지만, 세상에 누가 자기 생명을 걸고 막대한 재산을 버려가면서 귀국을 위한 국권 회복을 원조하겠습니까? 이는 생각할 수 없는 꿈과 같은 일입니다. 폐하는 진실로 본관을 신뢰하고 안심하여 본관의 충언을 받아들이기 바랍니다. 본관은 성의와 정성을 다해서 황실과 한국을 위해 온 힘을 다하고 있습니다. 이에 대해서는 폐하께서는 한점도 의심치 말기 바랍니다.”

“짐 또한 그렇게 믿고 있소”라고 답하며, 고종은 화두를 돌려 “그건 그렇고 당면 문제인 새 내각 조직은 경의 의견에 따라 이완용을 수상으로 하고 그 외에 누가 적임자겠소?"하고 이토의 신 내각 구성 제안에 동의했다.

이토는 대신 임용은 이완용의 의견에 따르는 것이 좋을 듯하다고 제안했고, 고종은 즉시 이완용을 불러서 새 내각 조직을 지시했다. 이완용은 이토와 합의한 대로 임선준, 이재곤, 이병무를 새로 선임하고, 민병기는 유임, 농상공부대신은 당분간 이완용 자신이 겸임하는 것으로 추천해서 재가를 받았다. 그리고 별실에서 결과를 기다리고 있던 통감의 동의를 얻어 신 내각 성립을 확정했다. 이토가 4시부터 제기한 개각문제는 9시가 다 돼서 그가 의도하는 대로 끝났다.("한국 內閣 경질 사정 통보 件", 『통감부문서』 3)

새 내각은 22일과 25일 두 차례에 걸쳐 발표됐다. 22일 이완용, 임선준, 이병무, 이재곤, 그리고 이완용이 농상공부대신을 겸하는 것으로 발표했다. 25일에는 이를 수정하여 탁지부에 고영희, 법부에 조중응, 그리고 농상공부에 송병준 대신 명단을 발표했다.

이토는 그동안 통감부에 충성했으나 새 내각에서 탈락한 이지용, 민영기, 권중현 3명에게 일본 박람회를 시찰할 수 있는 '특전'을 베풀었다. 그는 사이온지 총리에게도 정권 쟁탈이 극렬한 한국에서 이번과 같이 원만한 내각 경질은 일찍이 없었던 일이므로 그들을 우대하여 불편 없게 대우하고, 그들을 홋카이도까지 일본을 여행할 수 있도록 만사를 적절히 조치해 달라고 당부할 정도로 배려했다. 일본에 협조한 대가였다.

5월 30일 이토는 새로 임명된 각료 전원과 쓰루하라, 메가다 등을 비롯한 고위 일본 관리를 통감 관사로 불러 새 내각 출범의 의미와 각오를 다졌다. 이토는 이날의 연설과 대신들과의 대화 내용을 "기밀문서"로 사이온지 수상과 하야시 외상에게 보고했다.

먼저 이토는 자신이 통감으로 부임하여 1년 동안 성심성의를 다해서 정성을 기울인 것은 정치개선이고, 개선의 목적은 한국 국민을 '오늘의 비경(悲境)'에서 구출하는 데 있고, 이를 위해서 한편으로는 교육을 보급하여 한국인들을 세계 문명국의 반열에 들어서게 하고, 다른 한편으로는 식산흥업을 번성케 하여 오늘과 같은 빈약한 상황에서 탈출하는 것이었음을 강조했다. 그리고 새 내각도 이 목적을 관철하는 데 성심을 다해달라고 요구했다.

이토는 정한론 이후 한국과 일본의 관계를 길게 설명했다. 국제사회에서 한국의 독립을 가장 먼저 주장한 나라는 일본이었고, 이를 위해 1894년 청국과 전쟁까지 치렀음을 상기시켰다. 이토에 의하면 청일전쟁으로부터 러일전쟁에 이르기까지의 10년 동안 한국은 독립의 기틀을 마련해야 할 시기였음에도 불구하고 '이리저리' 외국에 의존하여 일본의 국익을 훼손했고, 결국은 러시아와의 전쟁을 불가피하게 만들었다.

일본이 한국의 외교권을 거두어들인 것은 한국을 그대로 내버려두면 언제까지나 열국의 쟁탈장(爭奪場)이 되고, 이는 일본에 대단히 위험하므로 취한 당연한 조치였다. 그러면서 이토는 고종의 밀사 파견을 빗대어, 오늘에 와서도 한국인들은 외교권을 회복시킬 수 있는 실력 양성에 힘쓰기보다 여전히 타국에 의존해서 외교권을 일본에서 뺏어가려고 노력하고 있다고 비판했다. 국제사회에서 어느 나라도 다른 나라를 위해서 자국의 재력과 국민의 생명을 희생하려는 나라가 없음을 명심해야 한다고 강조하면서, 한국이 존재하고 발전하려면 성실하게 일본과 친목하면서 일본과 그 존망을 함께한다는 결심 이외에 다른 길이 없음을 깨달아야 한다고 했다.

이토는 대신들에게 고종을 비판하는 것도 주저하지 않았다. 그는 자신이 통감으로 부임한 후 시정개선을 위해 얼굴을 붉히면서 "폐하와 간쟁(諫爭)한 일이 몇 번인지 알 수 없을 정도"라고 말하면서, "한국을 멸망시키는 것은 일본인이 아니라 내외 형세를 고찰하지 않고 무모하고 경솔한 행동을 일삼는 한국인"이라고 고종을 비난했다. 또한 "황제 폐하의 성질은 나도 숙지하고 있는 바이지만, 여러분들도 충분히 주의"할 것을 당부했다.("施政改善協議會 16回", 『자료집성』 6-1, pp.481-484)

개각 사건 이후 고종과 이토의 관계는 부드러워지는 듯했다. 내각 출범 직후 이토는 의정부(議政府) 체제를 일본과 같이 내각제(內閣制)로 관제를 개편하고, 내각 운영의 전권을 총리대신인 이완용에게 위임했다. 그 과정에서 고종은 완전히 배제됐다.

『고종실록』에 의하면(1907.6.14) 관제 개편은 고종의 칙령으로 발표됐다. 그러나 6월 22일의 고종과 이토의 다음과 같은 대화는 고종은 관제 개편에서 완전히 배제됐음을 알 수 있고 당시 두 사람의 위상을 잘 설명해 주고 있다.

고종은 웃으며 관제 개정에 관하여 '농담'하듯 입을 열었다.

"지난 15일 발표한 내각 관제가 이미 통감의 동의를 거쳤다는 이유로 짐에게 검토할 여유도 주지 않고 즉시 재가를 강청(強請)한 것은 유감이오. 짐 본래 새로운 관제에 이의를 품은 것은 아니지만 상하 사이에 의기 화합이 필요한 것을 이처럼 마치 강요하듯 하는 깃은 별로 유쾌한 일이 아니오. 짐은 이에 대하여 통감에 불평을 하소연하오."

이에 이토 통감도 웃으면서 농담 식으로 받았다.

"한국에서는 무엇이든지 비밀이 없습니다. 비밀이 새나가면 반대자가 생기고 일이 번잡하고 성가시게 될 우려가 있습니다. 관제 개편과 같은 국정에 관한 일은 신속히 결정하고 실행하는 것이 필요합니다. 생각건대, 내각 대신들도 그리 생각하여 그처럼 재가를 재촉하였을 뿐 어떤 악의가 있었던 것은 아닙니다. 폐하께서 양해하시기를 희망합니다."

고종이 답했다. "아니 그런 게 아니요. 나는 처음부터 새로운 관제에 반대 의향을 가졌던 것이 아니오. 관제 개편에 전적으로 동의하오. 다만 결재하는 과정과 절차가 너무 급해서 전체를 살펴보지 못하고 후에 관보를 보고서 처음으로 이런 조항이 있었나 하고 알게 됐소."

이토는 노회한 정치인이다. 이처럼 고종의 권력을 무력화시키면서도 그에 대한 충성심을 보이는 것을 잊지 않았다. 관제 개편으로 가시 돋친 농담을 주고받은 후 이토는 고종에게 "본관은 항상 폐하께 우리 천황폐하께 보이는 것과 똑같은 충성심을 가지고 업무에 최선을 다하고 있습니다. 그러므로 폐하에 대한 배반 행위는 우리 천황폐하에 대한 배반이나 다름없습니다."라고 충성을 다짐했다.

고종도 또한 노회한 군주였다. 개각 사건 후 이토에게 협조적 태도를 보이면서 고종은 정국 타개를 위한 두 개의 구상을 추진하고 있었다. 하나는 일본에 망명해 있던 박영효를 사면하고 정무에 복귀시켜 사실상 통감부의 지시를 받는 이완용 내각을 억제하며 황권을 확장하는 것이고, 또 다른 하나는 만국평화회의에 밀사를 파견하는 것이었다. 그러나 둘 다 효과를 거두지 못했고 폐위로 이어졌다.

## 박영효 사면

갑신정변 이후 일본에는 한국인 정치 망명객이 많았다. 그들은 갑신정변, 을미사변, 대원군 계열의 황족, 또는 각종 쿠데타에 연루된 사람들이었다. 박영효도 그중의 한 사람이었다. 철종의 딸 영혜 옹주와 결혼하여 부마가 된 박영효는 1884년 갑신정변과 1895년 역모 사건에 연루되어 일본에 두 차례 망명했다.

고종은 일본에 망명 중인 박영효를 불

박영효

러들여 친일 내각을 통제하면서 정국 주도를 구상했다. 능력이나 경력으로 보아 이완용은 물론이고 이토를 상대할 인물로는 박영효가 적격이었다.

이러한 고종의 의도를 간파하고 있었던 이토는 박영효뿐만 아니라 일본 망명자들을 모두 귀국시켜 정부 내에 친일세력을 강화하고 고종의 견제세력으로 활용하려고 했다. 하지만 고종은 이토의 제안을 받아들이지 않고, 다만 박영효의 사면만을 검토하고 있었다.

1906년 10월 11일 경리원 내의 부패, 일본인 이이노의 용빙, 고종 주변의 '잡배' 등으로 불편한 내알현 끝에 이토는 고종에게 박영효 사면문제를 물었다. "요즘 소문에 의하면 폐하께서는 박영효를 사면하실 뜻이 있다는데 사실입니까?"

이에 고종은 확실한 뜻을 밝히지는 않았지만, 가능성을 시사했다. "박영효는 다른 망명자와는 경우가 틀리오. 그는 정치적 음모 혐의로 일본에 도주하였을 뿐 왕비 사건(을미사변)의 망명자와는 다르므로 이를 참작하여 사면할 생각이 없는 것은 아니오." 그러면서 "실행할 때는 통감과도 상의해서 결정"하겠다고 했다.

이토는 다음날 외무대신 하야시 다다스(林董)에게 "어제 알현 시 박영효를 비롯한 망명자들의 사면을 주청했으나, 황제는 박영효에 대해서만 특사를 하고자 하는 속뜻이었음"이라고 보고했다. 이토가 희망하는 이준용을 위시한 다른 망명객들은 을미사변에 연루됐기 때문에 사면이 불가하다고 했지만, 고종은 거세지는 반일 여론을 틈타 박영효를 귀국시켜 국면전환을 시도하고 있다고 이토는 판단했다.

고종은 박영효에 대해서만 특사를 허락했다. 1906년 10월에 은밀히 박영효에게 사람을 보내 귀국 경비 1만 원을 전달하고 귀국 준비를 서두르게 했다. 박영효는 다음 해 6월 8일 고종의 밀명을 받고 일본 정부나 이토와 사전 협의 없이 귀국했다. 귀국 즉시 고종은 박영효를 특별사면하고, 금능위(錦陵尉)의 직첩을 돌려주고, 소견(召見)하고, 집을 하사하고, 정1품 종친의 예로 녹봉을 내렸다. 그리고 헤이그 사건 와중인 7월 17일 궁내부대신에 임명된 박영효는 양위반대파를 결속하여 이토와 이완용 내각의 고종 양위압력을 무마시키려 했다. 하지만 그 결과는 실패였다.

1910년 일본의 한국 병탄 후 박영효는 일본으로부터 은사공채금과 후작 작위를 받고 조선 귀족에 편입됐다. 그 후 1939년 사망할 때까지 그는 조선총독부 중추원 고문, 일본 귀족원 의원 등을 지내면서 친일의 길을 걸었다.


## 헤이그 밀사 사건

고종은 이토가 돌아온 후 몇 차례 '굴욕적' 내알현의 기회를 가지면서 실은 헤이그에서 개최될 만국평화회의에 밀사 파견을 은밀히 추진했다. 헤이그 밀사 사건으로 알려진 이 기회는 이토가 기다리던 '한 걸음 더 진척된 조치'를 취하기에 충분한 명분과 적절한 시기였다.

제2차 만국평화회의는 1907년 6월 15일부터 10월 18일까지 네덜

헤이그 회의

란드의 헤이그에서 진행됐다. 주제는 세계평화를 달성할 수 있는 국제분쟁의 평화적 해결과 전시(戰時) 법규의 제정에 중점을 두고 있었다.

국제법상 주권국가만 참석하는 만국평화회의에 한국의 참가 여부는 한국이나 일본 두 나라 모두에게 중요한 정치적 의미를 지니고 있었다. 한국이 회의에 정식으로 참석한다면 이는 을사조약의 불법성과 국제법상 독립 주권국가임을 인정받는 것이고, 반대로 한국대표가 회의 참가를 허가받지 못하면 그 자체가 곧 일본의 한국 지배권이 국제사회에서 공식적으로 인정받는 계기가 되기 때문이었다.

고종은 1906년으로 예정된 제2차 헤이그 만국평화회의에 커다란 희망을 걸고 있었던 것 같다. 이 회의는 러시아 황제 니콜라이 2세가 주창해서 열렸고, 또한 회의의 의장국이었다. 러시아에 '특별한' 친근감을 가지고 있었던 고종은 러시아의 도움을 받아 참가할 수 있을 것으로 기대했고, 러시아 또한 한국의 참가를 적극적으로 지원할 것을 약속했다.

고종이 1905년 10월 한성 프랑스어 학교 교사 마르텔을 북경주재 러시아 공사에게 극비리에 파견하여 도움을 요청했을 때, 러시아는 대한제국의 주권불가침을 인정하며 국제회의에서 그 견해를 밝힐 수 있도록 대표를 초청하겠다는 의사를 전달해왔다. 그뿐만 아니라 초청장을 이미 10월 3일 러시아주재 한국 공사에게 외교문서로 통보했다는 것과 러시아 정부는 이범진 주러시아 공사를 여전히 합법적인 공사로 인정하고 있음을 밝혔다. 그리고 러시아 정부의 이러한 뜻을 "그곳에 있는 고종황제의 밀사에게 이 뜻을 전해도 된다."라고 확인해주었다.

물론 이러한 러시아 정부의 대한제국 초청 의지는 을사조약 체결이 성사되기 전이었으나, 고종에게는 고무적이지 아닐 수 없었다. 고종이 1906년 4월 블라디보스토크에 머물고 있던 최측근 이용익에게 회의 참석을 지시한 것도 이런 배경에서 추진된 것이었다.

하지만 1906년 개최 예정이었던 회의가 1907년으로 연기되면서 모든 것이 틀어졌다. 그동안 러시아와 일본은 만주, 몽골, 한반도를 둘러싼 서로의 이권 확대를 위해 비밀협상을 진행했고, 또한 러시아의 외교수장이 반일친한적 인물이었던 람스도르프가 일본과의 협상을 중요시하는 이즈볼스키로 교체됐다. 러시아는 한국문제를 자국의 이권 확대를 위한 하나의 협상 카드로 활용했을 뿐 그 이상은 아니었다.

상황과 국제정세가 크게 변했음에도 불구하고 고종은 기대를 버리지 않았다. 그는 러시아의 도움을 받아 만국평화회의에 참석할 것으로 기대하고 밀사를 파견했다. 하지만 그 기대는 물거품처럼 사라졌다.

플란손 주한러시아 총영사가 이즈볼스키 외무대신에게 보낸 보고서에 의하면 고종의 헤이그 밀사 파견은 여러 갈래로 진행된 듯하다. 플란손에 의하면 고종은 을사조약 직후부터 "일본의 행태와 자신이 다스리는 국가의 향후 운명에 관한 결정을 문명화된 열강들의 법정에 세우려는 생각"을 가지고 있었고, 헤이그 만국평화회의가 가장 "적절한 기회로 판단"하고 있었다. 이를 위해 4월 말 고종의 측근인 윤택영(순종의 장인)과 영어 통역원 권신목이 플란손을 찾아와 헤이그 회의에 참석할 수 있도록 도움을 요청했으나 그는 여러 가지 이유를 들어 지원을 거부했다.

5월 초에는 이용익의 손자 이종호 일행이 블라디보스토크에서 연해주 지사에게 헤이그로 갈 수 있도록 협조를 요청해왔다는 주지사의 전보를 받은 플란손은 이를 저지하도록 조치했다. 이미 이즈볼스키는 플란손에게 한국 측이 제기하는 "각종 음모적 논의"에 끼어들지 말고 "가능하면 일본의 행동에 간섭하지 말라."는 '엄명'을 내려 둔 상태였다.(이원용, pp.328-330)

플란손이 알지 못하는 '세 번째 무리'가 있었다. 그들은 헤이그 밀사의 주역인 이준, 이상설, 이위종, 헐버트 등이었다.

<코리아 리뷰>의 호머 헐버트가 고종의 밀명을 받고 4월 초 가족과 함께 유럽으로 떠났다. 일본은 헐버트가 만국평화회의에 참석하

세 사람의 밀사(좌측부터 이준, 이상설, 이위종)

기 위하여 헤이그로 향한 것으로 판단했으나, 그는 7월에 파리에 나
타나 헤이그 참석을 부인했다. 대신 헐버트는 일본이 서양인과 한국
인을 배제하고 이 나라의 자원을 독점하고 있기 때문에 유럽국가들
은 언젠가는 한국사태에 대한 현재의 무관심을 후회할 것이라고 주
장하면서 관심을 촉구했다.

4월 하순에는 고종의 위임장과 러시아 황제, 미국 대통령, 만국평
화회의 의장에 보내는 고종의 친서를 휴대한 이준이 한성에서 출발
했다. 5월 초에 블라디보스토크에 도착한 이준은 먼저 와있던 이상
설과 합류하여 그곳의 거류민들에게 조국이 쇠망하는 현재 상태를
극복하고 독립을 완수하기 위해 노력해야 한다는 취지의 강연과 한
국인학교를 참관하는 등 활동을 전개했다. 6월 4일 러시아의 상트페
테르부르크에 도착한 그들은 주러시아공사 이범진의 아들 이위종과

합류했다. 그들은 이곳에서 전 주한러시아 공사를 지낸 베베르와 파바로프를 통해서 러시아 고위층의 지원을 얻기 위하여 약 2주 동안 외교적 활동을 벌였다. 하지만 아무런 성과도 거두지 못했고, 기대했던 니콜라이 2세 알현도 거부됐다.

이상설 일행은 6월 25일 회의가 진행되고 있는 헤이그에 도착했으나 회의 참석은 불가능했다. 회의 의장인 러시아의 넬리도프를 비롯하여 미국, 영국, 프랑스, 독일 등 주요국 위원들과의 면담신청은 모두 거절당했다. 만국평화회의의 특명전권대사로 헤이그에 파견된 츠즈키 게이로쿠(都筑馨六)를 중심으로 한 일본 외교팀이 이미 러시아와 열강 대표들에게 한국 참석 불가 설득 공작을 완료한 뒤였다.

러시아의 지원을 믿었던 밀사의 목적은 물거품이 되었다. 당시 러시아는 이미 일본과의 비밀협상을 상당히 진척시키고 있었고 한국 주권문제는 관심 대상이 아니었다. 일본과 러시아는 그동안 분쟁의 핵심이었던 만주, 한국, 몽골에 관한 비밀협약을 7월 30일 체결했다. 비밀협약의 핵심은 만주에서 러일 두 나라의 분계선을 확정하고, 러시아는 일본과 한국 사이에 진행되고 있는 정치적 결속에 대해 간섭과 방해를 하지 않고, 일본은 외몽골에서 러시아의 특수권익을 인정한다는 데 합의했다. 러시아는 한국과 만주와 몽골의 이권을 맞바꿨다.

한국에 대한 보다 확실한 러시아의 태도는 1908년 10월 6일 외무장관 이즈볼스키가 플란손 후임으로 취임한 소모프 총영사에게 보낸 훈령에 잘 나타나 있다. "황제 폐하(니콜라이 2세)께서 손수 '승인함'

헤이그 회의에 참석지 못한 3인의 밀사를 풍자한 만화, 〈太陽〉, (1907. 6.)

이라고 쓰심"이라는 단서가 붙은 이 긴 훈령에는 다음과 같은 구절이
있다.

> 러시아 정부는 한국에 대해 포츠머스 조약규정을 엄격히 준수하
> 려고 한다. 이 때문에 한국인민들이 품고 있는 기대감을 지지해 주
> 거나 일본의 지배를 무너뜨릴 목적으로 드러낼 열망을 부추기는
> 것은 있을 수 없는 일이다. 그러므로 러시아 지방정부는 중앙정부
> 의 명에 따라 인접한 러시아 국경 안에서 일본인들에게 대항하는
> 적대적인 활동을 준비하기 위한 발판을 만들려는 한국인들의 모
> 든 시도를 근절시켜야 한다....한국인들은 러시아가 대한제국의
> 독립을 바란다는 망상에서 벗어나야 한다.

그러면서 포츠머스 조약과 이후에 일본과 맺은 조약을 철저히 유지할 것, 일본인들의 불신을 해소하고 현지 일본 당국과 최선의 관계를 증진할 것, 한국에서 러시아 측이 도움을 줄 것이라는 다양한 소문이나 풍문을 미리 방지할 것 등 9개 항목을 구체적으로 지시했다.(이원용, pp.331-337)

헤이그 밀사 사건의 결과는 결국 한국과 만주·몽골을 맞바꿔 친러시아의 냉혹한 국제외교의 부산물이었다. 국익은 모든 것에 우선한다는 국제관계의 원리는 예나 지금이나 다른 바 없다.

일본은 일찍부터 한국의 만국평화회의 참석 가능성을 우려했고 러시아와의 관계를 주시했다. 1906년 말(12월 3일) 하야시 외무대신은 당시 통감 대리인 하세가와에게 "기밀" 전문을 보내 '권모술수에 능한' 러시아가 일본 몰래 은밀히 한국정부에 만국평화회의 참석 안내 통지서 발송 여부를 확인하고 계속 추적할 것을 당부했다.

이토 또한 한국과 러시아의 관계를 주시하고 있었다. 그는 한국문제의 완전한 해결은 러시아의 보장이 필요하다고 판단하고 있었다. 한국의 평화회의 참석 가능성을 원천봉쇄하는 것도 같은 맥락에서 해결해야 한다고 생각하고 있었다. 1907년 초 일본과 러시아 사이의 비밀협상이 계속되는 동안 이토는 협상에서 가장 중요한 이슈는 한국에 관한 문제를 '명확히' 하는 것임을 거듭 강조한 것도 같은 의미였다. 그가 '명확히' 한다는 것은 러시아로부터 일본의 한국 지배권을 보장받을 수 있는 조약을 신속히 처리하는 것을 뜻하고 있었다.

이토는 한국의 배일세력과 유럽인이 연합한 반일(反日) 전선의 강화를 우려했다. 그의 표현을 빌리면, "근래 한국에서는 배일 기세가 강화되고 있고, 이를 고취하는 구미인 콧김이 빈번하게 작용"하고 있었다.("露日協約交涉에관한意見電文件", 『통감부문서』 3) 이토가 뜻하는 '구미인 콧김'의 중심은 러시아였다.

하지만 실제로 러시아는 밀사 일행의 회의 참여를 도와주지 않았을 뿐만 아니라, 오히려 밀사 파견 사실과 한국의 동향을 일본 측에 신속하고도 자세히 전달했다. 헤이그 사건이 벌어진 당시 플란손 총영사는 통감부와 긴밀한 연락을 취했고 사건이 진행되는 동안에 이토 통감을 초대하여 만찬을 베풀기도 했다. 플란손 의하면 하야시 외상이 중대한 결정을 가지고 한성에 왔을 때도 "가장 먼저 (러시아) 영사관을 방문하여 협조에 감사의 뜻"을 표시할 정도로 두 나라는 긴밀한 협력 관계를 맺고 있었다.

만국평화회의에 원천적으로 참석이 거부된 밀사들은 헐버트와 합류하여 언론을 통한 장외(場外) 활동을 전개했다. 이들은 일본이 강압적으로 황제의 동의 없이 을사조약을 체결하고 무력으로 한국의 독립을 침해한 내용 등을 담은 공고사(控告詞)를 각국 대표에게 보내고, 그 전문을 <만국평화회의보>에 보도했다. 이 공고사 내용은 <런던 타임스>, <뉴욕 헤럴드> 등에도 전재됐다. 또한, 저명한 영국 언론인 스테드(William T. Stead)가 주관한 각국 신문기자단의 국제협회에서 참석해서 발언할 기회를 얻었고, 여기서 행한 이위종의 연설, "한국을 위한 호소(A Plea for Korea)"는 각국 언론의 동정을 모았다. 즉석에서 한국의 처지를 동정하는 결의안을 만장일치로 의결하기까지 했다.

가시적인 효과를 거두지 못한 밀사들은 일본에 대한 항의 활동을 미국에서 계속하기 위하여 7월 말 미국으로 향했다. 하지만 밀사의 미국행 소식을 전해 들은 엘리후 루트 국무장관은 "대한제국의 외교권이 일본에 있다는 사실을 공식적으로 인정한다"라고 미국의 입장을 공식 발표했다. 고종의 희망은 완전히 좌절됐다.

## 고종의 폐위

이토가 기다리던 고종을 제거할 기회가 의외로 빨리 왔다. 통감부와 일본 외무당국은 만국평화회의와 연결된 고종의 움직임을 주시했고, 이미 5월에 이르러서는 많은 정보를 가지고 있는 듯했다. 고종이 이완용 총리 임명을 거부했을 때, 이토는 "폐하는 미국인 헐버트에게 만국평화회의에서 한국 국권 회복 운동을 당부했고, 거액의 운동비를 주려고 했으나, 자금 마련이 여의치 않아 다른 사람과 이를 논의한 사실을 알고 있습니다."라고 하면서 고종을 압박했다. 또 5월 초 블라디보스토크의 무역사무관(野村基信)은, 이준과 라유석이 블라디보스토크에 도착하여 이상설과의 합류했고, 이들은 만국평화회의 개최를 기회로 헤이그에서 한국 독립을 위한 열국의 전권위원 사이에서 운동할 계획을 세우고 있다고 보고했다. 그리고 25일 이후에는 특명전권대사 츠즈키 게이로쿠로부터 이준 일행의 동향과 활동에 관해서 자세히 보고받았다.

이러한 정황을 고려할 때, 이토는 밀사 활동을 상당히 초기부터 알고 있었던 듯하다. 다만 그가 확인하고 싶었던 것은 밀사가 고종의 지시에 의한 것인가였다. 그는 하야시 외무상에게 밀사가 한국황제의 칙명에 따라 평화회의위원으로 대우받고자 노력하는지 여부를 확인해 줄 것을 여러 차례 독촉했다. 그리고 밀사 파견이 "황제 칙명"에 의한 것이라면, 일본이 한국에 "국면일변(局面一變)의 조처"를 취할 준비를 당부했다. 이토가 뜻하는 '국면일변의 조처'는 병탄을 위해 한국의 내정권, 즉 조세권, 병권, 재판권을 완전히 장악하는 것이었다.

이토는 7월 4일 외무대신 하야시로부터 밀사 세 사람의 자세한 정보와 함께 그들이 고종의 서명과 옥새가 선명하게 찍힌 전권위임장을 갖고 있다는 전문을 받았다. 앞에서도 지적했듯이 이토는 매사에 명분과 시기를 중요시했다. 명분이 있고 결단할 시기라고 판단하면 그는 저돌적으로 행동하는 정치인이었다. 영국 밀항 때도, 두 차례의 살인도, 정당(政友會) 창당 때도 그랬다.

밀사 사건은 고종을 권좌에서 몰아낼 수 있는 명분이 충분했고 또한 시기도 적절했다. 그리고 병탄도 진지하게 검토해야 할 시기에 이르렀다. 그는 세이유카이의 오가와 헤이키치에게 "국제정세가 일본에 유리하게 전개되고 있는 지금 합병을 급히 추진하는 것이 득책인가, 그렇지 않으면 점진적으로 추진할 것인가가 문제이지만 결국 합병에는 이론이 있을 수 없다."고 병탄의 시기가 가까웠음을 확인했다.

헤이그 사건의 진상을 파악한 이토의 대응은 단호하고 신속했다. 하세가와 대장의 표현을 빌리면 이토는 "대청소의 실마리"를 잡았고, 본격적으로 "공격의 막"을 열었다.("解題",『小川平吉關係文書』1, p.39)

이토는 먼저 정부의 총리대신 이완용을 불러 밀사 사건의 책임은 전적으로 고종에게 있고, 이는 일본에 "공공연하게 적의(敵意)를 나타내 협약을 위반한 것이므로 일본은 한국에 대해 전쟁을 선포(宣戰)할 권리가 있다"고 경고하고, 이 뜻을 그대로 고종에게 전할 것을 지시했다.

물론 고종은 밀사 파견을 부인했으나 궁중은 심각한 번민 상태로 빠져들었다. 일찍이 고종의 폐위를 제기했던 이완용은 "국가와 국민을 보존하고 유지하면 족할 뿐, 황제의 신상 문제는 고려할 여지가 없다"는 입장을 이토에게 확실히 했다. 고종 폐위에 대한 이토와 이완용의 생각이 일치했다.

이토는 일본 정부에게도 강력한 응징 조치를 요청했다. 그는 사이온지 수상에게 이 사태를 그대로 지나가면 황제의 음모적 술책을 막을 수 없을 것이라고 확고한 의지를 전했다. 정부의 훈령을 요청하면서도 내정을 장악할 수 있는 한 걸음 더 진척된 조약, 양위 등을 거론하면서 일본 정부가 취할 정책 방향을 제시했다.

일본 정부는 7월 10일 원로-대신 회의에서 "제국 정부는 오늘의 기회를 놓치지 말고 한국 내정에 관한 전권을 장악할 것을 희망한다"라는 대한처리방침(対韓處理方針)을 결정했고, 12일 천황의 재가를 받아 이토에게 전달했다.

메이지 천황의 태도는 더욱 강경했다. 그는 따로 시종장 도쿠다이지 사내츠네(德大寺實則)를 통해서 이토에게 고종은 을사조약 체결 후에도 이를 '다만' 겉으로만 받아들이고 여러 차례 조약을 파기했다고 지적하고, "이번 기회에 그의 두뇌를 개량하여 장래에 절대로 변하지 않도록 확실한 방법을 세우라."라고 지시했다. 그리고 사이온지 총리에게는 "이번에 새로운 조약을 체결하여 군정, 재정, 내정 그리고 궁내출입 무리의 감소 등을 엄중히 처리하여 정리하는 한편, 2~3백만 엔을 국왕에게 주고, 공사(公私)의 사용을 통감부가 감독하여 은혜를 베푸는 것이 어떻겠는가?"라고 구체적 방법까지 제시했다.(「伊藤博文傳」 3, p.756)

고종 폐위 과정에서 과연 이토가 천황이 제시한 대로 '거금'을 전달하고 고종이 이를 받았는지는 확인할 수 없다. 다만 이토가 천황이 지시한 '새로운 조약을 체결하여 군정, 재정, 내정을 정리'하는 작업을 충실히 이행했고, 또한 고종이 1904년 3월 이토로부터 '위로금' 30만 엔을 수수했던 전력에 비추어 본다면 천황이 지시한 금전거래가 있었을 가능성을 완전히 배제할 수 없다.

사태의 중요성을 고려하여 사이온지 총리는 외무대신 하야시 다다스(林董)를 한국으로 파견하여 직접 상황을 설명하고 현지의 사정을 이토와 협의하여 처리할 것을 지시했다.

7월 6일 이후 한국정부는 연일 대신 회의와 어전회의가 이루어졌다. 총리 이완용을 위시한 대신들은 사태의 중대성을 강조하면서 고종의 책임을 지적했다. 고종은 자신과 밀사 사건은 무관하고, 밀서는 위조된 것이라고 해명하면서 대신들에게 사태수습을 지시했다. 하야시 외상이 처리 방안을 들고 직접 한국을 방문한다는 소식이 전해지면서 한국정부는 더욱 긴장했다.

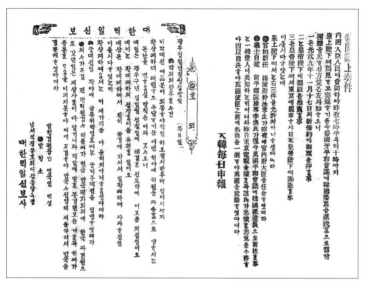
고종의 양위를 건의하는 각의 결정을 알리는 〈대한매일신보〉의 호외

<도쿄아사히신문>의 특파원은 7월 14일 한성의 분위기를 다음과 같이 전하고 있다. "지금은 마치 소나기가 내릴 듯 지극히 조용하다. 천지가 모두 죽은 듯이 조용하다. 이후에 무엇이 닥쳐올지 알 수 없다. 회오리바람이 불어칠지, 장대비(篠突雨)가 쏟아질지 알 수 없다. 다만 지금은 시간의 흐름에 맡길 수밖에 없다. 불선(不宣)"

이토의 의도가 어디에 있는지 잘 알고 있는 이완용과 송병준이 주도한 대신 회의는 16일 최종적으로 고종의 양위가 시국수습의 최선책이라고 결론 내렸고, 고종을 압박했다. 고종은 박영효를 궁내부대신으로 임명하여 사태를 수습하려고 시도했으나 여의치 않았다. 총리를 위시한 대신 일동은 17, 18 양일 '수차례' 고종의 양위를 압박했으나 고종은 이를 완강히 거부했다. 대한제국 대신들은 이미 고종의 신하가 아니었다.

## 황제와 통감의 마지막 내알현

고종은 결단을 촉구하는 대신들의 요구를 거부만 하고 있을 수는 없었다. 대안이 필요한 고종은 이토를 찾았다. 고종의 의도가 사태수습을 협의하기 위함인지, 또는 일본의 의도를 정확히 파악하기 위함인지, 아니면 자리를 보존할 수 있도록 도움을 청하기 위함인지 명확하지 않았다.

7월 17일 저녁 궁내부대신은 서면으로 이토에게 고종이 18일 오후 4시에 만나고 싶다는 뜻을 전했다. 동시에 시종경 이도재(李道宰)가 이토를 방문하여 고종이 헤이그 밀사 사건과 박영효 궁내 대신 임명에 대하여 직접 설명하고 싶다는 뜻을 전했다.

이토는 다음 날 아침 고쿠분 비서를 궁중에 보내 "헤이그 밀사 사건에 대한 본국 정부의 의향을 검토하고, 또한 오늘 저녁 도착하는 외무대신을 만나 정부의 의견을 정확하게 파악한 후" 따로 날을 잡아 내알현하겠다는 뜻을 전했다.

그러나 고종은 만날 것을 강청했다. 고종은 외무대신의 도착 여부와 관계없이 통감을 만나고 싶다는 강한 의지를 전하면서, "잠시라도 입궐할 것을 바라며, 그때까지 짐은 옷을 갈아입지 않고 알현실에서 통감의 참내(參內)를 기다리겠다"는 뜻을 전했다. 이토는 고종의 "간절한 바람(懇望)"을 거부할 수 없어 오후 5시 입궐하여 고종을 대했다. 고종이 먼저 헤이그 사건에 관하여 입을 열었다.

"짐은 헤이그에 나타난 밀사라는 사람들과 아무런 관계도 없소. 밀사 가운데 이준은 총리대신과 가까운 자로서 이전부터 독립협회 회원인 것을 알고 있고, 이상설은 조중응의 친족인 사람으로 알고 있소. 그는 재작년 11월 을사조약 성립 때 표훈원에서 모인 반대 집회를 주도한 중요한 인물이지만 자년 이래 종적이 불명했소. 이런 자들에게 짐이 밀지를 내릴 이유가 없소. 나로서는 이들을 엄중히 조사해서 사실을 판명했으면 하오."

하지만 이토의 답변은 차가웠고 단호했다.

"오늘에 이르러 어떠한 이유를 들어 폐하가 변명해도 열강 모두가 둘러보는 가운데 벌어진 이번의 밀사 파견 행위는 명백한 조약위반입니다. 그 책임의 소재 또한 명확합니다. 폐하께 한가지 여쭈어보겠습니다. 폐하께서는 이것이 정말 한 개인이 멋대로 할 수 있는 일이라 보십니까? 이는 한국 사람이 한국인을 위하여 한 행위는 한국 스스로 그 책임을 져야 하는 것과 같습니다. 지난날 청나라에서 독일 선교사 한 명이 청국인에 의해서 살해된 일이 있었습니다. 독일은 이에 대하여 어떤 조치를 취했습니까? 즉시 군함을 파견하여 교주만(膠州灣)만을 점령하지 않았습니까? 국제관계라는 것은 이처럼 엄중한 것입니다. 지금 폐하가 두세 사람에게 그 책임을 떠넘긴다 해도 이미 열강들 사이에 진실이 확인된 것이라 아무런 이익이 없을 것입니다."

고종은 헤이그 사건이 국제상 중요한 문제라는 이토의 지적에 동의하고 충분히 이해한다고 했다. 다만 자신과 무관하게 벌어진 사건이 마치 자신의 지시로 일어난 것처럼 '오해'되는 것은 받아들일 수없다고 했다. 그러면서 그는 이토에게, "소위 밀사라는 한국인을 체포해서 사실을 명백히 밝혀지기를 바라오. 이를 위해서는 통감의 진력을 기대할 수밖에 없소."라고 당부했다.

이토는 한국이 범죄인인도의 국제조약을 맺지 않은 이상 한국 영토 밖에 있는 어떤 한국인에 대하여도 법권을 행사할 수 없다고 설명하고, "한국인이 숨기에 가장 가까운 일본에 들어온 한국 범죄인이라 할지라도 한국은 그의 인도를 요구할 권한이 없습니다. 하물며 수천리 떨어진 유럽에 있는 한국인을 어떻게 체포할 수 있겠습니까? 이는 불가능한 일입니다"라고 답했다.

고종은 "그렇다면 할 수 없겠지요"라고 답하면서 "우리 내각 대신들은 짐에게 이번 기회에 양위할 것을 거듭 압박하는 데 통감의 의견은 어떻소?"라고 이토의 의중을 떠보았다.

고종의 화술에 말려들 이토가 아니었다. "이는 귀국의 중대한 사안입니다. 본관과 같은 일본 신하로서 폐하의 신료가 아닌 자가 제위(帝位) 문제의 가부를 논하고 관여할 권한이 없습니다. 폐하의 하문에 봉답(奉答)할 처지가 아닙니다."

다시 고종은 "이 문제에 관하여 내각의 대신 중 통감의 의견을 물은 사람이 있습니까?"라고 묻자, 이토는 "대신 가운데 나의 의견을 구한 사람은 단 한 사람도 없습니다. 만일 그런 사람이 있다면 즉시 이곳에 불러주시오. 본관이 직접 물어서 밝히도록 하겠습니다."라고 강경히 부인했다. 고종은 대신 중 통감의 의견을 물은 사람이 있다는 것은 아니라 그냥 물어본 것이라고 하면서 두 사람의 대화는 다음과 같이 끝났다.

**이토**: 그렇다면 좋습니다. 지난날 알현했을 때도 말씀드린 바가 있습니다. 폐하께서도 기억하시겠지만 '통감은 의친왕을 천거한다'든가, 또는 '이준용을 제위에 추대한다'라는 등등의 소문이 있었습니다. 이는 전혀 근거 없는 거짓 소문입니다. 본관은 폐하를 배반한다는 생각을 단 한 번도 가져본 적이 없다는 것을 다시 말씀드립니다.

**고종**: 그렇소. 짐도 잘 알고 있소. 우리나라도 예부터 여러 차례 양위의 사례가 있었소. 그러나 대부분은 나이가 많거나 병으로 인해 국정을 담당하기에 어려울 때 황태자에게 보위를 넘겨주었지, 짐 같은 경우는 아직 없었소. 그렇다고 해서 짐이 제위에 연연하여 황태자에게 양위하는 것에 주저한다는 뜻은 아니오. 다만 중요한 것은 황태자가 아직 국정을 스스로 담당하기에는 실력이 미치지 못한 것을 염려할 뿐이오.

고종과 이토가 '황제'와 '통감'의 자격으로 가진 마지막 대화였다.

이토가 물러나자 다시 정부 대신 모두가 입궐하여 고종에게 양위를 재촉했다. 밖에서는 우치다 료헤이와 이용구, 송병준 등이 이끄는 일진회가 궁궐을 둘러싸고 양위를 재촉하는 촛불 시위를 벌였다. 고종은 최종적으로 원로대신의 의견을 구했으나 그들 또한 양위 이외에는 일본의 추궁을 피할 방법이 없음을 보고했다. 19일 새벽 고종은 "황태자로 하여금 정사를 대리하다."라는 조칙을 내렸다. 이로써 44년 고종의 치세가 마감했다.

## 태황제 고종과 이토

1907년 7월 20일 고종도 순종도 참석지 않은 채 양위 식이 이루어졌다. 연호가 광무에서 융희(隆熙)로, 고종은 황제에서 태황제로 바뀌었다.

고종이 물러난 후 이토는 '대청소'와 '국면일변의 조처'를 신속히 추진했다. 7월 25일 한국의 내정과 사법을 완전

한국주권의 완전 탈취를 상징하는 정미조약 체결 순간을 풍자한 만화. 이토 히로부미와 외상 하야시 다다스가 지켜보는 가운데 총리 이완용이 조약서에 날인하고 있다. 하늘에서는 진구황후, 도요토미 히데요시, 사이고 다카모리 등이 오랜 역사적 숙원이 이루어지는 순간을 지켜보며 기뻐하고 있다. 〈東京パック〉, (1907.8.1)

히 장악하는 정미조약을 체결했고, 8월 1일에는 한국군대를 해산했다. 군대해산과 함께 8월 2일부터는 행정부를 장악하기 위한 구체적인 인사조치와 통감부 관제를 개정했다. 이로써 통감은 한국의 외교권뿐만 아니라 내정권까지 완전히 장악한 실질적인 통치권자의 지위에 올랐다. 헤이그 밀사 사건이 불거진 지 한 달도 안 돼서 이토는 500년 동안 이어온 한국의 권위를 완전히 해체했다.

이토는 8월 10일 고종의 양위와 정미조약의 경과를 천황에게 보고하기 위하여 일시 귀국했다. 귀국 전인 8일 태황제 고종을 알현하고 함께 식사를 나누었다. 대화의 구체적 내용은 알 수 없으나 "식사 중 통감은 '구제(舊帝)'에게 다음과 같은 두 가지 사항을 충고했다"라는 기록이 남아있다.

1. 양위 후 구제의 지위는 전혀 정치와 관계가 없다. 그럼에도 불구하고 구제가 알게 모르게 정치에 간섭한다면 이는 양위를 유명무실하게 하는 것이다. 그때는 부득이 구제의 거처를 멀리 옮길 수밖에 없다.
2. 새 황태자(李垠. 순종의 동생인 영친왕)의 문명적 교육을 위해 수학(修學)의 길을 강구하고, 이를 위해 일본에 유학하는 것이 바람직하다.

첫째가 고종의 정치참여를 금하기 위한 가시적이고도 현실적 조치였다면, 둘째는 한국 황실의 정체성을 해체하고 황실의 일본화를 위한 장기적 포석이었다. 병탄 후 한국인의 일본인화, 즉 '동화' 정책의 첫 조치였다.

메이지 천황은 정미조약을 성사시킨 이토의 충성과 공로를 높이 치하하고, 그 공로를 인정하여 작위 서열이 가장 높은 공작으로 승작(陞爵)했다.

이토는 임지인 한성로 돌아가기 전 천황에게 한국 황태자의 일본 유학에 관하여 보고하고 내락을 받았다. 또 한국 황태자의 일본 유학에 앞서 일본 황태자의 방한을 요청하고 이 또한 허락받았다. 이토는 일본 황태자의 방한을 통해서 천황이 얼마나 한국에 관심이 있는가를 한국인들에게 보여줌과 동시에 한국 황태자의 일본 유학을 보다 명분 있게 추진하고 한국 내에서의 반대 여론을 사전에 차단하기 위함이었다.

모든 사안을 확정하고 이토는 10월 3일 임지인 한성에 돌아왔다. 그리고 16일에는 일본 황태자(뒷날 다이쇼 천황) 일행이 한성에 도착하여 4박 5일의 국빈방문을 끝내고 20일 일본으로 돌아갔다.

이어서 11월 4일 순종은 황태자가 일본으로 유학한다는 것을 공식으로 발표했다. 19일에는 통감 이토에게 황태자를 성심성의껏 지도하고 인도해달라는 태자태사(太子太師)의 직책을 맡겼다. 10살의 황태자 영친왕은 12월 5일 이토와 함께 한성을 떠나 시모노세키와 교토를 거처 15일 도쿄에 도착했다. 한국 측에서는 고의경, 조동윤, 송병준, 이윤용 등이 수행했다. <도쿄아사히신문> 보도에 따르면 "한국 태자를 맞이하기 위한 환영객"이 신바시역(新橋驛)을 가득 메웠다(1907.12.16). 당시의 모습을 곤도 시로스케는 다음과 같이 전하고 있다.

왕세자 전하께서 긴 여행을 무사히 마치고 도쿄에 도착했을 때
는 지금의 금상 폐하(다이쇼 천황을 뜻함)가 아직 동궁으로 계실 때였
다. 황태자 전하를 비롯하여 각 궁 전하, 원로, 대신, 조야의 명사
와 귀부인 1천여 명이 도쿄 신바시 역을 가득 메운 가운데 그를 영
접했다. 귀여운 왕세자가 이토 공작의 손을 잡고 조선 보병참위(步
兵參尉)의 군복에 일본 국화 대수장(大綬章)을 달고 고귀한 기품으로
미소를 지으며 플랫폼을 걸어 나오는 모습에 장내는 잡음 하나 없
이 조용해졌다. 여성들은 "어머나 어쩜 저리도 귀여우실까?"하고
탄성을 자아냈다. 왕 전하 내외분께서는 왕세자를 슬하에서 떠나
보내며 눈물을 흘렸다고 한다.(『李王宮祕史』, 6-7)

영친왕은 임시 거처로 정해진 도쿄의 시바 별궁(芝離宮)에 짐을 풀
었다. 18일 메이지 천황과 황후를 알현하고 순종의 친서를 전달했다.
그리고 일본 황실의 지도로 '문명적' 교육을 위한 유학 생활을 시작
했다.

이토는 해를 넘겨 1908년 4월 16일 한성로 돌아왔다. 17일 덕수궁
으로 태황제 고종을 찾아 알현하고 황태자의 일본 생활을 보고했다.
이 자리에는 황태자의 생모인 순비(淳妃:엄비)가 자리를 함께했다.

고종이 먼저 입을 열었다. "병중이라는 소식을 듣고 한때 염려했는
데 이처럼 속히 완쾌하여 서로 볼 수 있어 기쁘오."

이토가 답했다. "폐하의 염려 감사합니다. 폐하께서도 일시 몸이
불편하셨던 것으로 알고 있습니다마는 지금 용태는 좀 어떻습니까?"

고종은 통감이 보내준 사토 박
사의 진단과 치료를 받아 좋아졌다
고 하면서 앞으로는 한방 치료보다
양의에 의존해야겠다고 답했다. 두
사람의 대화는 일본에 유학 떠난
황태자로 이어졌다.

이토와 영친왕

이토: 지난번 황태자 전하를 모시
　　　고 일본에 갈 때 본관은 기
　　　후, 풍토, 음식물의 변화 등
　　　에 대하여 마음속으로 대단
　　　히 염려하였습니다. 그런데
전하는 인천 출발 후 줄곧 건강하시어 혈색도 한층 좋아지고
체중도 느는 등 전혀 문제없이 활발히 운동을 계속하고 있습
니다. 또한, 요사이는 학문에도 열심이어서 성적도 보통 이상
으로 발전하고 있어 기쁘기 그지없습니다.

고종: 통감의 노구를 생각지 않고 어린아이를 맡겨 필시 도중에 큰
　　　심려를 끼친 것으로 알고 있소. 그리고 일본 황실을 비롯한 관
　　　민 모두로부터 성대히 환영받은 것은 무엇보다 감사한 일이
　　　오. 통감이 떠날 때 그가 불안한 느낌을 보이지는 않았습니
　　　까?

이토: 본관이 오이소를 출발하기 전 전하가 오이소에 내려와 함께 하

루 저녁을 지내고 다음날 귀경했습니다. 전하께서는 일본 체류한 지 겨우 몇 달 지나지 않았는데도 대부분의 일상대화는 일본어로 어려움이 없을 정도입니다. 또한, 학감 스에마쓰 겐쵸(末松謙澄)가 일본어로 논어를 강의하는 것을 들을 정도로 전하는 잘 기억하고 있습니다. 일본어로 이야기하는 것과 같은 것은 하루가 다르게 진보하는 것을 알 수 있습니다.

고종: 일본을 방문하고 돌아오는 우리나라 사람들 모두가 황태자의 좋은 점만 들어 칭찬할 뿐 누구도 결점을 지적해서 짐에게 알려주는 사람이 없어 그 뜻을 의심하지 않을 수 없었소. 바라기는 경의 생각과 의견으로서 그 실제가 확실해지기를 바라오.

이토: 본관은 전하의 교육에 책임 있는 위치에 있기 때문에 전하의 성적을 사실에 반하여 무책임하게 칭찬하는 것을 듣기 싫어합니다. 본관이 실제로 본 것에 의하면 전하는 확실히 보통 아동을 초월합니다. 지금처럼 노력한다면 앞으로 크게 발전할 것이 틀림없습니다. 특별히 우리 천황폐하는 전하의 학업은 물론 그 외 모든 것에 관심을 기울여 전하의 하루하루 소식을 듣고 있습니다. 전하가 건전한 성인으로 성장할 것을 바라는 마음은 마치 우리 황태자 전하께 기대하는 바와 같습니다. 또한, 평소에도 궁중의 의사가 매일매일 건강진단에서 음식 선택에 이르기까지 총체적으로 주의하고 있으니 폐하와 함께 순비께서도 안심하기를 바랍니다.

그러자 순비가 끼어들면서 이토에게 감사의 뜻을 표했다. "황태자 유학에 관하여 처음부터 끝까지 통감의 세심한 배려와 정성에 무어라 감사해야 할지 모르겠습니다. 통감께 전체를 맡기어 안심하지만, 더욱 잘 부탁드립니다."

**고종**: 지금까지 특별히 염려해야 할 정도의 것은 없었고, 다시 통감으로부터 직접 이야기를 들으니 한층 더 안심되오. 이곳을 출발한 후 유모, 요리인 등을 보내는 것이 어떻겠냐고 이지용의 처로부터 의견을 듣고 그것도 좋겠다고 한때 동의했으나 후에 다시 이를 살펴보기로 했소. 이후에 무슨 일이 있으면 엄주익을 사자로 내왕하는 외에 다른 사람을 보낼 필요는 없소.

**이토**: 음식에 대해서 전하께서는 조금도 불편함이 없는 것을 느꼈습니다.

황태자에 관한 대화는 여기서 끝났다. 고종은 다시 시정개선에 관해서 당부했다.

"경이 귀국 중에는 필시 대단히 바빴겠지만, 다시 이곳에 귀임했으니 계속해서 종래의 시정개선에 진력하기를 바라오. 지금의 황제는 정치 경력이 적고 보좌하는 내각 대신 또한 아직 문명적 정치에 익숙지 못하니 오직 경의 진력과 지도로서 시정개선의 대방침을 수행할 수밖에 없소. 경 그 노고를 피하지 말

고 우리나라를 위해서 한층 더 힘을 기울여주기를 바라오. 짐
은 지금 은거의 몸이고, 물론 국정에 관계할 지위에 있지도 않
소. 이를테면 방관자의 지위에 있지만, 밤과 낮이나 항상 시정
개선의 효과를 희망하는 것을 금할 수 없소."

이토가 답했다. "시정개선은 본관이 처음부터 목적으로 삼고 전력
을 다하여 그 성과를 기대하고 있는 바입니다."

두 사람의 대화는 이렇게 끝났다. 이토는 떠나기 전 황태자가 신하
마(新濱) 사냥터에서 다케다노미야(竹田宮)와 함께 오리 사냥 실황을 담
은 활동사진을 고종에게 전했다. 황태자의 건강한 모습을 보여주기
위함이었다.

## 이토의 사임

통감통치의 가장 큰 장애물이었던 고종을 제거하고 열
복을 포기한 이토의 지배정책은 한편으로는 신속하고 치밀했고, 또
다른 한편으로는 가혹했다.

정미조약 직후, 이토는 고향 후배이며 프랑스에서 유학한 행정가
인 소네 아라스케(曾禰荒助)를 부통감으로 임명하고 시정개선협의회
를 다시 가동하여 의욕적으로 지배정책을 다져나갔다. 그는 중앙과
지방 정부의 관제개편을 단행하여 일본 관리들을 한국정부의 고위
직 전면에 배치했다. 정책 입안과 집행의 실질적 운영은 일본인 손으

로 넘어갔다.

그동안 '각종 음모의 소굴'로 간주되었던 궁내부의 조직을 통폐합하여 축소하고 일본인을 임용했다. 사법제도를 대대적으로 정비하여 일본인 법관을 대량으로 채용했고, 국가의 근본 법체계라 할 수 있는 민법, 형법, 상법, 소송법, 재판소 구성법이라는 '5법'의 법전편찬을 추진했다. 이러한 모든 개편과 개정은 일본법과 제도를 '모범'으로 삼아서 추진됐다. 법과 제도의 일본화를 의미하고 있다. 고종 때와는 달리 이토는 모든 개편 작업을 순종과 협의하거나 허락 없이 집행했다.

행정, 사법, 경찰, 그리고 군대는 국가주권의 핵심 요체다. 군대를 해체하고, 행정과 사법과 치안을 장악한 일본은 실질적으로 한국의 주권을 모두 장악한 것이나 다름없다. 통감 이토는 이를 완성함으로써 한국 병탄의 기반을 완전히 다졌다고 할 수 있다.

열복의 가면을 벗은 이토의 지배정책이 병탄에 있음이 드러나면서 민중의 저항은 더욱 가열됐다. 을사조약 이후 강화된 의병 항일운동은 고종 폐위, 정미조약, 군대해산을 거치면서 그 열기를 더했고 전국적으로 퍼졌다. 이토가 총리 사이온지에게 보낸 극비 전문 보고에 의하면 항일운동의 파급이 장래 어떻게 발전할지 예측하기 대단히 어려운 상황이었다.

의병투쟁이 강화될수록 이토는 이를 진압하기 위한 병력을 증강했고 탄압은 가혹했다. 현장을 취재한 캐나다 언론인 프레더릭 매켄지에 의하면 일본군은 의병은 물론이고 민간인들까지 가혹하게 참살했고, 곳곳에서 민가를 방화했다. 이토가 지휘하는 일본군의 활동은 의병진압을 위한 것이 아니라, 의병과 한국인을 학살하는 군사작전이었다. 가혹한 일본군의 학살이 외국으로 전파되면서 국제적 비난 또한 쌓였다.

이토는 민심을 수습하고 국제적 여론을 무마하기 위한 하나의 방안으로 순종의 지방 순행을 시도했다. 이는 메이지 초기 천황이 실시한 지방 순행을 본받아 악화하고 있는 반일 여론을 돌려보기 위한 책략이었다. 1909년 1월 초 이토와 이완용을 비롯한 200여 명의 고관대작이 수행한 남부 순행은 대구, 부산, 마산을 돌았고, 이어서 1월 말에는 평양과 위주와 개성을 거치는 서북 순행을 시행했다. 하지만 이토 스스로가 인정했듯이 순행의 효과는 기대에 미치지 못했다. 민심을 일신하기보다 오히려 배일의 분위기를 고조시켰다.

서북 순행을 마감한 1주일 후인 2월 10일 이토는 지친 몸을 이끌고 귀국길에 올랐다. 통감으로서의 마지막 귀국이었다. 한 달 가까운 휴식을 취하면서 이토는 통감직 사임과 병탄 공식화를 결심했다. 이토는 후임 통감으로 부통감 소네 아리스케를 추천했다.

4월 10일 이토는 수상 가쓰라 다로와 외상 고무라 주타로와의 3자 회담에서 신속한 한국 병합 추진을 합의했고, 7월 6일에는 각의에서 "적당한 시기에 한국 병합을 단행한다."라는 한국병합정책을 결정하고, 같은 날 천황의 재가를 받았다. 1873년 제기되었던 정한론이 그로부터 36년 만에 '공식' 국가정책으로 확정되었다.

통감을 사임하고 추밀원 의장에 다시 임명된 이토는 통감부의 사무인계를 위하여 한국 땅을 밟았다. 그의 생애의 마지막 한국행이었다. 그는 12일 소네 통감의 이름으로 한국의 사법 및 감옥 사무를 일본 정부에 위탁하는 협약을 체결했다. 이토에 의하면 이는 "병합을 전제"로 한 그의 마지막 과업이었다.

이토가 3년 반 동안 통감으로 있으면서 그는 군주인 고종을 폐위시키고, 외교권, 경찰권, 사법권을 탈취하고, 군대를 해산함으로써, 고마츠 미도리가 지적한 것처럼 "사실상의 병합"을 성사시켰다.

# 에필로그

## 1.

이토 히로부미는 태황제 고종이 덕수궁에서 베푼 성대한 송별연을 끝내고 7월 14일 귀국길에 올랐다. 대한해협을 건너는 마지막 여행이었다.

귀국 후 이토는 천황에게 한국 방문 결과를 보고하고, 이어서 8월 1일부터 일본 유학 중인 황태자 영친왕을 대동하고 동북지방과 홋카이도를 3주 동안 여행했다. 영친왕의 태자태사인 그는 영친왕에게 일본을 알리고, 또한 일본인에게 영친왕의 존재를 각인시키기 위해 세심한 관심을 기울였다. 이토는 가는 곳마다 '동양 평화', '한일관계', '국력발전' 등의 제목으로 연설을 이어가면서 영친왕의 일본 유학을 높이 평가했다. 첫 기착지인 미토(水戸)에서 그는 "한국 황태자 유학의 경위와 일한 융합"이라는 제목으로 영친왕의 일본 유학은 한일융화의 상징이고, 마지막 경유지인 후쿠시마(福島)에서는 "동양 평화의 초석"임을 강조했다.

여행에서 돌아와 한 달 반 정도 휴식을 취한 이토는 10월 14일 하얼빈을 향한 만주 여행길에 올랐다. 대외적 명칭은 '만유(漫遊)'였지만,

실제는 한국병탄의 마지막 작업을 마무리하기 위해서였다. 오랫동안 순종을 가까이서 모셨던 곤도 시로스케의 관찰에 의하면 이토의 여행은 "조선통치라는 대업(大業)의 근본 뜻"을 확정하기 위함이었다. '근본 뜻'이 조선 병탄에 있음은 설명이 필요치 않았다.

일본은 '사실상' 한국을 지배하고 있고, 미국과 영국 두 강대국 또한 일본의 한반도 지배를 승인하고 있었다. 하지만 이토는 보다 원만하고 확실한 병탄을 이루기 위해서는 국경을 맞대고 있는 청국과 러시아의 양해가 필요하다고 믿고 있었다. 물론 청나라와 러시아는 전쟁에서 패배하고 일본의 한국 지배를 승인했지만, 그렇다고 해서 병탄까지 용인한 것은 아니었다.

통감부에서 오랫동안 이토를 보좌했던 고마츠 미도리에 의하면 이토는 러시아와 청국의 양해를 얻지 못한다면 한국 병탄은 '의외의 어려움에 직면'할 수 있다고 우려했고, 양국의 유력자와 만나 한국을 명실공히 일본의 영토로 할 수밖에 없다는 사정을 설명하고 교섭을 해야 한다고 믿고 있었다. 만주 여행의 목적이었다.

병탄의 대원칙이 밝힌 '적당한 시기'를 만들기 위해서였다. 삼국간섭의 쓰라림을 체험한 원로들도 국제관계에서 외교를 중요시하는 이토의 지론에 동의했다.

이토는 여행길에 오르기 전에 아들에게 "하얼빈에서 바로 돌아올지, 중국에 들를지, 또는 유럽까지 갈지 아직 결정하지 않았다"라고 일정이 정해지지 않았음을 알려주었다. 이토는 하얼빈에서 러시아 최대의 실력자인 코코체프를 만나 일이 잘 풀렸다면 청국 여행길을 재촉했을는지 모른다. 그러나 그의 삶은 하얼빈까지였다.

10월 14일 오이소를 출발한 이토의 일행은 시모노세키 조약의 현장이었던 슌판로(春帆樓)에서 하루를 묵고, 뱃길로 대련을 거쳐 다시 기차로 여순, 요양, 봉천, 무순을 거쳐 25일 저녁 장춘에 도착했다. 도착하는 곳마디 관민 합동의 성대한 환영회가 이어졌다.

장춘에서 최종 도착지인 하얼빈까지는 러시아가 이토를 위하여 제공한 특별열차를 이용했다. 이토가 탄 특별열차는 10월 26일 아침 9시 정각에 하얼빈 역에 도착했다. 만주 여행의 종착지이기도 했지만, 67년 걸친 인생 역정의 종착점이었다.

메이지 정부가 성립한 후 실패와 좌절을 모르고 승승장구해 온 이토에게 '조선 문제'는 미해결의 난제였다. 그는 자신했던 열복을 중도에 포기해야만 했다. 하지만 3년 반 사이에 이룬 그의 통치는 병탄과 식민통치를 위한 법과 제도적 기틀을 마련했고, 그리고 죽음으로 병탄 실행에 '적당한 시기'를 제공했다.

병탄의 마지막 작업을 이루기 위한 이토의 하얼빈 여행은 67년의 삶을 마감하는 종장을 장식했다. 투쟁적 삶만큼 그의 죽음도 화려했다.


## 2.

고종은 1907년 황위를 순종에게 양위한 후 1910년까지는 대한제국의 태황제(太皇帝)로 살았다. 덕수궁 안의 연금 아닌 연금상태에서 삶을 이어갔다. 이미 권좌에서는 물러났으나 그는 일본 정보기관의 철저한 감시 대상이었다. 외부와의 연락이 쉽지 않았고, 외국인과의 접촉은 더욱 그러했다. 고종과 남다른 인연을 맺고 있었던 호머 헐버트가 1909년 8월 말 부동산을 정리하기 위하여 한국을 방문했으나 고종을 알현할 수 없었다. 헌병대와 경찰은 그가 출국할 때까지 철저히 통제했다. 덕수궁은 한성 안의 외딴 섬이나 다를 바 없었다.

고종을 둘러싼 '풍설'이 무성했다. 국외 망명설, 밀사 파견 기획설, 의병지원설, 국내외에 비자금을 보유하고 있다는 설 등 확인할 수 없는 것들이다. 하지만 풍설이 돌수록 헌병과 경찰의 경계망은 강화됐다. 1910년 이후 데라우치 마사타케의 무단통치가 이루어지면서 사찰과 통제와 억압은 더욱 심해졌다.

이토의 죽음은 고종에게도 충격이었던 것 같다. 다시 곤도 시로스케에 의하면 27일 식사 중 소식을 전해 들은 고종은 손에 들고 있던 젓가락을 떨어뜨리면서, 작은 소리로 "이조(李朝)의 사직도 여기까지로구나. 이토는 나를 대신해서 세자를 사랑하는 사부였는데. 세자의 앞길이 어떻게 될지?"라고 말했다 한다. 유학 중인 황태자의 신변에 대한 걱정이 가장 컸다.

고종은 시종에게 "짐이 회고해 보니 새삼스레 미련이 남는 것은 이토가 통감 재임 중 한 번도 관저로 그를 방문하지 않은 것이 아무리 생각해도 유감이다. 그러므로 오는 4일에는 꼭 이토가 생전에 살았던 집에 찾아가 친히 조의를 표하지 않고서는 심기가 풀리지 않을 것 같다"라고 자신의 심중을 밝혔다. 고종은 이토의 국장 날인 4일 오전 10시 통감관저에 마련된 이토의 빈소를 찾아가 "통감에 대한 애통의 정이 매우 절실함"을 표시했다.

고종은 1919년 사망했다. 메이지 천황보다 7년, 이토 히로부미보다는 10년 더 삶을 누렸다. 1907년 황위를 순종에게 양위한 후 1910년까지는 대한제국의 태황제(太皇帝)로 덕수궁에 머물렀다. 1910년 일본의 한국 병탄 후 대한제국 황실은 천황의 가문인 일본 황실에 편입됐다. 그러면서 고종은 1919년 사망 때까지 덕수궁 이태왕(德壽宮李太王)으로 신분이 격하되고 일본 황실에서 주는 은급(恩給)으로 삶을 살았다. 고종 말년의 삶이 초라했던 것처럼 그의 죽음도 초라했다.

## 자료에 대한 이야기

### 1.

이 시대를 공부하는 연구자가 겪어야 하는 가장 큰 어려움은 자료의 한계와 불균형이다. 일본의 한국 병탄 작업이 본격적으로 가동했던 이 시기는 한일 두 나라 사이의 민감한 역사가 긴박하게 교차했던 격동기였다. 일본은 군사력과 외교력을 종합적으로 구사하면서 숙원 사업인 한반도 지배 정책을 가시적으로 추진했고, 무기력한 대한제국은 망국의 문턱에 들어섰다.

뒷날 흥망의 역사를 되돌아볼 수 있는 것은 남아있는 자료이다. 일본에는 일본의 한국 병탄사(倂呑史)를 추적할 수 있는 사료와 자료가 풍부하다. 중요한 정책 결정에 관한 정부의 공문서를 비롯하여 건의문, 보고서, 일기, 전기, 신문 기사 등 많은 자료가 남아있다. 하지만 한국에는 그렇지 못하다. 국가의 운명을 결정하는 중대한 사건들이 이어졌음에도 그 결정의 실상을 찾아볼 수 있는 자료가 대단히 한정돼 있다.

예를 들면 이런 것이다. 1904년에 조인된 한일의정서는 한국이나 일본의 근현대사 변동에 대단히 중요한 의미를 지닌 조약이다. 박은식이 이 조약을 "망국의 법률적 시발점"이라고 규정한 바와 같이, 한국은 이를 계기로 '사실상' 주권을 상실했다. 반대로 일본은 한국 영토의 군사기지화는 물론 내정과 외교권 행사에 개입할 수 있는 근거를 마련했고, 이를 바탕으로 한일협약, 을사조약, 정미조약, 그리고 병탄을 이어갈 수 있는 토대를 구축했다. 한일의정서 조인 6년 만에 500년 이어온 조선은 세계지도에서 사라졌고 일본 영토의 일부로 변했다.

이처럼 중요한 조약임에도 불구하고 한국 측에는 정책 결정, 협상, 최종합의에 이르는 과정 등에 관한 대한제국 정부의 공적 기록은 물론 사적 자료도 대단히 빈약하다. 앞에서 보았듯이 한일의정서가 조인되기까지는 '밀약' 한일의정서 협상, 전시 중립선언, 한일의정서 재협상 등의 복잡한 단계를 거쳤다. 하지만 이 과정을 살펴볼 수 있는 한국 측 자료는 거의 존재하지 않는다. 대한제국이 자료를 남기지 않았는지 또는 일본제국에 의해 지워졌는지는 알 수 없으나 메이지 일본과 달리 한국에서는 즉시적(卽時的)이고 공신력 있는 사료를 거의 찾아보기 어렵다. 또한, 그 후 이어진 조선의 폐멸이라는 병탄에 이르기까지 과정에 관해서도 마찬가지다. 망국 진상을 찾아볼 수 있는 한국 측 자료는 대단히 제한적이고 부실하기 이를 데 없다.

일본의 경우는 다르다. 1903년 4월 원로와 정부 대신의 교토 무린안(無隣菴) 회합 후 한일의정서에 이르기까지 정부의 단계적 정책 결정 과정과 집행, 그리고 그 후 병탄에 이르기까지 이어진 정책 연결을 분석할 수 있는 많은 공식 자료가 정리돼있다. 원로회의에서 원칙 확정, 내각회의에서 정책 입안과 결정, 그리고 천황의 최종 결재를 거쳐 집행되는 과정의 상세한 기록이 남아있다. 그뿐만 아니라 결정된 정책을 현장인 한국에서 집행하면서 외무성과 주한일본공사관이나 주한일본주차군(駐箚軍), 또는 경찰이나 헌병대 사이에 주고받은 전문을 통해서 각 기관의 협조와 갈등 등으로 당시의 상황을 파악할 수 있다. 이 과정에 참여했던 중요 인물들 또한 대체로 회고록으로 참고할 가치가 있는 자료를 남겼다.

이러한 자료의 한계와 불균형은 이 시대의 한일관계를 공부하는 연구자들은 전적으로 일본 자료에 의존할 수밖에 없다. 전후 영어권에서 이루어진 이 시기의 한일관계연구, 예컨대 1960년 출간된 Hilary Conroy의 *The Seizure of Korea 1868~1910*부터 시작해서 Kim, C.I. Eugene and Han-kyo Kim의 *Korea and the Politics of Imperialism, 1897-1910*(1967)이나, 1995년 Peter Duus의 *The Abacus and the Sword*에 이르기까지, 모두가 일본 자료에 의존하고 있음도 이런 연유에서이다.

영어권뿐만 아니라 한국에서 이루어진 연구 역시 일본 자료에 의존하고 있다. 지금까지 대한제국시대의 한일관계를 가장 정교하고 객관적으로 분석했다고 평가할 수 있는 서영희의 『대한제국 정치사 연구』(2003)도 주한일본 공사관이나 통감부 문서에 의존하고 있다. '망국사(亡國史)'를 침략자의 자료를 통해서 되돌아본다는 것은 아이러니라 하지 않을 수 없다. 하지만 그것이 현실이다.

## 2.

이 책은 대한제국의 격동기라 할 수 있는 1904년부터 1907년 사이에 진행된 고종과 이토 히로부미의 대화록을 중심으로 한일 두 나라를 둘러싼 국제정세와 한일관계의 변화를 추적한 것이다. 하지만 앞서 말했듯이 대화록은 전적으로 일본 자료에 의존한 것이다. 한국에서는 '아직' 한 편의 대화록도 찾아볼 수 없다.

고종은 1904년 3월 메이지 천황의 특파대사로 대한제국을 방문한 이토 히로부미를 처음 공적(公的)으로 접견했다. 그 후 그는 1907년 황제 직위에서 물러날 때까지, 그리고 1909년까지는 태황제의 신분으로 이토를 공적으로 여러 차례 만났다. 특히 이토의 통감 통치 전반기라 할 수 있는 1906년부터 헤이그 밀사 사건 전까지 두 사람은 평균 한 달에 두 번 정도씩 만나 통감부의 시정개선 정책을 놓고 협의했다. 그때마다 고종과 이토 두 사람의 협상과 논쟁이 있었고 갈등의 심도가 깊어졌다.

가장 긴박한 격동기에 있었던 두 사람의 대화록은 대한제국이 어떻게 그리고 왜 망국의 길로 접어들었나를 추적할 수 있는 실마리를 제공해 줄 수 있다는 점에서 중요한 의미를 지니고 있다. 대화록을 통해서 '문명화'라는 이름으로 '병탄'을 지향한 이토와 왕권과 주권을 지키려는 고종의 정략을 볼 수 있기 때문이다.

이토는 고종을 알현 또는 내알현 할 때 반드시 비서 겸 통역관인 고쿠분 쇼타로(國分象太郎)를 대동했다. 그리고 대화의 내용을 자세히 기록했고, 이를 공식 외교문서로 남겼다. 그뿐만 아니라, 대체로 이토는 고종 알현 후 대화 내용을 한국 정부 대신과 통감부 관리로 구성된 시정개선협의회에서 설명하곤 했고, 회의록 또한 공문서로 남아있다.

　고종도 이토를 접견할 때마다 통역관은 물론 필요에 따라 궁내부 관리를 배석시킨 것으로 보인다. 하지만 '지금까지' 대화 기록은 한 편도 찾아볼 수 없다. 모든 것을 기록해 남긴다는 『조선왕조실록』의 전통에서 본다면 대단히 이례적 현상이다. 실록은 왕과 신하의 대화는 물론 외국 사신 접견록도, 그것이 비록 수치의 역사라 해도 기록을 남기고 있다. 예컨대 1637년의 인조실록은 1월 30일 삼전도의 삼배구고두례 때 인조와 청나라의 용골대와의 대화록도 남아있다. 하지만 이토 히로부미와의 대화록은 찾아볼 수 없다. 어째서일까?

　알 수 없지만, 두 가지 가정을 추측해 볼 수 있다. 하나는 한국 측이 처음부터 대화록을 남기지 않았거나, 또는 후에 폐기했을 수 있다는 가정이다. 고종은 초기와 달리 후기로 넘어오면서 중요한 국가정책을 의정을 비롯한 중신과 시종관이 정전이나 편전에 모여 논의하여 결정하는 과정을 피한 것 같다. 최익현이 고종에게 "옛날의 조참(朝參)과 상참(常參), 차대(次對)와 윤대(輪對)를 복구"할 것을 상소할 정도였다. 대신 고종은 궁내부의 측근 또는 대신 개개인에게 '밀지'나 '밀명'을 내려 추진했고, 따라서 공식 문서로 남아있을 수 없다.

　고종의 '밀지' 정치는 격동기였고 또한 치밀한 일본 정보망의 감시와 신뢰할 수 없는 정부 안의 친일적 관료들을 피하고자 취한 불가피한 조치일 수 있다. 하지만 동시에 밀지가 공개됐을 때 고종이 이를 부인함으로써 직접적 책임을 피해 나갈 수 있는 방편이기도 했다. 이토를 '섬나라 오랑캐의 적신'이라고 지칭했던 '김승민 사건,'이나 거금의 차관을 지시했던 '이일직 밀칙사건' 등에서도 볼 수 있는 바와 같이 '밀지-부인'은 고종이 자주 택한 위기관리의 한 방법이었다.

고종의 이토 접견은 대부분이 통역관만 배석시킨 '독대'였다. 천황의 특사 또는 통감의 지위에 있었던 이토는 고종과의 대화 내용을 천황이나 정부에 반드시 보고해야만 할 의무를 지니고 있었다. 일본은 이를 바탕으로 한국정책의 방향을 결정하고 속도를 조절했다. 하지만 고종의 경우는 달랐다. 절대적 권한을 지니고 있었던 고종에게는 보고해야만 할 대상이 없었고, 대화록 처분의 재량권은 고종이나 궁내부에 있었다. 공식 기록에서 삭제하기 용이했다. 망국의 역사와 무관하지 않은 역사적 자료에 자신의 치부를 남기고 싶지 않아 궁내부에서 폐기했을 가능성을 완전히 배제할 수 없다.

다른 하나는 일본이 자신들의 침략사를 보다 정당화하기 위하여 한국 측 자료를 폐기했을 수 있다는 가정이다. 이 시기의 『조선왕조실록』, 특히 『고종-순종실록』이 일제 식민통치기에 개찬된 기록이라는 점을 되짚어보면 그 개연성이 더욱 짙어진다. 일본은 1930년부터 1934년에 걸쳐 조선총독부 이왕직에 편찬실을 설치하고 당시 경성제국대학 교수였던 오다 쇼고(小田省吾)의 총책임 아래 이루어진 것이다. 『고종실록』은 일본의 한국 침탈이 정책적으로 구체화해지고 집행됐던 민감한 시기의 대한제국 공문서라 할 수 있다. 일본의 식민지배 시기에 일본인에 의해서 편찬됐기 때문에 정략적 의도가 숨어있을 수 있고 또한 역사적 사실을 누락·은폐·왜곡했을 가능성이 있다.

고종과 대화에서 한국 측 자료를 폐기함으로써 이토의 주장을 정당화하기 위함이다. 한국 측 자료가 없는 한 남아있는 일본 측 자료에 의존할 수밖에 없다.

## 3.

이 책이 바탕으로 활용한 중심 자료는 『日韓外交資料集成』(10권), 『日韓併合史料』(3권), 『駐韓日本公使館記錄』(26권), 『統監府文書』(10권)이다.

『日韓外交資料集成』(『자료집성』으로 약기)과 『日韓併合史料』(『병합사료』로 약기)에는 고종과 이토의 대화록과 통감부 개청 이후 시정개선의 실체라 할 수 있는 시정개선협의회의 회의록이 담겨있다.

재일사학자 김정명(金正明)이 편집하고 도쿄대학의 가와카미 히코마츠(神川彦松)가 감수한 10권의 『자료집성』은 1875년부터 1910년 병탄 완료 시까지 한국 관련 외교문서와 1917년 조선총독부가 한정 부수로 인쇄한 『朝鮮ノ保護及併合』를 포함하고 있다. 이토 히로부미의 고종 알현 및 내알현 기록과 1906년 통감부 개청 후 이토가 주관한 "시정개선에 관한 협의회 기록" 전체가 수록돼 있다. 가와카미가 서문에 밝히고 있는 바와 같이 『자료집성』에 채록된 자료는 『일본외교문서』, 이토 히로부미 관계 문서인 『祕書類纂』와 중복되는 부분도 있지만 "많은 새로운 문서"를 포함하고 있다. 한일관계사 연구에 중요한 자료이다.

동일인(市川正明)이 편집한 세 권의 『병합사료』는 1905년 4월 8일 "한국보호권확립의 건"을 확정한 내각의 결정부터 1910년 8월 29일

병합선언에 이르기까지의 자료를 수록했다. 이토의 고종 내알현 대화록과 시정개선에 관한 협의회 기록 등 『자료집성』과 중복되는 부분이 많이 있다.

『駐韓日本公使館記錄』(『공사관기록』으로 약기)은 1894년 동학 농민봉기부터 1906년 공사관이 철수하고 통감부가 그 업무를 시작하기 전까지 주한일본공사관과 도쿄 정부 사이에 주고받은 전문을 포함하고 있다. 주한일본공사관과 한국 정부 사이에 오고 간 문서도 포함돼 있다. 많은 기밀문서를 포함하고 있는 『공사관기록』은 한국 문제와 관련하여 외무성은 물론이고 경찰, 헌병대, 군부 사이에 왕래한 문서들이다. 이러한 기록을 통해서 일본이 한국 병탄을 완수하기 위해서 얼마나 치밀하게 정책을 입안하고 집행했는지 알 수 있다. 물론 강자 또는 침략자라는 위치에서 한국의 상황을 분석하고 판단했을 수 있다는 점을 인정하면서도, 위기관리를 위한 당시 한국의 정부 대응이나 사회 분위기를 알 수 있다. 더욱이 『공사관기록』에 포함된 모든 공문은 전문(電文)으로 이루어졌기 때문에 신뢰성도 높다고 할 수 있다. 『공사관기록』의 내용은 『자료집성』에 수록된 자료와 중복되는 부분이 많이 있다.

『統監府文書』는 한성에 통감부 설치 이후 1910년 병합 조약 시까지 통감부와 도쿄 정부 사이에 오고 간 문서들이다. 많은 기밀문서를 포함하고 있다. 『통감부문서』는 병탄을 이루어가기 위한 통감부와 일본 정부의 정략뿐만 아니라 고종과의 관계를 이끌어 가는 이토의 속내를 들여다 볼 수 있다. 그 속에서 일본이 동원한 정교한 전술과 전략, 시정개선을 가장한 폭력과 친일세력 활용 등의 교활한 정략을 볼 수 있다. 그뿐만 아니라 한국 내 사회 분위기와 실태를 조사한 헌병대와 경무국의 기밀문서, 의병탄압, 헤이그 만국평화회의 관련 문서, 안중근 관련 서류 등 중요한 문서를 포함하고 있다.

『자료집성』, 『병합사료』, 『공사관기록』, 『통감부문서』는 많은 귀한 자료를 포함하고 있다. 한국 측 자료가 대단히 부실한 현실을 살핀다면 비록 침략자의 것이지만 이 시기를 연구하는데 유용한 유일한 자료라고 평가하지 않을 수 없다. 또한, 자료 대부분이 그때그때 전문(電文)으로 주고받은 내용이기 때문에 신뢰성도 담보할 수 있다. 흩어져 있는 자료를 퍼즐 맞추듯이 잘 짜맞추고 비교 분석하면 일본의 침략상과 한일관계뿐만 아니라 그동안 잘 알려지지 않았던 당시 한국 정부 내의 사정과 전반적 상황도 추적할 수 있다고 생각된다. 이 자료의 본격적인 분석과 연구를 기대해 본다. 『공사관기록』과 『통감부문서』는 국사편찬위원회에서 번역하여 한국사 데이터베이스에 일본어 원문과 함께 수록되어 이용자에게 크게 도움을 주고 있다.

러시아의 외교문서 또한 이 시기의 실상을 추적할 수 있는 중요한 정보를 제공하고 있다. 조선은 1884년 러시아와 수교하면서 긴밀한 외교 관계를 유지했다. 개화기 지배계층 내에 친일파, 친청파와 더불어 친러파가 있을 정도로 세력을 형성하고 있었다. 특히 1896년 고종의 아관파천 후 1904년 러일전쟁에 이르기까지 러시아는 대한제국에서 가장 강력한 세력으로 부상해 있었다. 특히 상당 기간 고종이 러시아에 의존하면서 긴밀한 외교 관계를 지속했고, 따라서 많은 자료가 축적돼있다.

그동안 냉전과 국교 미수교 등으로 교류가 단절된 상태여서 러시아 자료가 우리 학계에 보급되지 않았다. 그러다 1990년대에 냉전이 끝나고 러시아와 국교가 이루어지면서 러시아 정부는 각 문서보관소에 소장된 정부 기록문서의 비밀등급을 해제했고, 또한 그동안 알려지지 않았던 한국 관련 자료들이 공개됐다. 이를 통해서 지금까지 밝혀지지 않았든, 또는 잘못 알려진 격동기의 역사적 실상을 볼 수 있다. 고종이 신뢰했던 것과는 달리 러시아도 '국익'이라는 관점에서 대한제국과의 관계를 유지했음을 알 수 있다. 고종은 러시아를 믿고 헤이그 만국 평화에 밀사를 파견했으나 실은 러시아는 한국을 돕기보다는 만주와 몽골의 이권을 놓고 일본과 비밀협상을 진행했음을 알 수 있다.

박종효 편역, 『러시아 國立文書保管所 所藏 韓國 關聯 文書 要約集』(2002, 한국국제교류재단); 노주석 편역, 『帝政러시아 外交文書로 읽는 大韓帝國 祕史』(2009, 한국학술정보); 러시아 문서보관소가 소장하고 있는 1890년대 중반부터 1910년대 초반까지의 한반도와 관련된 문서를 집중적으로 번역한 이원용 편역, 『러시아문서 번역집 III』(2011, 선인); 그리고 동북아역사재단이 운영하는 동북아역사넷 사료라이브러리에 담겨있는 러시아연방 국립문서보관소와 제정러시아 대외정책문서보관소에 있는 "러시아 소장 근대한국문서"는 유익한 자료를 제공하고 있다.

# 후기

이 책은 처음부터 책을 염두에 두고 시작한 작업의 결과물은 아니다. 9년 전 『이토 히로부미와 대한제국』을 출간했으나, 당시 개인의 특수 사정으로 책의 후반 부분을 충실히 마무리하지 못하여 늘 마음의 부담을 안고 있었다. 특히 통감 이토 히로부미의 마지막 과업이라 할 수 있는 조선 병탄 과정에서 가장 커다란 장애물이었다고 할 수 있는 대한제국 황제 고종과의 관계를 밀도 있게 다루지 못했다.

그 후 증보판을 계획하고 틈틈이 부족했던 부분을 보완하는 작업을 해왔다. 국사편찬위원회에서 데이터베이스화한 26권의 『주한 일본공사관기록』과 10권의 『통감부문서』, 그리고 『일본외교문서』에 수록된 1904~1907년 사이 이토 히로부미의 고종 알현 또는 내알현 기록 등을 살펴보고 정리하면서 원고의 양이 많이 늘어났다. 또한, 조선이 몰락하는 마지막 단계의 고종과 이토의 역할에 초점을 맞추어 재조명하는 것도 의미가 있다고 판단되어 단행본 출간으로 정했다. 위의 세 자료를 입체적으로 분석하면 가려져 있던 망국사의 한 면을 볼 수 있지 않을까 생각된다.

출판을 맡아준 도서출판 기파랑의 안병훈 대표께 고마운 마음을 전한다. 되돌아보니 안 대표께서 언론계에서 활동할 때부터 교류했으니 어언 반세기가 가깝다. 그동안 보여준 그의 푸근한 인간미는 늘 따뜻했고 시대의 흐름에 대한 예리한 통찰력은 예시적이었다. 특히 일본의 변화에 관심이 깊은 그는 나의 일본 연구에 남다른 관심을 가지고 격려와 지원을 아끼지 않았다. 기파랑에시 네 번째 책을 출간하게 된 것도 그의 배려이다. 함께 산만한 원고를 정성껏 정리하고 다듬어 주신 박은혜 님께 깊이 감사드린다.

2024년 4월

한상일

# 참고도서 및 문헌

## 1.

『朝鮮王朝實錄』,『承政院日記』

<大韓每日申報>, <독립신문>,<皇城新聞>

국사편찬위원회 한국사데이터베이스.『駐韓日本公使館記錄』,『統監府文書』,『고종시대사』,『사료 고종시대사』

동북아역사재단 동북아역사넷 사료라이브러리.『러시아 소장 근대 한국문서』.

## 2.

노주석 편역.『帝政러시아 外交文書로 읽는 大韓帝國 祕史』. 한국학술정보, 2009

맥켄지. F.A/신복룡.『大韓帝國의 悲劇, *The Tragedy of Korea*』. 평민사, 1985

박은식/최혜주.『韓國痛史』. 지식을 만드는 지식, 2010

박종효 편역.『러시아 國立文書保管所 所藏 韓國 關聯 文書 要約集』. 한국국제교류재단, 2002

서영희.『대한제국 정치사 연구』. 서울대학교 출판부, 2003

에른스트 폰 헤세-바르텍/전현규.『조선, 1894년 여름』. 책과함께,
    2012

윤치호/송병기.『(국역). 윤치호일기』1. 연세대학교 출판부, 2001

윤치호/박정신.『(국역). 윤치호일기』2. 연세대학교 출판부, 2003

이광수.『두산안창호』. 개정판. 범우, 2015

이민원.『고종평전: 문명전환의 길목에서』. 선인, 2021

이원용 편역.『근대한러관계연구: 러시아문서 번역집』III. 선인,
    2011

주요한 편저.『安島山全書』. 증보판. 홍사단, 2015

한상일.『이토 히로부미와 대한제국』. 까치, 2015

한상일·한정선.『일본 만화로 제국을 그리다』. 일조각, 2006

호머 리/한상일.『무지의 만용, *The Valor of Ignorance*』. 기파랑,
    2012

황문경/백광열.『출생을 넘어서, *Beyond Birth*』. 너머북스, 2022

황현/허경진.『매천야록』. 한양출판사, 1995


## 3.

<東京朝日新聞>, <大阪朝日新聞>, <東京日日新聞>, <國民新聞>

岡義武.『近代日本の政治家』. 文藝春秋, 1960

權藤四郎介.『李王宮祕史』. 朝鮮新聞社, 1926

貴田忠衛編.『朝鮮統治の回顧と批判』. 朝鮮新聞社, 1936

金正明編.『日韓外交資料集成』. 巖南堂書店, 1964

市川正明編.『日韓併合史料』. 原書房, 1978

德富猪一郎.『始務一家言』. 民友社, 1913

東亞同文會編.『續對支回顧錄』. 原書房, 1941

林權助述.『わが七十年を語る』. 第一書房, 1935

小松綠.『明治史實外交祕話』. 中外商業新報社, 1927

小田省吾.『德壽宮史』. 李王職, 1938

小川平吉文書研究會.『小川平吉關係文書』. みすず書房, 1973

小坂貞雄.『外人の觀たる朝鮮外交祕話』. 外人の觀たる朝鮮外交祕話
   出版會, 1934

原圭一郎編.『原敬日記』. 福村出版社, 1965

田保橋潔.『朝鮮統治史論稿』. 成進文化史, 1972

春畝公追頌會.『伊藤博文傳』. 春畝公追頌會, 1940

黑龍會編.『日韓合邦祕史』. 黑龍會出版部, 1930

## 4.

<Korea Review>

Conroy, Hilary. *The Japanese Seizure of Korea, 1868-1910.*
   University of Pennsylvania Press, 1960

Deuchler, Martina. *Confucian Gentlemen and Barbarian Envoys.*
   University of Washington Press, 1977

Duus, Peter. *The Abacus and the Sword: Japanese Penetration of
   Korea, 1895-1910.* University of California Press, 1995

Harrington, Fred Harvey. *God Mammon and the Japanese: Dr. Horace N. Allen and Korean-American Relations, 1884-1905.* The University of Wisconsin Press, 1944

Kim, C.I.E. and Kim, H.K. *Korea and the Politics of Imperialism, 1876-1910.* University of California Press, 1967

Ladd, George T. *In Korea with Marquis Ito.* Scribner's, 1908

Lensen, George A., ed. *Korea and Manchuria Between Russia and Japan 1895-1904: The Observations of Sir Ernest Satow.* The Diplomatic Press, 1966

McKenzie, F.A. *Korea's Fight for Freedom.* Revell, 1920

Story, Douglas. *Tomorrow in the East.* Chapman & Hall, ltd., 1907

Uchida, Jun. *Brokers of Empire: Japanese Settler Colonialism in Korea, 1876-1945.* Harvard University Press, 2011

Weems, Clarence N.,ed. *Hulbert's History of Korea.* Hillary House Publishers Ltd., 1962

# 고종과 이토 히로부미

망국의 길목에서, 1904~1907

초판 1쇄 발행 | 2024년 5월 14일

지은이 | 한상일
펴낸이 | 안병훈

펴낸곳 | 도서출판 기파랑
등   록 | 2004. 12. 27 제300-2004-204호
주   소 | 서울시 종로구 대학로8가길 56 동숭빌딩 301호   우편번호 03086
전   화 | 02-763-8996 편집부  02-3288-0077 영업마케팅부
팩   스 | 02-763-8936

이메일 | guiparang_b@naver.com
홈페이지 | www.guiparang.com

서   체 | 을유1945, Pretendard 등
디자인 | *Heal*

ISBN 978-89-6523-499-9   03910